「反原発」のメディア・言説史

3.11 以後の変容

日高勝之
Hidaka Katsuyuki

岩波書店

目　次

第4章　反メディア、市民運動と民主主義
――ドキュメンタリー映画――

目　次

序章

3・11以後の「反原発」とは何か

1 福島原発事故後の「反原発」

「反原発」の高まり

二〇一一年三月一一日、東北地方太平洋沖地震による地震動と津波の影響により発生した福島原発事故から、今年二〇二一年は、一〇年の節目を迎える。

福島原発における炉心溶融などの一連の放射性物質の放出による環境、食品、人体などへの影響、多数の住民の避難、社会的・経済的影響、さらには風評被害に至るまで、その影響は計り知れない。そのため、これまで数多くの研究がなされてきた。だが、政治家、メディア、ジャーナリズム、科学者、知識人らの反原発の議論の検証と記録は、これまでなされてきただろうか。

事故の直後から、菅直人首相（当時）は原発への懐疑的な姿勢を見せていたが、二〇一一年七月に入ると全ての原発の再稼働前にテストを実施すべきとの方針を示すなど、やや踏み込んだ発言をした。その上で七月一三日に、段階的に原発依存率を下げ、将来的には原発に依存しない社会を目指すべきであると発言した。あくまでも個人的な見解だとしているが、現職の首相が脱原発を述べたのは日本ではこれが初めてであった。

時を同じくして、『朝日新聞』『毎日新聞』『東京新聞』（『中日新聞』。以降『東京新聞』に表記を統一）という主要な新聞三紙がそれぞれ、社論として明確に脱原発の姿勢を公にした。『朝日新聞』は、二〇一一年七月一三日に、「提言　原発ゼロ社会」と題した六つの社説を同時掲載するという異例の紙面構成を行った。それらの社説で、原発を容認する一九七〇年代以来の自社の「YES BUT」路線と明確に決別し、朝日新聞の社論としての脱原発への変更を具体的に提唱した(1)。

『毎日新聞』も七月一四日の社説で自紙が脱原発を目指す方向性であることを明らかにした。そして、八月二日の社説で、原発新設は認めず、それぞれの原発の危険度に応じて少しずつ廃炉を行い、同時に核燃料サイクルも「すみやかな幕引きに向かうべき」と提言し、その後も頻繁に脱原発を唱えてきた。『東京新聞』も同時期に脱原発の姿勢を鮮明に打ち出した。それ以降、反原発の論調は『東京新聞』の新しい個性として認識され、『東京新聞』は部数を伸ばした（池上 2015）。これら三つの新聞は単に福島原発に限らず、原発そのものを問題化し、原発依存からの脱却による何がしかの「原発ゼロ」を目指す点で共通している。

福島原発事故後に、反原発を鮮明に打ち出したのは、新聞などの主要メディアにとどまらない。原発への懐疑を述べた書物は膨大な数に上る。日本を代表するような知識人の多くも、それぞれの語り口で述べてきた。

社会学者の大澤真幸は、「福島第一原発の事故は、チェルノブイリ以来の、いやチェルノブイリを超える人類史上最悪の原発事故になった」（大澤 2012: 3-4）と述べ、「日本は、全面的な脱原発を目標としなくてはならない」（大澤 2012: 10）と唱えた。宗教人類学者の中沢新一は、「出来事（福島原発事故）の推移のいかんにかかわらず、いまの時点でも確実に言うことのできる、ひとつの明白な事実がある。それはこの出来事を境として、日本文明が根底からの転換をとげていかなければならなくなった、という事実である」(中沢 2011: 9)と述べ、「エネルギー獲得のための技術として、原子力発電をできるだけすみやかに退場させなければならない」(中沢 2011: 143)と主張した。

哲学者の柄谷行人は、「三月一一日の地震のあと原発事故が判明して以来、世界が変わってしまった」(柄谷 2011: 22)と述べ、事故の一カ月後に、東京の芝公園で行われた脱原発デモに参加した。柄谷がデモに参加したのは、六〇年安保闘争時以来、およそ五〇年ぶりだという(2)。また、自身が講師を務める市民講座の公式サイトでも、「私は、現状において、反原発のデモを拡大していくことが最重要であると考えます」と述べ、講義を当面見合わせるとともに、受講者に対しデモ参加を呼びかけた(3)。その理由について柄谷は、「原発をすべて廃棄すること、それを市民の闘争によって実現すること」が今は最重要であり、「それは原発を廃棄する闘争を通してしか形成されない」と述べた(柄谷 2011: 27)。

3・11後のこうした変化は、支配的な言説秩序(「原発推進・容認」)に挑戦し、揺るがす「決定的な言説的契機(critical discourse moment)」(Chilton 1987; Gamson 1992)に該当する、重要な政治社会動向と考えられる。

世界屈指の原発大国

3・11以前の日本は、五四基の原発が稼働し、電気エネルギーの三〇%以上を原発に依存する世界屈指の原発大国であった。第二次世界大戦中、アメリカによって広島と長崎に原爆を投下された日本は、戦後、「核の軍事利用」を禁じた。その一方で、アメリカの核政策によって原子力エネルギーを

「夢の原子力」として受け入れ、「軍事利用」と「平和利用」の二分法を前提にすることで、「平和利用」としての原子炉建設は「何ら障害とはならない」ことが原発大国となった背景にある（吉見 2012: 193）。

実際、福島の事故が起きる前までは、原発推進もしくは原発容認が世論の多数を占めてきた。内閣府による原子力発電に対する世論調査によると、一九七〇年代後半から福島原発事故が起きる直前までの三〇年以上、国民の七割前後が原発を支持するとともに、国民の約半分が原発の増加すら望んでいたのである（4）。

世論の大きな変化

だが、福島原発事故後、世論は急変し、各種世論調査でも、軒並み反原発もしくは脱原発を支持する世論が過半数を占めるようになった。福島の事故後に停止中の原発の再稼働をどうするかについても賛成より反対の世論が多い状況が続いている（5）。にもかかわらず、日本では政策的には脱原発が実現していない。

一方で、欧州では、福島の事故のあとに脱原発へと具体的な政策的決断を行った国も少なくない。ドイツは、事故の四カ月後の二〇一一年七月八日、国内すべての原発を廃止するための法律を議会で可決した。一七基ある原発は二〇二二年までに閉鎖し、再生可能エネルギーを中心とした電力への転換を目指す政策を閣議決定した。イタリアは、二〇一一年六月一三日に、原発の再開の是非を問う国民投票を実施し、国民の多くが反対票を投じたため、政府の原発再開の計画は否決され、原発ゼロの道を歩むことになった。スイスは電力の三分の一を原発に依存してきたが、福島の事故後に脱原発の方針を決定。二〇一七年五月二一日には国民投票が実施され、再生可能エネルギーの利用を増やしつつ、段階的な原発撤廃が決まった。アジアでは台湾が、3・11を契機にして二〇二五年までの原発撤廃を目指している(6)。

3・11は、世界各国のメディアでも盛んに報道されたが、国によって取り上げ方は異なる。フランスやイギリスの報道は、地震と津波を主に議題化して原発事故をさほど取り上げなかったが、それとは逆に、ドイツやスイスの報道は、地震よりも原発事故を重点的に議題化し、自国の原発の問題と結び付ける傾向がみられたため、その国のメディア報道とその後の政策には、顕著な相関関係が認められる(Kepplinger and Lemke: 2016)。

日本は、これらの国々の脱原発の引き金となった巨大原発事故の当事国である。なおかつ、メディアや知的言説で原発への懐疑がかつてなく高まり、世論も反原発が過半数を占め続けているにもかかわらず、なぜ脱原発が政策的に実現しないのだろうか。日本とこれらの国々の、反原発をめぐる政治、メディア、知的言説にいかなる相違があるのだろうか。これらも重要な問題であるが、これまで検証されてこなかった(7)。

これまでの議論とそこから零れるもの

福島の事故後の、原発に関する先行研究や議論は数多くあるが、おおよそ以下の四つに大別できる。

第一は、事故の原因に関わる議論である。地震動と津波の影響で発生した炉心溶触などの一連の放射性物質の放出を起こした原子力事故がなぜ生じたか、またなぜ未然に防げなかったかなどについての議論である。[8] 原発や事故原因のいわゆる「隠ぺい」を暴露するタイプの議論もおおよそこれに分類されよう。

第二は、福島原発事故の多方面への影響についての議論である。これについては放出される放射性物質の量や人体への危険度、食品中の放射性物質の汚染についての議論がある。また福島第一原発から半径二〇キロ圏内の一般市民の立入りが原則禁止されたことなどによる地域住民、避難者の生活への影響などの議論がある。むろん、福島県の復興の議論もこれに重なる。加えて、地域住民のメンタルな問題、自殺の増加や風評被害などについての議論もある。[9]

第三は、福島原発事故を契機に、今後のエネルギー政策のありようをめぐり原発の是非を問う議論であり、代替エネルギー（太陽光、風力、波力・潮力、流水、地熱、バイオマスほか）の模索の議論、他国の原発政策の動向をめぐる議論などもこれに含まれる。[10]

第四は、原発の是非を歴史的な視点、とりわけ日本の戦後史の次元から、マクロかつクリティカルに考える議論である。この議論は、なぜ広島、長崎の原爆投下の悲劇を経験したこの国で戦後「原発安全神話」が生まれ、各地で原子力発電所が建設されていったのか、なぜ原発は戦後の高度経済成長のアイコンたりえたのかなどを日本やアメリカの政界、産業界、メディアの動向等から歴史的に検証する点に特徴がある。[11]

この第四の議論や研究は、メディアやジャーナリズムにおける3・11後の反原発を検証しようとする本書の問題意識と近いが、視点と力点が異なる。これらの研究は、なぜ広島、長崎の原爆投下の悲劇を経験したこの国で戦後「原発安全神話」が生まれ、各地で原子力発電所が建設されていったかなどの検証に主な焦点をあてるため、日本の「原発安全神話」の検証の性格が強い。そのため、原発推進構造の後景にある、原発への懐疑のありようは具体的に見えてこない。同様の事情からこれらの多くは、主に福島の事故以前が主な研究対象となるため、3・11以降の膨大な量の反原発の言説や表象はこれまで未整理のままと言ってよい。

3・11以降の「反原発」の検証必要性

福島原発事故から一〇年を迎える現在、反原発の言説や表象の検証の重要性がより高くなってきたと思われる。その理由としては、3・11後のメディアや知識人による原発への懐疑のありようがじつに多様で、現時点で整理しておくことが、将来、原発についての言説を(3・11を参照点として)振り返るときの助けとなるのではないかと思われるからである。

3・11以前、反原発を唱えたメディアや知識人は一部のマイノリティに限られていた。科学者では、一九七五年の原子力資料情報室の設立にかかわった物理学者の武谷三男《たけたにみつお》、市民科学者の高木仁三郎《じんざぶろう》らごく少数の人々であった。一九七九年三月のアメリカ・スリーマイル島の原発事故の後、そうした非主流派の科学者の主張は主に雑誌で展開されたが、『世界』、『朝日ジャーナル』、『月刊総評』、『技術と人間』、『季刊クライシス』、『現代の眼』、『八〇年代』、『別冊宝島』など、一部の「大小左派系メディア」(絓 2012: 237)の雑誌等に限られていた。他の大多数の雑誌や新聞、テレビが反原発を議論の俎上に載せることは稀であった。

3・11以前の日本で、主流メディアやジャーナリズムで反原発が大きく議題化されたのは、一九八六年四月の、旧ソ連チェルノブイリ原発事故後のみと言って過言ではなかろう。このときは、チェルノブイリ事故の放射能の広範囲への影響を指摘した、広瀬隆の著書『危険な話』がベストセラーとなった。この本は、ソビエト政府がチェルノブイリ事故についての情報を隠蔽しており、実際の放射能汚染は遥かに深刻であることを説得的に論じた。広瀬の著作は、食品の放射能汚染に敏感な主婦層を中心とする多くの一般市民に原発問題を身近な問題として意識させることとなり、「反原発ニューウェーブ」と呼ばれる自然発生的な社会運動の高まりにつながった。

また、忌野清志郎、佐野元春、中島みゆき、尾崎豊、爆風スランプ、ザ・ブルーハーツなどの大物ミュージシャンが反核・反原発ソングを歌ったことで、「反原発ニューウェーブ」は音楽などのサブカルチャー、カウンターカルチャーと結びつき、社会にアピールすることとなった。

だが、九〇年代に入るとチェルノブイリの記憶は次第に遠のくとともに、「反原発ニューウェーブ」は衰退していったため、運動は「一過的なものに」（長谷川 2011: 189）とどまったのは否めない。その後も反原発を唱え続けた人々は存在したが、それは一部の市民運動家、ミュージシャン、ドキュメンタリー映画作家などにおおよそ限られていた。

一方で、3・11以前、新聞やテレビなどの主流メディアは、世論の大勢と同様に、原発推進もしくは容認の姿勢で一貫しており、反原発を掲げた大手メディアはなかった。アカデミックな世界の知識人も同様であった。環境社会学者の長谷川公一が言うように、研究者の中で3・11以前に反原発運動にコミットしてきたのは、一部の「在野の研究者や大学からドロップアウトした研究者」（長谷川 2011:

186）などであった。そうした数少ない研究者は主に理科系の科学者であった。前述した武谷三男、高木仁三郎や「熊取の六人衆」と呼ばれる小出裕章、今中哲二ら京都大学原子炉実験所（現・京都大学複合原子力科学研究所）の研究者などがそうである。

だが、冒頭で述べたように、二〇一一年三月の福島原発事故後、状況は大きく変化した。多くのメディア、ジャーナリズムが原発への懐疑を示し、一部とは言え以前よりは多くの科学者、そしてこれまでには見られなかった知識人の間でも積極的に反原発を唱える動きが広範にみられた。理科系研究者より人文社会系知識人の姿が目立ち、前出の大澤真幸、柄谷行人、中沢新一のように日本を代表する知識人も数多くいた。

柄谷は、「災害（福島原発事故）が現実に起こるまで、原発の危険について真剣に考えたことがなかった」（柄谷 2011: 24）と正直に告白しているように、人文社会系知識人の多くは、3・11以前は原発についての言論を展開してこなかった。これら「ニューカマー」というべき人文社会系知識人と、3・11以前から反原発をリードしてきた高木、小出らのような理科系の科学者の議論にはいかなる相違があるのだろうか。

また、3・11以前から反原発を唱えていたメディアで原発批判の記事を書いていたのは、広瀬隆、鎌田慧《かまたさとし》など主にフリーランスのジャーナリストだった。一方で、3・11後は、冒頭で述べたように、『朝日新聞』『毎日新聞』『東京新聞』などのような大手の新聞が脱原発の立場を鮮明にして、活発な論陣を張ってきた。3・11後は、NHKや民放のテレビ局もそれぞれ、原発を問題化する膨大な数の番組を断続的に放送してきた。

では、3・11以前から反原発を唱えてきた主に雑誌媒体でのフリーランス・ジャーナリストらの議論と、3・11後の大手新聞、テレビ局などの議論の間にはいかなる相違がみられただろうか。さらに、以前から反原発を唱えてきたドキュメンタリー映画作家、市民運動家、アーティストは3・11後にいかなる活動を展開したのか。また、彼らと知識人やメディアとの間に接点はみられるのだろうか。

これまでの「原発安全神話」「原発推進」の歴史的検証の研究アプローチからは、ここで述べているような問いとそれへの答えが見いだせない。本書が3・11後の反原発の言論と表象のありようを検証するのはそうした問題意識からである。

2　多様な視座から「反原発」を考える

「イデオグラフ」の視点──二〇一四年の都知事選

3・11後の反原発のありようは一筋縄ではいかず、時に取り扱いに注意を要することも、検証が必要な理由として挙げられる。ここで思い出されるのは、二〇一四年二月の東京都知事選挙である。この都知事選挙では、元首相の細川護熙《もりひろ》が、同じく元首相の小泉純一郎の推薦を受けて立候補し、二人が「脱原発」を唱えたことが話題を呼び、原発・エネルギー問題が争点化した。しかしながら、この選挙では、他に無所属で出馬し、日本共産党や社会民主党の推薦を受けた宇都宮健児も「脱原発」を強く訴えた。

興味深いのは、自民党都連や公明党都本部の推薦を受けた舛添《ますぞえ》要一までもが「脱原発派」を自認したことである。舛添は二〇一四年一月一四日に記者会見で立候補を正式に表明した際、「私も〔福島原発事故以来〕脱原発を言い続けている」と語った。舛添はその後も、メディアからマイクを向けられる度に、「私も脱原発派ですけども……」と、まるで当たり前であるかのごとく、ひょうひょうとした表情で繰り返し答えた。

東日本大震災、福島原発事故から三年と経たない時期の、日本の首都の長を選ぶ選挙では、「脱原発」が錦の御旗とでもいうべく空気が支配していたのか、主な立候補者が、いうなれば総「脱原発派」を自認する状況が生まれたのである。

政治議題の言説は、常にその時々のイデオロギー的な要因が関係するが(Hall et al. 1978; van Dijk 1991; Fairclough 1995; Carvalho 2007 etc.)、3・11後の「反原発」「脱原発」の言葉は、政治レトリック概念の「イデオグラフ」の性格を備えていると見ることもできる。この概念を提起したマイケル・カルヴィン・マギーによれば、「イデオグラフ」とは、イデオロギーが凝縮した抽象的な短い言葉であり、政治的主張を行うために、しばしばスローガンやフレーズとして用いられる(McGee 1980)。「イデオグラフ」の代表的なものとして、「自由」「平等」「プライバシー」「言論の自由」「宗教」などが挙げられる。ありふれた言葉であっても、「イデオグラフ」は唱えられることで、「その態度や信条をコミュニティに容易に受け入れられ、称揚される方向へと導く」(McGee 1980: 15)効果がある。

ここで重要なのは、「イデオグラフ」は、いつの時代も普遍的なものではなく、ある時代や状況の固有の文脈から語られるため、通時的および共時的な差異を伴うことである。「反原発」「脱原発」が3・11以前は語られることが少なかったものの、3・11後に一気に政治的スローガンとして語られるようになった事情を鑑みるならば、「反原発」「脱原発」はかつての意味合いから何がしかの変質を見せ、ポスト3・11という固有の時代状況の政治をめぐる重要な「イデオグラフ」として機能している可能性を考えることもできよう。

だが、「イデオグラフ」は、国家や共同体でその意味が共有される、もしくは共有されることを前提として語られるものの、そもそもそれ自体は抽象的な短い言葉である。そのため、人によって異なる意味合いや政治目的で用いられることが少なくない。この点が重要なのだが、それゆえに、その言葉がかつては備えていた政治性、歴史性が失われ、自然化された言葉として流通してしまうこともしばしば起こりうるのである。

マギーが言うように、「イデオグラフ」はそれ自体、「真実性」を検証できる性格の言葉ではない(McGee 1980: 9)。二〇一四年の都知事選の各候補者の実際の原発・エネルギー政策の考え方は、とりわけ細川・宇都宮と舛添の間には相当な差異があったはずである。しかしながら、各候補者が異口同音に「脱原発」を唱えることで、その言葉の政治性と歴史性が後景化し、対立軸を無化せしめる特異な事態が進行したと言える。

単一ではない「反原発」

「反原発」「脱原発」に限らず、近現代日本の政治言説では、「イデオグラフ」的な言葉がしばしば現れてきた。そのため、石田雄が言うように、「同じ言葉の意味が常に同じでないことを自覚し、言葉と特定の意味との関係を特定の時と場所において明らかにすることが必要となる。(中略)一つの言葉が、いろいろな意味を持ちうるなかで、なぜある場合に一つの意味が支配的であるかを、その社会的・歴史的文脈の中で明らかにすることが必要となる」(石田 1989: 5–6)。

以上のことから、「原発推進」「原発容認」と「反原発」「脱原発」を二項対立的に捉えるだけでは不十分で不正確に思われる。また、「反原発」「脱原発」を自明の単一的な政策的用語として見なすのも適切ではなかろう。そうではなく、「反原発」「脱原発」はある時代状況において、それを標榜する語り手と受け手の間の共通理解が想定された政治イデオロギーの性格を備えると考えられ、「反原発」「脱原発」の政策的是非云々の議論の前に、そもそも3・11後の原発言説とはいかなるものかという問いに私たちを誘うのである。

正義論の視点から原発を考える

「反原発」を慎重に扱う必要があるのは、それが「イデオグラフ」的な性格を孕みうるからだけではない。議題としての原発をめぐる人々やその利害は、本来は非常に複雑であり、「原発推進派」と「反原発派」を二項対立的に捉えるだけでは、それらが不可視化されてしまいかねないからである。

原発をめぐっては、多様な問題が存在する。原発立地地域と国家の間の問題、原発立地地域とそうでない地域の間の問題。すなわち、原発被害のリスクが近しいか否かの人々の立ち位置の相違などの問題がある。また、原発立地地域の内部でも、原発立地による原発被害のリスクを負うことに反対するか、あるいは過疎地域で電源三法に代表される交付金による地域振興を期待するかといったリスクに近い間同士の対立の問題がある。国家レベルでも、石油、石炭他のエネルギー使用との競合、選択において原子力エネルギーは議題となる。

こうした問題を考えるには、原発議題を、正義論の観点、とりわけメタ政治的正義の観点から考えることが有効と思われる。ナンシー・フレイザーは、これまでの正義論は、主権国家の枠組みを自明のものとして想定してきたとして問題化する。論争者は、正義の「なに」を論じることに没頭し、「だれ」は国民だけを前提としてきたとフレイザーは批判するのである(Fraser 2008＝2013: 20–21)。

だがグローバル化の進展で、多国籍企業の問題、地球温暖化、エイズウイルス(ＨＩＶ)の感染拡大、国際テロ、移民、超大国の単独行動主義などによって、世界に生きる人々は、国家内のみならず、国家の境界線を侵犯するプロセスに少なからず影響を受けるようになった(Fraser 2008＝2013: 21)。したがって、争点が分配であれ承認であれ、「なに」だけでなく、「だれ」が関係するのか、どれが関連する共同体なのか、さらに「いかに」して問題を解決するのかが近年、重要な論点として浮上している。こうした問題は、現在、世界的に感染拡大している新型コロナウイルスとの共存のあり方にも密接に関係しよう。

そのため、フレイザーは、国民国家と国民を前提としてきた従来の通常的正義は「誤ったフレーム化」に陥りかねないとして、「なに」「だれ」「いかに」の媒介変数が混乱する変則的正義、すなわち予断を排してそれら媒介変数の関係性を考えるメタ政治的正義の視点の重要性を説く。前述した事情を考慮すれば、原発議題もメタ政治的正義の視点で考えることが有効と思われる。さらに、原発議題の場合、以下に述べるように、それを取り巻く「なに」「だれ」「いかに」それぞれの関係性は一般に考えられているよりも遥かに複雑なのである。

「なに」「だれ」「いかに」をめぐって――核と地球温暖化

例えば、原発に関連する「なに」をめぐっては、エネルギー政策とは異なる次元の敵対が存在する。すなわち、核である。戦後、「原子力の平和利用」が被ばく国のアイデンティティとして根付いていった日本では、一九六〇年代以降各地で原発の立地が進んだが、その背後には、ウラン濃縮と使用済み核燃料の再処理でのプルトニウム抽出による核(兵器)保有の可能性への欲望があることが指摘されてきた[12]。

原発をめぐっては、エネルギーと核(兵器)というカテゴリーの異なる「なに」が表裏一体なものとして宿命的に存在する。その問題は、国家内にとどまるのではなく、国境を超えた地域、またグローバルな枠組みともつながる。「原発推進派」の中には、原発の存在を潜在的な核兵器保有の可能性としてポジティブにとらえる立場があるが、そこでは、近隣諸国との武力衝突、防衛、戦争への備えが想定され、それが(裏)口実となることもなくはない[13]。

だが一方で、原発が伴うこのような核兵器保有の可能性は、それゆえに核廃絶論者が「脱原発」を唱える動機ともなる[14]。また、諸外国や諸勢力が日本の原発を攻撃することで生じうる原発テロなどのリスクを、「脱原発」を唱える理由に挙げる議論も存在する[15]。これらはすべて原発をめぐる「なに」「だれ」「いかに」の問題である。

また、グローバルな枠組みの「なに」には、地球温暖化防止のための温室効果ガス削減という重要度の高い議題があり、その達成をめぐっていかにしてエネルギーを生成するかが問われる。そのため、

「なに」をめぐってのグローバル議題＝地球温暖化とローカルもしくはナショナル議題＝原発との摩擦が生じうるとともに、「だれ」をめぐっても、原発立地地域の人々とそうでない人々、諸外国の原発依存国、非依存国の人々等々さまざまな人々の立ち位置による差異が生じる。これらの媒介変数の複合性は、問題解決のための「いかに」においても、単純な正解を導きがたいアポリアを提出し続けることになる。

原発・エネルギー政策議題は、そうした「なに」「だれ」「いかに」をめぐる複合的で錯綜した関係性ゆえに、その難しさ自体が見えにくく、さらに語りづらくさせてきたとも言えるのではないか。

包摂的な民主主義のために

原発議題を正義論の観点から眺めることは、包摂的な民主主義のあり方を考える視座とも重なるのではないか。原発・エネルギー議題では、排除される人々が宿命的に生じうる。例えば、原発立地に反対する地域の人々の声は、立地がなされた後は抑圧され、マイノリティ化する。また、地方にある原発の電力は、主に東京や大阪などの大都市で消費されるが、そうした都市住民は原発から地理的に遠く、原発リスクが小さい。しかしながら、巨大原発事故が生じると、大きな被害を受けるのは原発立地地域の住民である。復興庁の調べによると、東日本大震災と福島原発事故の避難者数は、事故から八年を経た二〇一九年においても五万人を超えている（『日本経済新聞』二〇一九年五月三一日）。

こうした非対称性から生まれるマイノリティの存在は、対抗的な公共圏と呼ぶべき範疇のものだが、そうした人々は「支配的な公共圏の外部に排除されることになる」（斎藤 2000: 65）。上記のような不平等が存在することは、前述したメタ政治的正義の「なに」「だれ」の問題であるとともに、包摂的な民主主義を考える上でも重要な問題となる。

加えて、日本の原発政策は、官民協同で、各地の電力会社を主体として発展してきた経緯から、新自由主義的な政治と親和性が認められるものである。スーザン・ヒメルヴァメイトは、新自由主義は、人間の生の水準を切り下げることを人々が受け入れ、内面化させるための一連のイデオロギーを内包すると述べている(足立 2019: 234)。

原発をめぐっては、地方の遠隔地、過疎地が立地候補地となり、立地に反対しても原発が招致される場合、原発リスクを引き受けることを迫られた地域の人々は人間の生の水準を切り下げることを受け入れ、内面化することが求められるのではないか。福島原発事故のような巨大事故が起きる際、避難を強いられる地域住民、汚染作業従事者などに、それがさらに厳しく求められていると言えるだろう。原発の存在そのものが、人間の生身の生の縮減を迫り、排除、差異、不平等に密接にリンクしているのである。

現代世界では、「だれ」も見捨てないことに対する絶えざる関心と努力が求められている。そして、それによって排除そのものを取り除くにはいかなる試みが可能なのかについての慎重な検討が求められる。メディア、ジャーナリズム、知的言説で現れる「反原発」はそうした複合的な難しさを可視化させ、解消させうる言説的ポテンシャリティがある。それゆえ、日本の民主主義の成熟、より包摂的な民主主義の構想を考える上での重要な政治言説領域だと言えよう。

3　本書の五つの問い――3・11後の「反原発」はいかなるものか

以下、本書の問いについて説明をしつつ、本書の問題意識をさらに細かくみていきたい。本書の問いは、主に五つある。

「反原発」の発信者とその議論・表象の実際と到達点――第一の問い

第一の問いは、「反原発」の言説を発信してきたメディア、ジャーナリズム、科学者、知識人らの3・11後の反原発の議論や表象はいかなるもので、何を達成し、残してきたか。

3・11後のメディアや知的言説における反原発を分析する際、アラン・トゥレーヌの思想が参考になる。トゥレーヌは、一九六〇年代以降、テクノクラシーと対立する新しいアクターが現れ、それまでの労働運動などと異なる「新しい社会運動」が台頭すると説いたが、フェミニズム運動、環境保護運動、平和運動などとともに、反原発運動は、多様な主体が関係する「新しい社会運動」と親和性が高いものである。特に3・11以降、反原発を唱える者は運動家に限らず、一般市民、ジャーナリスト、知識人など多様であり、そもそも労働運動のように、運動主体や争点が自明なわけではない。

トゥレーヌは、社会運動には、運動の「主体」「敵手」「係争課題」の三つの構成要素があるとし、「新しい社会運動」の実態を見極めるためには、これら三つの要素、すなわち、「主体」＝誰が、「敵手」＝誰・何と敵対し、「係争課題」＝何を争点とするかに注目しなければならないと述べた（Touraine 1978)。このような視点は、見えざるメタ政治的正義的性格を備える原発・エネルギー政策議題をめぐる多様な反原発の議論や表象の相違を具体的に可視化するには有効であろう。

そこで、第一の問いに答えるために、本書ではトゥレーヌの視点に倣い、「主体」「敵手」「係争課題」の三つのポイントに注目する。

多様な立ち位置からの象徴闘争　ブルデューの「界」概念——第一の問い　ポイントその1

一つ目のポイントは、「主体」＝誰の問題、すなわち、ここでは、新聞、テレビ、科学者、人文社会系知識人、フリージャーナリスト、ドキュメンタリー映画などの「反原発」はいかなるもので、どのような異同が存在するか。それぞれが発信するメディア媒体の特性と関連はあるのか、あるとすればどのような関連がみられるか、さらにそれらの間にいかなる相互作用がみられたかなどにも注目したい。

その際、注目したいのは、それぞれの立ち位置の相違である。そのため、この一つ目のポイントの考察にあたっては、ピエール・ブルデューの「界(field)」概念を念頭に置きたい。ブルデューは、現代における全体的な社会空間には、それが分化して出来る多くの「界」が存在すると主張した(Bourdieu 1979＝1990)。近現代社会では、政治界、経済界、法曹界、宗教界などとともに、科学界、大学界、ジャーナリズム界など多様な界がある。

本書で扱う、反原発を主張する立場をいくぶん分節化させながら「界」で分類するならば、新聞、テレビなどのジャーナリズム「界」(第1章)、フリーランス・ジャーナリストらのフリーランス・ジャーナリスト「界」(第2章)、原子物理学者、理論物理学者などの科学者「界」(第2章)、人文社会科学の学者などの人文社会科学系知識人「界」(第3章)、ドキュメンタリー映画監督らのドキュメンタリー映画「界」(第4章)などに大別することが出来よう。

これらの「界」の人々は、「界」固有の価値観とハビトゥス(habitus)に基づきながら、「界」内部のシンボルや記号体系から反原発の議論や表象を構築し、「界」内外での象徴闘争を行うことが予想される。そのため、「界」概念は、本書が3・11後の「反原発」言説の意味構築プロセスの可視化を目指すための重要な補助線となろう。

誰・何と敵対するか——第一の問い　ポイントその2、その3

二つ目のポイントは、「敵手」＝誰・何と敵対するかの問題、すなわち、それぞれの反原発の言説や表象が何に敵対して議論を構築するかである。3・11以降の政治、メディア、知的言説における「反原発」がイデオグラフ的性格を少なからず内包しうること、「反原発」を多様な媒介変数が関係するメタ政治的正義の視点から捉える必要があること、さらには、多様な「界」のポジショナリティの相違を考慮する必要があることなどを本書は常に念頭に置く。そのため、シンボル、メタファーなどが用いられながら、またそれぞれの職業的規範やルーティンなどが関係しながら、つまるところ、それら「反原発」の言説や表象が何と敵対するかを注意深くみていく必要がある。

三つ目のポイントは、「係争課題」＝何を争点とするか、すなわち、いかなるコンテクストとフレームで反原発の言説や表象が発信されるかである。政治に関するメディアの最重要機能の一つは議題の設定であるため、多様なメディア・言説がいかなるフレームで反原発を争点化するかの検討は、注意深く検討される必要があろう。

民主主義の議論の成熟に向けて――第二の問い

第二の問いは、3・11後の反原発の言論や表象は、日本の民主主義の議論の成熟、深まりにいかなる痕跡を残してきたかである。その際、特に「包摂性」および「メタ政治的正義」の概念を補助線にして考察する。

前述したように、原発はそもそも原発立地地域とそうでない地域、地方と都市などの差異や排除のポリティクスと密接な関係がある。また「原子力の軍事利用」でなく「原子力の平和利用」を唱えることで唯一の戦争被ばく国でありながら原発を推進してきた事情がある。さらに、日本は途上国などへの原発の輸出にも積極的な姿勢を見せてきた。このような多元的な二重性、差異、排除などは原発の存在意義の脆弱さと密接な関係があり、原発の存在は、民主主義の成熟の指標として挙げられる「包摂性」とも、宿命的に対立しうるものである。

3・11後の「反原発」のメディア・知的言説は、いかなる「包摂性」「メタ政治的正義」の視点を獲得するのか、あるいはいかなる課題や限界を伴うのか。また、なぜ、原発に懐疑的な世論が過半数を占めながらも「脱原発」は政策実現しないのか、そのこととメディア・知的言説の間に何らかの関係性があるのか。これらは、二一世紀の日本の民主主義のありようを考えていく上で重要なものであろう。

原発と核――第三の問い

第三の問いは、反原発の言説や表象で原発が論じられる際に、核兵器、核開発など、核の問題がどのように関係づけられるのか、あるいは関係づけられないのか。

そもそも、「原子力の平和利用」はアメリカのアイゼンハワー大統領が一九五三年一二月の国連演説で打ち出した政策であり、表向きは原発と核兵器に利用されるウランを国際管理し、そのウランを各国に提供することで（軍事のためでなく）「平和のための原子力」（Atoms for Peace）を世界に広めるというアメリカの政策キャンペーンであった。

被ばく国である日本では、「原子力の平和利用」は「原子力の軍事利用」＝核兵器、核開発へのアンチテーゼとして受け止められてきたため、この二つには表裏一体ともいえる関係性が潜んでいることが積極的に意識されることはなかった。そのため、3・11を経て反原発の言説や表象が、原発の問題を核保有、核開発の問題とどのように関係づけるのか、あるいは関係づけないのかの検証は、避けて通るわけにいかない。実際、日本ではこれまで、反核（運動）と反原発（運動）は明確に区別され、互いに分離してきた歴史的経緯があるが（安藤 2019: 37）、3・11後において何らかの変化がみられるのかについて、メディアと知的言説へのアプローチから目を向けたい。

アメリカが「平和のための原子力」を世界に広めようとした一九五五年一月、米下院のシドニー・イェーツ議員は、驚いたことに広島が世界最初の原爆の被ばく地であることを理由に、広島に原発を建設することを提案した（有馬 2012: 15–18）。だが同時にイェーツ議員は、アメリカが日本に原発を供与することで日本がプルトニウムを獲得し、それをもとに核武装することも想定していた。そのうえで、日本が核兵器を一基程度保持しても、日本がアメリカ側に留まれば自由主義のアジア諸国全体の軍事力強化になり、逆に、もし日本が共産主義化してソ連側についても東西の軍事バランスに影響はないとイェーツは述べていた(16)(有馬 2012: 23)。重要なことは、当初、アメリカは日本の原発と核武装をワンセットとして認識していたのである(有馬 2012: 23)。

事情は日本側も同じであった。原発を推進した元首相の岸信介《のぶすけ》も、原発設置による潜在的核保有の意義をはっきりと認めていた。以下は、一九六〇年代の岸の講演での言葉である。

> 平和利用ということと軍事的利用ということは紙一枚の相違である。ある人は紙一枚すらの相違はないといっている。今日の原子力のいろいろな利用というものは、いうまでもなくみな軍事的な原爆の発達から生まれてきているものである。平和的利用だといっても、一朝ことあるときにこれを軍事的目的に使用できないというものではない。(岸 1967: 13)

プルトニウムは八キログラムあれば核兵器の製造が可能となるが、例えば青森県の六ヶ所村再処理工場では年間八トンのプルトニウムが生産されるため、単純に計算すれば、これは年間一〇〇〇発以上の核兵器を作る量に相当する(鈴木・猿田 2016: 32)。そのため、日本は核開発のポテンシャリティを持っていると見なすことが出来る。

しかし、いうまでもなく日本は「非核保有国」である。一九七一年一一月、沖縄返還協定の承認に関連し、国会で非核三原則を確認する決議が行われた。それは今も変わらない。

だが一方で、世界的な軍縮の流れの現在形、およびそこでの日本の立ち位置は難しいものがある。二〇一六年一〇月の国連総会第一委員会で核兵器禁止条約の交渉開始決議が採択されたものの、北大西洋条約機構（NATO）やアジア太平洋諸国の核抑止力に影響を与えかねないとして、アメリカは同盟国に対して決議に反対するよう文書で要求した。米ロをはじめとする核保有国は強く反対し、日本もアメリカに同調して決議に反対した。その一方で、核兵器禁止条約は、翌二〇一七年七月に国連で、一二二カ国・地域の賛成で採択され、二〇二〇年一〇月、批准を終えた国・地域が規定の五〇に達したため、二〇二一年一月からの発効が決まった。日本政府は今もって、こうした核軍縮の枠組みを後押しし、歓迎する輪の中に加わろうとしていない。

日本は唯一の被ばく国として核廃絶を唱えながらも、一方で戦後、アメリカの「核の傘」に依存してきたため、こうした局面では常に複雑な立場にあり続けているのである。そのため、反原発の言説や表象で原発が論じられる際に、核保有、核兵器の問題がどのように関係づけられるのか、あるいは関係づけられないのかに注目する。

代替エネルギーと気候変動の問題——第四の問い

第四の問いは、反原発を主張する際、いかなる代替エネルギーで原発を補完することを述べるか。特に、地球温暖化に代表される気候変動の問題がどのように関係づけられるのか、あるいは関係づけられないのかに注目する。

世界気象機関(WMO)は二〇一九年九月、温室効果ガスの影響で、世界の平均気温が過去五年の間に、観測史上最も暑くなるなど、地球温暖化が一層加速し続けていると発表した。また、二〇一五年から二〇一九年までの間に大気中に排出された二酸化炭素は、それまでの五年間と比べ、二割上昇している。(17) 二〇二〇年五月には、大気中の二酸化炭素濃度は過去最高の四一七・一ppmを記録した。(18)

ナオミ・クラインは、気候変動が意味するのは「人類という種にとって存亡の危機」であり、「歴史上、これほど重大で大規模な危機の先例はただ一つ、核戦争の勃発によって地球の大部分が生物の住めない場所と化すという、冷戦時代の悪夢だけだった」と述べている(クライン 2015: 73)。

アンソニー・ギデンズは、自らの名を冠して「ギデンズのパラドクス」と名付け、気候変動が喫緊の脅威であるにもかかわらず、それが目に見えないため、世界の人々がそれを過小評価してしまう現状に警告を発したが(Giddens 2011: 6)、気候変動が世界各国で十分に議題化されてきたとは到底言えない。フィリップ・ハモンドのように、一九八〇年代以来、先進国の政治エリートたちの間では、気候変動を過小評価するコンセンサスが存在してきたと指摘する論者もいる(Hammond 2018)。

むろんのこと、これらの問題と日本は無縁ではない。日本では、二〇一一年三月の福島原発事故の前までは、電気エネルギーに占める原発の比率は三〇%を超えていた。そのような原発大国が脱原発を実現するとすれば、代わりにいかなるエネルギーを選択することで補完できるかは重要な問題である。

日本は二酸化炭素の排出量で世界第五位であるため、この問題への取り組みは無視できない。しかし、二〇一九年の「国連気候行動サミット」では、各国に大幅な削減目標の発表を求めたグテーレス国連事務総長からの要請に日本は応えず、具体的な削減目標の引き上げを表明することは無かった。だが、「二〇五〇年実質ゼロ」を掲げる国はイギリス、ドイツはじめ世界で既に約一二〇カ国に及んでいる。

二〇二〇年一〇月、菅義偉《すがよしひで》首相は所信表明演説で、温室効果ガスの排出を二〇五〇年までに実質ゼロにする目標をようやく示したものの、目標達成の見通しは不明である。なぜならば、これまで日本が排出目標を長らく示せないでいたことや、世界の環境団体から批判されながらも石炭火力発電に依存し続けていることは、(19) 福島の事故後に多くの原発の稼働が停止したままであることも背景にあるからである。これらは、持続可能な開発が求められる二一世紀における喫緊の重要課題だろう。

近現代日本のポスト・カタストロフィの思潮として――第五の問い

第五の問いは、3・11後の反原発に関するメディアや知識人の言説は、日本の近現代のカタストロフィ後の思潮の中でどのように位置づけられるか、である。

大災害やカタストロフィは、国家やコミュニティに甚大な影響を与えるが、その現れ方は多面的である。大災害はそれまでのコミュニティに内在していた亀裂を開き、社会的矛盾を断片化させながら露呈させる。そのため、カイ・エリクソンは、大災害後に生まれるのは「腐食性共同体(corrosive communities)」とでも言うべきもので、それは何らかの「毒性(toxicity)」を喚起する(Erikson 1994: 236)と述べる。大災害のカタストロフィによって、平時は封印されていた共同体の表層が亀裂し、その裂け目から「毒性」が顔を覗かせることになる。換言すれば、カタストロフィを契機に、社会的秩序の背後にある矛盾や軋轢を露出し、可視化させることとなる。

原発関連の議論は、3・11以前の日本ではしばしばタブー視されていたが、事故をきっかけに議論は活性化し、平時の共同体が覆っていた表層にメスを入れ、それまで不可視化されてきた「毒性」を可視化させる重要な言説空間を形成している可能性があろう。

これをもし、ポスト・カタストロフィに固有の言説文化とみるならば、近現代日本では、これが初めてではない。例えば、3・11の約九〇年前に起き、東京周辺で約一〇万人の死者が出た一九二三年の関東大震災の後は、渋沢栄一、内村鑑三らによる「天譴論《てんけん》」、また前衛芸術、耽美的文学（谷崎潤一郎、江戸川乱歩など）の流行などの重要な動向があった。とりわけ「天譴論」は、巨大カタストロフィの経験を一種の啓示（天啓・天罰など）、人類史的試練として受け止め、社会の反省的契機としながら何がしかの道徳的な解決を目指したことから、3・11後の「反原発」との類似が認められる。

関東大震災の直後、当時を代表する実業家の渋沢栄一は、大震災は決して偶然に起きたのでなく、明治維新以来の政治、経済、文化の乱れと無関係でないと主張し、「未曽有の天さいたると同時に天譴である」（『万朝報』一九二三年九月一三日）と述べた。その渋沢の言葉に共感したキリスト教思想家の内村鑑三は、「良心の囁き《ささや》」を聞きとったという（尾原 2012: 32）。作家でニーチェの翻訳者としても知られた生田長江は、大震災は当時の奢侈贅沢な文化的風潮への戒めだとし、「どうだ、少しは思ひ知つたか?これでもまだ覚めないといふのか」と自分自身も含めた日本人に呼びかけた（生田 1936）。

一方、東日本大震災とそれによる津波が引き起こした福島原発事故の直後、東京都知事（当時）の石原慎太郎は記者会見で、「我欲に縛られて政治もポピュリズムでやっている」風潮があるが、「津波をうまく利用して我欲を洗い落とす必要がある」と述べ、「これはやっぱり天罰だと思う」と発言して物議を醸した[20]。

こうした言葉の是非も問われるべきだが、福島原発事故を天譴的なものとして受け止める姿勢は幅広くみられるものであった。例えば、大澤真幸は、福島の事故の悲惨さには「神学的な意義とでも呼ぶべきものがある」と述べている（大澤 2012: 152）。また、いくぶん位相が異なるものの、「文明」などの巨視的な観点から3・11の経験を教訓的に捉える言説も少なからず存在する。たとえば、宇宙物理学者の池内了《さとる》は福島の事故後に、日本は「文明の転換期」（池内 2014）にあると述べ、哲学者の鶴見俊輔は「文明の難民として、日本人がここにいることを自覚して、文明そのものに、一声かける方向に転じたい」（鶴見 2011: 33）と述べた。そして冒頭で紹介したように、中沢新一は、福島の事故を契機に「日本文明が根底からの転換をとげていかなければならなくなった」と述べている（中沢 2011: 9）。

ポスト・カタストロフィの言説文化という点では、第二次世界大戦中の「近代の超克」の議論も思い起こされよう。「近代の超克」は、太平洋戦争勃発後の一九四二年の、雑誌『文学界』の九月号、一〇月号の特集がよく知られている。とりわけ一〇月号に掲載された座談会「近代の超克」は、今日でもしばしば議論の対象となる。河上徹太郎、小林秀雄、亀井勝一郎、三好達治、中村光夫はじめ日本を代表する知識人たちが参加したこの座談会が本書と無関係でないのは、それが太平洋戦争の勃発というカタストロフィに直面しての知識人による言説的反応だからである。

「近代の超克」の議論において、西洋近代からのアジアの解放を掲げた太平洋戦争を肯定的に受け止める論拠を思考する中で、当時の知識人らは、西洋と対比的に、アジアと日本の文化、伝統の意義を称揚し、再定義しようとした。それは思想的には深められないままに終わったが、ここで重要なことは、これらの思想が、座談会の司会をつとめた文芸評論家の河上徹太郎が述べるように、「開戦一年の間の知的戦慄のうちに作られたもの」(河上 1979: 166)であったことである。こうしたことから、3・11後のメディアや知識人、とりわけ人文社会系知識人の反原発の議論を、巨大原発事故後の「知的戦慄」とみなし、「近代の超克」などと比較検討する視点も決して無意味なことではなかろう。

本書の構成など

本書は、二一世紀の日本が、巨大災害に直面した時、メディア、ジャーナリズム、科学者、知識人らの言葉がいかなるレジリエンスを示したかを問い、カタストロフィとレジリエンスが交錯することで、一国の支配的な政治社会的言説がどのように変容し、それがいかなる相貌で立ち現れるのか、「反原発」の言説と表象のありように焦点をあてて検証する。

第1章は3・11以降の新聞とテレビ、第2章は科学者とフリージャーナリスト、第3章は人文社会科学系知識人、第4章はドキュメンタリー映画などにおける反原発に関する言説と表象の代表的なものを対象にして検証する。(21) 発信される言説、表象と、それぞれの立ち位置に注目する本書の目的から、第2章以降は、特に個人に焦点をあて、必要に応じて彼らのライフコースにも目を向ける。

なお、「原子力」という言葉は通俗用語で正しくは「核エネルギー(nuclear energy)」であり、「核エネルギー」は軍事利用(military use)と民事利用(civil use)の両方を指す(吉岡 2011: 6)。だが本書は、軍事利用と民事利用を比較的に捉える視点から、特別の理由が無い限り「核エネルギー」の言葉を用いない。同様の理由から、「原子力」の言葉が少なくとも日本では民事利用を指すものと広く理解されているため、本書では主にその意味で用いる。一方、「核」の言葉は本来「核エネルギー」同様、両方の意味があるものの、少なくとも日本では軍事利用(核兵器、核開発)を指すものと広く認知されているため、本書ではその意味で「核」の言葉を「原子力」「原発」と対比的に用いる。同様に、「反核」と「反原発」を区別する。

また、本書では必要に応じて「脱原発」の言葉を使うが、主に「反原発」の言葉を用いる。「脱原発」は、「原子力発電事業からの段階的撤退」(吉岡 2011: 4)など、原発の具体的な撤廃を意味するが、本書が射程に入れて俎上に載せる対象は、それのみならず、原発への懐疑姿勢、クリティカルな視座など、より広い意味合いのものだからである。

(1)　六つの社説のうち一面に掲載された論説主幹の大軒由敬による社説以外は、社説特集としてオピニオン面に掲載された。
(2)　http://www.kojinkaratani.com/jp/essay/post-64.html　アクセス日：二〇一六年一二月一七日。
(3)　http://web.nagaike-lecture.com/　アクセス日：二〇一六年一二月一七日。
(4)　内閣府「原子力発電に対する世論調査」に過去の世論調査の記述がある。福島原発事故が世論にいかなる影響を与えたかについては、岩井・宍戸(2013)を参照されたい。
(5)　例えば、『朝日新聞』が二〇一九年二月に行った世論調査では、「あなたは、いま停止している原子力発電所の運転を再開することに賛成ですか。反対ですか」の問いに対し、賛成三二%、反対五六%、その他・答えない一二%(『朝日新聞』二〇一九年二月一八日)。日本世論調査会が二〇一八年二月に実施した全国世論調査では、原発をどうするかについて「将来ゼロ」と答えた人は六四%、「すぐゼロ」と答えた人は一一%(『東京新聞』二〇一八年三月四日)。

(6) 台湾では、二〇一七年一月に、二〇二五年までの全原発の停止を定めた法律が成立した。だが同年八月に、大規模停電が発生したことを契機に、電力の安定供給に市民の不安が高まり、二〇一八年一一月の住民投票の結果、法律の中の「二〇二五年までに全原発を停止する」との条文が削除された。ただし、法的期限は撤廃されたものの、二〇二五年に脱原発を目指す方向性自体に変わりはない(『毎日新聞』二〇一八年一一月二五日、『西日本新聞』二〇二〇年三月一一日ほか)。

(7) そもそも、3・11以前、日本での原発とメディア報道に関する先行研究は多くない。国内の代表的な二つの関連学会である日本マス・コミュニケーション学会、日本コミュニケーション学会の3・11以前の学会誌について、「原子力」「原発」「エネルギー」のキーワードで検索したが、該当する論文は見あたらなかった(日本マス・コミュニケーション学会の場合は、一九九二年以前の前身の日本新聞学会の名称時の学会誌も含む)。

(8) 新聞や雑誌の関連記事は膨大な数にのぼるが、書籍の主なものは以下の通り。井野博満編(2011)『福島原発事故はなぜ起きたか』(藤原書店)、淵上正朗・笠原直人・畑村洋太郎(2012)『福島原発で何が起こったか――政府事故調技術解説』(日刊工業新聞社)、東京新聞原発事故取材班(2012)『レベル7 福島原発事故、隠された真実』(幻冬舎)、日本科学技術ジャーナリスト会議(2013)『4つの「原発事故調」を比較・検証する――福島原発事故一三のなぜ?』(水曜社)、日本科学技術ジャーナリスト会議編(2013)『徹底検証! 福島原発事故 何が問題だったのか――4事故調報告書の比較分析から見えてきたこと』(化学同人)、畑村洋太郎・安部誠治・淵上正朗(2013)『福島原発事故はなぜ起こったか 政府事故調核心解説』(講談社)ほか。

(9) これも新聞や雑誌の関連記事は膨大な数にのぼるため、書籍に限って主なものを以下に紹介する。まず放射能被害を中心に扱った主なものは以下の通り。本間・畑編(2012)、NHK ETV特集取材班(2012)、綿貫礼子編(2012)『放射能汚染が未来世代に及ぼすもの――「科学」を問い、脱原発の思想を紡ぐ』(新評論)、中西友子(2013)『土壌汚染――フクシマの放射性物質のゆくえ』(NHK出版)ほか。

福島の事故の避難者や地域住民について考察した主なものは、以下の通り。関西学院大学災害復興制度研究所ほか編(2015)、山本・高木・佐藤・山下(2015)、日野行介(2016)『原発棄民　フクシマ五年後の真実』(毎日新聞出版)、吉田千亜(2016)『ルポ　母子避難――消されゆく原発事故被害者』(岩波書店)ほか。

福島の事故の経済影響、復興を中心に議論した主なものは、以下の通り。後藤・森岡・池田・中谷・広原(2014)、除本・渡辺(2015)、齊藤誠(2015)『震災復興の政治経済学――津波被災と原発危機の分離と交錯』(日本評論社)ほか。

メンタル面での影響、ストレスなどについては、福島原発事故のみならず、東日本大震災とあわせて扱われることが多い。主なものは以下の通り。宮地尚子(2011)『震災トラウマと復興ストレス』(岩波書店)、蟻塚亮二・須藤康宏(2016)『3・11と心の災害――福島にみるストレス症候群』(大月書店)ほか。

福島の事故の風評被害を論じたものは、関谷直也(2011)『風評被害――そのメカニズムを考える』(光文社)、有賀(2016)ほか。

(10)　これも福島原発事故後、膨大な数の関連書籍が出版されてきたため網羅できないが、主なものとして以下を挙げておく。小出(2011a, 2014)、広瀬・明石(2011)、加藤(2011)、金子(2011)、笠井(2012)、小林よしのり(2012)『ゴーマニズム宣言SPECIAL　脱原発論』(小学館)、安冨(2012)、中沢(2011)、佐藤・田口(2016)ほか多数。

代替エネルギーとの関連から原発のありようを議論したものとして、宮台・飯田(2011)、石井彰(2011)『大転換する日本のエネルギー源　脱原発。天然ガス発電へ』(アスキー・メディアワークス)ほか多数。

コストの面から原子力エネルギーに疑義を呈したものとして、大島(2011)、齊藤(2011)ほか。

諸外国の脱原発の事例を考察したものとして、熊谷徹(2012)『脱原発を決めたドイツの挑戦　再生可能エネルギー大国への道』(KADOKAWA)、坪郷(2013)、川名(2013)ほか多数。

(11)　これも多数あるため書籍に限定し、その中から主なものを挙げておく。開沼(2011)、吉岡(2011)、山岡(2011)、川村(2011)、吉見(2012)、山本(2012)、有馬(2012)、上丸(2012)、朝日新聞「原発とメディア」取材班(2013)、中日新聞社会部(2013)、秋元健治(2014)『原子力推進の現代史――原子力黎明期から福島原発事故まで』(現代書館)、太田昌克(2014)『日米〈核〉同盟——原爆、核の傘、フクシマ』(岩波書店)、朝日新聞特別報道部(2014)、木村・高橋編(2015)ほか。

(12) 例えば、以下の『朝日新聞』の二つの社説など。『朝日新聞』一九九二年一〇月一三日の社説は、日本がプルトニウムの集積をすすめていることが国際社会を刺激していると論じ、「核兵器を持たない国で、核爆弾の原料にもなるプルトニウム239を、こんなに集めようとしているのは、いまのところ、疑惑をもたれている北朝鮮を除けば、ほかにないだろう」と締めくくり、日本の核燃料政策への疑義を呈している。『朝日新聞』二〇一四年八月一〇日の社説は、安倍政権が、プルトニウムを使用済み核燃料から新たに取り出して原発で利用する政策を続ける方針や利用計画を定めきれない四〇トン以上のプルトニウムの在庫を抱えていることを指摘し、内外の反核団体などが、日本には核武装の意図があるのではないかといぶかる声があることを紹介している。また、アメリカのバイデン副大統領(当時)は、米公共放送(PBS)のインタビューで、中国の習近平国家主席との協議の中で、「日本が明日にでも核を保有したらどうするのか。彼らには一晩で実現する能力がある」と発言したと明らかにした(『産経ニュース』二〇一六年六月二三日)。なお、本文の中で、岸信介の言葉を記したが、他にも例えば、後に政治家となる作家の石原慎太郎は、一九七一年七月一九日の『朝日新聞』のインタビューで、「(核兵器が)なけりゃ、日本の外交はいよいよ貧弱なものになってね。発言権はなくなる。(中略)だから、一発だけ持ってたっていい。日本人が何するかわからんという不安感があれば、世界は日本のいい分をきくと思いますよ」と答えている。

(13) 例えば、二〇〇六年一〇月の北朝鮮の核実験後、麻生太郎外相(当時)や自民党の中川昭一政調会長(当時)らは、日本の核保有の可能性について議論する必要性を繰り返し説いた(『朝日新聞』二〇〇六年一一月一一日)。

(14) 例えば、二〇一二年八月六日(「広島原爆の日」)の『朝日新聞』の社説。この社説は、「原爆と原発事故を体験した日本には、歴史的使命がある。核エネルギーによる両方の惨事を知る身として、そのリスクを世界からなくしていく役目である」と述べ、「非核国の原子力利用を制限する以上、核保有国は軍縮を加速する責任が一層、強まる。原発を多く使う国は、原発依存からの脱却を急がねばならない」と呼びかけている。

(15) 例えば、二〇一二年三月二八日、ソウルで行われた核安全保障サミット後の『毎日新聞』社説は、「北朝鮮による日本人拉致は日本の原発攻撃への準備だったとの見方さえある。日本の原発が北朝鮮のミサイルに被弾する、あるいは日本海側の原発が乗っ取られるといった事態も、決して『想定外』ではない。核・ミサイルだけでなく核テロでも北朝鮮が脅威になっているのだ」と述べている。

(16)　だが一方で、アメリカのアイゼンハワー政権は、「原子力を平和に」のキャンペーンを進めながらも、核兵器の原料となるプルトニウムを産出するがゆえに、発電炉の日本への輸出には当初反対した(有馬 2012: 94)。

(17)　『BBC日本語』ホームページ https://www.bbc.com/japanese/49806155　アクセス日：二〇二〇年一月二八日。

(18)　『朝日新聞』デジタル版、二〇二〇年六月六日記事。

(19)　日本の石炭火力発電に対する、海外の環境団体などからの根強い批判は、『日本経済新聞』(二〇一九年一二月四日)ほか各紙で掲載されている。

(20)　二〇一一年三月一四日の記者会見の場にて。

(21)　3・11以降の社会運動における反原発については、伊藤昌亮(2012)、五野井(2012)、安藤(2019)など既に関連の業績があるため、本書では直接には俎上に載せない。ただし、本書が俎上に載せる人物が社会運動にコミットするケースも少なからずあり、それらとの関連で必要に応じて触れる。

第1章

主流メディアの位相
——新聞とテレビ——

福島原発事故後，記者会見に臨む東京電力の幹部たち．東電本社，2011 年 4 月 13 日撮影．提供：時事

1 転換と内省

二〇一一年三月一一日、東日本大震災が起きた時、中国・北京市内には、日本の電力会社、マスコミの幹部およそ二〇人が来ていた。「愛華訪中団」と称するこの訪中団は、政財界、マスコミ各社の幹部が中国の各界指導者と定期的に交流するのが目的で、過去には東京電力元社長・荒木浩が数多く団長を務めてきた。二〇一一年のこの時は、関西電力や中部電力の幹部とともに、毎日新聞元主筆、中日新聞相談役らが参加していたという。これをスクープした震災直後の『週刊文春』は、「東電のマスコミ懐柔網」だと批判した(1)。

戦後日本の原発史において、新聞やテレビなどの主流メディアは、「政官産学メディア」の原発推進構造の一部を成す重要なアクターであり続けたが、3・11当日も北京を訪れていた訪中団の顔ぶれは、そうした構造を象徴的に物語っていよう。

主流メディアの内省

だが、3・11は、新聞やテレビなどの主流メディアが自らのそれまでの姿勢を問う重要な契機となった。『朝日新聞』は、二〇一一年一〇月から翌年の一二月までの一年余、計三〇六回にわたって長期連載「原発とメディア」を掲載した。自紙の過去への自己批判も行うこの連載は反響を呼んだ(2)。

『朝日新聞』はそれまでの原発推進、容認の姿勢から、一九七〇年代後半に、条件をつける「YES BUT」の方針を打ち出したが、一九八〇年代に国内で原発事故が相次いだ際も、報道の方向性を特段変えることはなかった。だが、この連載企画は、「原発安全神話」の形成に、自社はどう加担してきたかを率直に内省し、一九七〇年代以来の自社の記事、社説を具体的に検証しつつ自己批判を行っている。『朝日新聞』のこの企画が特筆に値するのは、当時の部長、記者らの実名や本人の悔恨の声も紹介し、かつての上司、先輩でもある彼らへの手厳しい批判を時には試みていることである。こうしたことは、少なくとも日本のメディアでは珍しい。

例えば、一九七〇年代から八〇年代にかけて、科学部記者、論説委員として『朝日新聞』の原発報道を牽引した大熊由紀子の活動を検証し、繰り返しクリティカルに論じている。大熊は、一九七六年に、当時の原発技術を技術者の声とともに紹介する四八回にわたる連載記事「核燃料」で社内の編集局長賞を受賞し、連載は単行本化もされて話題となった（『朝日新聞』二〇一一年一二月二六日）[3]。「核燃料」は、一貫して先端的な原発技術の安全への信頼に根差した内容で、一部の読者から疑問視されるも、当時の科学部長が「原子力発電の必要性」を語り、大熊の記事を擁護した内部事情も記事は解き明かしている（『朝日新聞』二〇一二年一月五日）。

また、電力会社が大熊のこの著書を各県庁記者クラブの報道各社に配布していたこと、また、電力会社がこの著書をまとめ買いしていたのを目撃したとの当時の同紙記者らの証言も掲載している。要するに、各電力会社が、『朝日新聞』の記者が書いたものを、原発に懐疑的なメディア言論の抑圧、原発推進のＰＲとして利用していたという自紙の負の歴史を容赦なく掘り起こすのである。

一九八六年のチェルノブイリ原発事故の後、世論調査で原発への賛否が逆転した時ですら、『朝日新聞』は大熊が書いた社説で「原子力発電所の安全性をとことん高めることによってのみ不安は解消されていくのである」と主張した（『朝日新聞』一九八六年八月三一日）。『朝日新聞』の長期連載「原発とメディア」は、こうした事実を一つ一つ俎上に載せて、自紙の原発報道の歴史を検証していく。執筆を担当した上丸洋一は、最後に、新聞が戦争に加担した歴史と原発報道の歴史を並列し、以下のように述べている。

戦争で日本は徹底的に敗れた。ジャーナリズムもまた、敗北した。

これを一度目の敗北とするならば、原発の「安全神話」を突き崩して、原発からの撤退を事前に提言することができなかったのは、新聞ジャーナリズムにとって、いわば二度目の敗北だった。言論の自由の保障された戦後日本において、ジャーナリズムは、自らその創出に一役買った原発という名の「モンスター」に敗れた。（上丸 2012: 446）

テレビ界でも、3・11後に、それまでのありようを内省的に捉える動きがみられる。一九六〇年代以来、日本テレビで数々の報道番組をディレクターとして手がけた加藤久晴は、これまでテレビは「ひたすら原発の安全・安心・安定・安価をうたい〝原発安全神話〟を作っていった」が、「仮に真っ当な原発報道や原発番組がテレビで放送されていれば、福島の原発事故は起こらなかったのではないか」（加藤 2012: 3-4）と述べている。

このように、新聞、テレビの二つの主流メディアの担い手たちが、３・11後、自戒と反省を込めながらこれまでの自らのありようを述懐している。３・11後、この二つの主流メディアは、とりわけ新聞社の中には、原発についての従来の社論を大きく変更し、「脱原発」を明確に表明するところも出てきた。テレビも原発関連の特集や特別番組を大量に放送した。本章では、３・11以降の新聞、テレビのそれぞれの原発への懐疑のありようを検証していく。

2　内省とマニフェスト——３・11後の新聞

３・11以降の関連の新聞記事は無数にあるが、本節では、社論をストレートに反映する社説を中心に検証する。社説が重要なのは、後述するように『朝日新聞』、『毎日新聞』、『東京新聞』(『中日新聞』)など主要紙が事故後、社論として脱原発を表明することとなり、社説がそうした新聞各社の３・11後の原発への考え方を述べる主舞台であり続けてきたからである。

カール・ウォール・ヨルヘンソンが言うように、社説は新聞のアイデンティティの中核であり(Wahl-Jorgensen 2004: 59; 2008: 70)、ロジャー・ファウラーが言うように、社説は客観報道が是とされる新聞のほとんど唯一の明確な「声(voice)」の表出の場でもある(Fowler 1991: 209)。また、ブライアン・マクニールは、社説は新聞社の政治介入を目的としたものとしてしばしば政府や政党に読まれる点からも重要性があると述べている(McNair 1995: 13)。

社説は新聞各紙の論説委員、編集委員らによる執筆と協議による慎重な検討の上、紙面に掲載されるため、その時々の各紙の原発をめぐるスタンスを正確に反映するとみることが出来る。そして、マクニールが言うように、新聞社は社説を通して支配的な政治議題化を時には何年もかけて継続的に行い、解釈枠組みの構築を目指すことがあるため(McNair 2000: 30)、各紙の社説の原発の議題化のありようを注意深く考察することは少なからぬ意味がある。

事故が多発した二〇〇〇年代

最初に、福島原発事故前の一〇年前後の状況について、少し触れておきたい。なぜなら、この時期はやや目立たない印象があるかもしれないが、一九九〇年代末から二〇〇〇年代にかけては、原発をめぐる事故や事件が多発したからである。

一九九九年九月、茨木県東海村で起きたJCOウラン加工工場臨界事故では、急性放射線障害で従業員二人が死亡するという深刻な被害が生じた。その後、二〇〇二年八月の東京電力等原子炉損傷隠蔽事件、二〇〇四年の関西電力美浜三号機配管破断事故、二〇〇七年三月の北陸電力・東京電力原発臨界事故隠蔽事件、同年七月の新潟県中越沖地震における柏崎刈羽原発での放射能放出事故などの重要な事件、事故が途切れることなく生じた。

多くの新聞は、七〇年代以前のように原発推進を声高に叫ぶことはなく、こうした事件、事故が起きるたびに、『朝日新聞』がそうであるように、一九七〇年代からの「YES BUT」の路線、すなわち原発を容認しつつ注視する路線を踏襲しながら、「BUT」、つまり原発へのクリティカルな論調が前景化した。しかしながら、例えば東電等原子炉損傷隠蔽事件後の新聞報道について、吉岡斉《ひとし》が、

「掘り下げた記事はあまりなかった。原子力報道自体が、長期的な視点に欠け、その場限りになっていた。長持ちする論説も出なかった」(朝日新聞「原発とメディア」取材班 2013: 39)と厳しく指摘するように、当時の新聞報道は、原発そのものを正面から議題化するものではなかった。

こうした事情は、二〇〇〇年代という時代の原発をめぐる環境の変化も背景にある。この時代は、前述したような事故、事件の続発によって多くの原子炉が運転停止に追い込まれたため、原子力発電が低迷した。一方で、地球温暖化への懸念が世界的に高まる中で、クリーンエネルギーとしての原発が注目され、「原発ルネッサンス」も各国で台頭した。とりわけ、京都議定書が一九九七年一二月に採択されて以来、地球温暖化の原因となる温室効果ガスの削減が求められるようになったことが、原発への注目度を高めることになった。二〇〇六年にはこうした事情を背景に、経済産業省総合資源エネルギー調査会が「原子力立国計画」をまとめ、中長期的な原発、核燃料サイクルへの期待が確認された。

実際、京都議定書採択後、『朝日新聞』、『読売新聞』はじめ左右問わず主要紙は、温暖化対策として原発をポジティブに位置づけることが目立ち、社会的にも「原発による環境汚染」よりも「地球温暖化」がより危険であるとの認識が幅広く共有されることとなった(三谷 2013)。新聞の歯切れの悪さとでもいうべきアンビバレントな姿勢は、このように原発をめぐる拮抗する力学が二〇〇〇年代を特徴づけていたことが背景にあった。

『朝日新聞』『毎日新聞』『東京新聞』三紙の変化

その意味で、『朝日新聞』、『毎日新聞』、『東京新聞』の三つの大新聞社が福島原発事故後、数カ月以内に「脱原発」を明確に標榜することになったのは、社論の大転換であるとともに、新聞史および原発をめぐるメディア史の両方において重要な出来事である。三紙がいかなる過程を経て、「脱原発」を全面に掲げるに至ったかを見てみよう。

三月一一日の事故直後、三紙は他紙と同様、緊急事故報道としての速報性に比重を置いた記事が目立つが、四月以降、原発、原子力エネルギーの是非を議題化させていく。当初は、チェルノブイリに比して深刻でないとされていたものの、四月中旬に、原子力安全・保安院と原子力安全委員会が、福島の事故は国際原子力事故評価尺度でチェルノブイリと同じレベル7であると認めてから、原発そのものにより懐疑的な論調を示すようになった点で三紙は共通している。

レベル7であるとの発表翌日の、二〇一一年四月一三日の『朝日新聞』社説は、「原発周辺の人々が負わされる重荷の大きさがはっきりした。それを、どれだけ国民全体で担うことができるかが、いま問われている」との問題提起を行っている。同じ日の『毎日新聞』社説は、「レベル7 『最悪』の更新を防げ」の見出しで、被害がチェルノブイリより深刻にならないよう、食い止めなくてはならない、と被害拡大阻止を訴えている。四月一八日の『東京新聞』の社説も、「一層きちんとした情報公開を望む」と述べるなど、レベル7＝チェルノブイリ同等という評価に接して緊張感ある言葉が並んでいる。

『朝日新聞』は、四月二〇日の社説で、「原発をどうするか 脱・依存へかじを切れ」のタイトルで明らかなように、「脱・依存」の言葉を用いることで「脱原発」の一歩手前まで近づく主張を展開してみせた。そして本文の中では、「今回の事故を教訓に、一定の原発は安全管理を徹底することで動かしていくほかないが、最新の地震研究などをもとに、事故のリスクが大きすぎる原発は廃止への道筋をつけるような仕分け作業ができないだろうか」と呼びかけた。要するに、リスク次第では廃炉にすべきとの主張である。

ただ留意すべきなのは、こうした動きは、当時の菅直人政権の動向に沿ったものでもあったことである。この四月二〇日の『朝日新聞』社説も、その二日前の、菅首相による「従来の先入観を一度全て白紙に戻して、徹底的になぜこういう事故が起きたのか、このことを根本から検証する必要がある」との参院予算委員会での答弁が伏線にあった。『朝日新聞』は五月七日にも、「浜岡原発　『危ないなら止める』へ」と題した社説を掲載したが、これも、菅首相が浜岡原発の四、五号機の停止などを中部電力に要請したことを受けてのことであった。五月一二日には、「エネルギー計画　脱・原発依存に道筋を」と題した社説を発表したが、その直前には、菅首相が、原発依存を改める方針を記者会見で発表していた。

ドイツとイタリアの「脱原発」

六月ごろになると、海外での脱原発の動向と関連付けながら論じる社説が目立ち始める。この頃、福島原発事故は各国に影響を与え、ドイツが全ての原発を二〇二二年までに段階的に閉鎖するという「脱原発」の方針を閣議決定し、イタリアが国民投票で原発の再開をしないと決めるなど、先進国の旨の社説が目立つようになる。

「脱原発」が日本でもニュースとなった。そのため、「脱原発」を現実的に視野に入れた日本の今後のエネルギー政策のありようについて、ドイツやイタリアから学びうることがあるのではないかとの主旨の社説が目立つようになる。

『朝日新聞』は六月八日の「ドイツの決断　脱原発への果敢な挑戦」と題した社説で、福島の事故がドイツの脱原発を後押ししたことは、「改めて重く受け止めなければならない」と述べる。同じ日の『東京新聞』は、「どうする『脱原発』ドイツの重い問いかけ」と題した社説で、「東日本大震災後も原発維持が大勢を占める国際社会への重い問いかけと受け止めたい」と述べ、「原発廃止を党是に掲げた緑の党発足から三〇年。連邦と州が曲折を経つつも試行錯誤を重ね一つの選択に至ったプロセスから学ぶべきものは多い」と締めくくっている。『毎日新聞』も社説(二〇一一年六月一五日)で、イタリアとドイツの決定は、「いずれも福島第一原発の事故が背景にある。世界に波紋を広げるフクシマ・ショックの重さを改めてかみ締めたい」と述べている。

菅直人首相の「脱原発」発言

それから約一カ月後の七月一三日頃に、三紙はそれぞれ、社論としての明確な「脱原発」を公にする。三紙揃って七月一三日頃であるのは、一三日に菅首相が「脱原発宣言」を行ったことが背景にある。前述したように、菅首相は震災直後から原発への懐疑的な姿勢を見せていたが、七月に入ると全ての原発の再稼働前にテストを実施すべきとの方針を示すなど、やや踏み込んだ発言をした。その上で一三日に、段階的に原発依存率を下げ、具体的な時期には言及しないものの、将来的には原発に依

存しない社会を目指すべきであると発言したのである。(4)

『朝日新聞』は、同じ一三日に、「提言　原発ゼロ社会」と題した、六つの社説を同時掲載する異例の紙面構成で、一九七〇年代以来の「YES BUT」路線と明確に決別し、社論としての「脱原発」への変更を具体的に提唱した。(5)六つのシリーズ社説の筆頭にある、論説主幹の大軒由敬による社説では、福島原発事故の深刻さ、および世論調査における原発の段階的廃止への支持が高いことを理由に、「『原発ゼロ社会』を将来目標に定めるよう提言したい」と冒頭で述べられている。

大軒は、「脱原発」を進めるポイントは、一気にゼロにするのは無理があるため時間幅を持つのが大切だと述べる。その上で大軒は、最終的な原発ゼロについて、「たとえば『二〇年後にゼロ』という目標を思い切って掲げ、全力で取り組んでいって、数年ごとに計画を見直すことにしたらどうだろうか」と提案する。

『毎日新聞』は、七月一四日に、前日の菅首相の「脱原発」表明を論じた社説「『脱原発』表明　目指す方向は評価する」の中で、菅の発言は具体性が乏しく、まずは政権与党の責任として民主党の考えをまとめることが必要と述べた。だが、「原発への依存を減らしていくこと、そして現実的にもそうした方向にならざるを得ないことは、私たちもこれまで何度も指摘してきたところだ。その考え方については基本的に支持し、評価したい」と述べ、自紙も「脱原発」を目指す方向性であることを明らかにしている。『毎日新聞』は八月二日の社説で、原発新設は認めず、それぞれの原発の危険度に応じて優先順位を付けて少しずつ廃炉を行い、同時に核燃料サイクルも、「すみやかな幕引きに向かうべき」と提言している。

『東京新聞』も七月一四日の社説で、菅首相の「脱原発」表明の記者会見について、具体的な手段や時期を示す工程表を用意していないことに加えて、政権延命の「国民の人気取り」狙いではないかと批判しながらも、「総発電量に占める原子力の割合を段階的に下げ、原発のない社会を目指すという、首相が示した方向性には同意する」と述べた。

かくして、菅首相の「脱原発宣言」と同じ時期の七月中旬頃に、三紙はいずれも「脱原発」の姿勢を鮮明にしていく。三紙の間にはいくぶん違いもみられるが、興味深いのは、三紙ともに、菅発言を受けてそれへのクリティカルな交渉を通しつつ、「脱原発」は不可逆的なものとの意思表明を政権に劣らず強く行い、それを既成事実化し、その後の自社の社論を展開する弾みにしているように思われることである。

三紙の「脱原発」への三つのステップ

福島の事故から四カ月ほどの間に、三紙が「脱原発」に至るにあたっては、三つのステップがあったと整理できよう。一つには、四月中旬に、原子力安全・保安院と原子力安全委員会が、国際原子力事故評価尺度で福島の事故は、チェルノブイリと同じレベル7であることを認めたこと。二つ目は、六月に、ドイツが全ての原発を二〇二二年までに段階的に閉鎖する「脱原発」の方針を閣議決定し、イタリアが国民投票で原発の再開をしないと決めるなど、二つの主要先進国が「脱原発」を決定したこと。三つ目は、七月に菅首相が「脱原発宣言」を行ったことである。

これらのことは、新聞三紙が、福島原発事故を機に、単純に新聞社の独自の判断で「脱原発」へと社論を旋回したのではなく、事故の深刻度、国内世論、海外の動向、時の首相、政権の姿勢など複合的な周辺事情を慎重に見極めながら、原発からの脱却志向を強めていったことを物語ろう。その後、本章の冒頭で記した『朝日新聞』の長期連載が二〇一一年一〇月から開始されたことが象徴的に示すように、3・11後、数カ月の間にこの三紙は内省のステップを踏んでいったことが窺われる。

3・11以前の新聞

では「脱原発」の議論を展開する時に、三紙はいかなるロジックとフレームで原発からの脱却を唱えるのだろうか。それを検証する前に、3・11以前の新聞における原発への懐疑のありようを簡潔に整理しておこう。

新聞が原発の安全性を強調することを控えるようになるのは、一九七〇年代である。だが依然として産業発展、エネルギーの原動力としての原子力を是としていた。『朝日新聞』は、一九七七年に、これまで同様に原発の存在を認めるものの、原発の運用を注意深く見守る「YES BUT」という社論を決めたが(6)、原発容認の基本姿勢に変更は無く、他紙も同様であった。そのため新聞は、当時の原発事故の裏側や原発内部の下請け労働の実態を特段報道することはなく、こうした問題に積極的に取り組んだのはフリーのジャーナリスト、ルポライター、報道写真家らであった(7)。一九七九年三月に、アメリカ・ペンシルバニア州のスリーマイル島で過去最悪の原発事故が起きた際も、多くの新聞は原発の安全対策の強化を求めるものの、原発の存在そのものに異を唱えたり、廃止を唱える社説はなかった。

一九七〇年代から八〇年代の原子力に関する最も大きな国内議題は、原子力船「むつ」であった。「むつ」は建造後の試験航行で放射能漏れを起こし、七〇年代に洋上で漂泊後、七八年一〇月に佐世保に入港し、改修工事を経て、一九八二年八月に、むつ市大湊港に再入港したことから、当時の新聞の主要議題であり続けた。『朝日新聞』は、「むつ」のむつ市への再入港以降、「むつ」の廃船を主張するようになる。だが、『朝日新聞』は「むつ」には「NO」を突きつけるものの、原発については推進を認めることで、「むつ」の問題を完全に原発から「切り離して取り上げた」(伊藤 2005: 120–121)。

こうした問題は、『朝日新聞』に限らず、3・11以前のメディア議題の構造的な特徴として通底している。すなわち一般的に、新聞、テレビともに、原発関連の議題を扱う際、あくまでもそれぞれの原発や地域の個別の問題として処理する傾向が顕著で、原発、原子力の存在の是非という普遍的なアジェンダ化には至らないのである。

一九八六年四月に、チェルノブイリ原発事故が起きた時、新聞もテレビもかつてなく、原発関連の問題を議題化したが、議題パターンや図式はむしろ構造化していった。主流メディアは、事故についての説明責任や安全性の強化を唱えるものの、原発、原子力の科学技術面や放射線リスクの問題とそれらの検証を必ずしも争点化しないのである。また、新聞には、原子力政策の受け手である住民や国民がほとんど登場せず、「住民・国民の日常的姿が見えてこない」(大山 1999: 53)。チェルノブイリ事故後の広瀬隆や主婦らを中心とした「脱原発ニューウェーブ」の動向など、市民運動らの動きも、新聞はほとんど報道することもなく議題化することはなかった。

なお日本では、戦後、世論は「原子力の軍事利用」には非を唱えながらも「平和利用」については認めてきた背景から、反核運動と反原発運動は明確に分離してきた経緯があり、反原発運動は「孤立する傾向」(安藤 2019: 37)がみられた。こうした世論、社会運動の動向と呼応するかのように、新聞は反核を唱える際、同時に原発への懐疑を示すことはほぼなかった。

以上を整理すると、３・11以前の新聞メディアが原発にクリティカルな視線を注ぐとき、およそ四つの特徴を備えていたと言える。一つには、原発、原子力の存在の是非という普遍的なアジェンダ化に至らず、あくまでも各地のそれぞれの原発個別の事情や地域ローカルの問題として処理する傾向があったこと。二つ目は、事故に関する説明責任や安全性の強化を主張するものの、原発、原子力の科学技術面、放射線リスクの問題を必ずしも争点化しなかったこと。三つ目は、反原発、脱原発の市民運動の動きを特段、議題化することはなかったこと。四つ目は、反核と反原発を切り離し、同時に議題化する視点は希薄であったこと。

３・11後の上記三紙が「脱原発」へと社論を旋回させていく過程で、これらの議論の傾向にも変化があるのだろうか。以下、見ていきたい。

被ばくリスクの扱い

まず、福島原発事故後に三紙が「脱原発」を掲げる際、原発そのものを問題化し、原発依存からの脱却による何がしかの「原発ゼロ」を目指す点で、上記の一つ目の特徴、すなわち、事故やトラブルを各地の原発立地地域のローカル議題として処理する傾向があった従来姿勢から変化を示している。

だが、二つ目以降の特徴の変化の有無については、事情はいささか複雑である。まず二つ目の点、すなわち原発、原子力の科学技術的側面、被ばくリスクは、3・11以前同様、社説の中で目立って論じられることはない。被ばくリスクに触れる社説は皆無ではないが、福島原発事故における作業員の被ばくの危険性などに触れることはあっても[8]、周辺地域、さらには東日本を中心とした一般市民の(内部)被ばくとそのリスクの可能性には、特段触れない。

内部被ばくは、体内に取り込んだ放射性物質による被ばくだが、そのリスクは不明な点が多く、専門家の間でも評価が分かれる。ただし、放射性ヨウ素は甲状腺に集まりやすく、甲状腺の働きが活発な乳幼児や若者は甲状腺障害を引き起こすリスクが高いとされる。また、被ばくによる染色体異常の可能性や、体内で停留する放射性物質がＤＮＡを損傷して癌の発症リスクを高めることがあるとも言われている(山下 2014: 870)。

内部被ばくを取り上げた数少ない例の『毎日新聞』と『朝日新聞』の社説は、被ばくのリスクが明確には分からないこと自体を問題化している。二〇一一年三月三一日の『毎日新聞』の社説では、放射性物質と食の安全を論じ、「食物などから受ける低線量の被ばくは、長期的影響の評価がむずかしい。リスクの受け止め方も人によって異なる。(中略)日本はこれまで、長期間にわたる広範囲な放射線影響について備えも理解も足りなかった。今後、直面するであろう海産物への影響にも備えておきたい」と述べている。たしかに低線量被ばくの長期的影響は評価が難しい問題ではあるが、それ以上の踏み込みはない。また、今後は備えを十分にすべきと述べるものの、いかなる備えが必要かの明確な言及もみられない。

二〇一一年八月一三日の『朝日新聞』の社説は、健康への影響が出るのは、生涯で累積一〇〇ミリシーベルト以上の被ばくであると内閣府の食品安全委が示したことを受けて、食品を通して体内に取り込まれる放射性物質による内部被ばくと、外界からの外部被ばくを、その違いも合わせて論じている。そして、「内部被曝と外部被曝をまとめて放射線の健康影響を考えている部門が政府内にないのだ。厚労省は食品からの内部被曝、文部科学省は学校の校庭などからの外部被曝と、まさに縦割りだ。(中略)食品安全委の問題提起を重く受け止め、政府として全体の見取り図を示す必要がある」と述べる。政府の縦割り行政への批判は重要なものだが、一方で被ばくリスクの具体的な踏み込みはここでもなされない。

そもそも放射線リスクの議題化そのものが新聞社説でほとんど見られない問題があるが、加えてこれらのように科学技術的側面、放射線リスクへの具体的な踏み込みが不足するため、やや穿った見方をすれば、議論が抽象的なマニフェストになりかねない懸念がある。むろん、社説はオピニオン的性格が強いことや字数が限られている事情を考慮する必要はあろうが、重要度が高いものであるだけに看過できない。

内省と告発の試み――『朝日新聞』

しかしながら、三紙の社説ではなく、記事に目を転じるとやや異なる姿が見えてくる。それぞれ独自性やスクープ性のある情報を時折発信しており、放射線リスクの共有、可視化につながりうる重要な記事も少なくない。それらの中には、包摂性、メタ政治的正義の視点からも見逃せない記事も含まれている。

『朝日新聞』で注目されるのは、やはり本章の冒頭で触れた長期連載「原発とメディア」のように、日本のジャーナリズムでは珍しく、自紙の過去の記事や担当記者の言葉などを批判的に検証し、これまでの原発報道が戦時中の翼賛報道に続く、新聞史の「二度目の敗北」であるとの懺悔に近い内省を行ったことであろう。『朝日新聞』でもう一つ重要なのは、二〇一一年一〇月から二〇一六年三月までの長期にわたるルポ型の連載「プロメテウスの罠」である。多角的なテーマで調査報道を主体にした粘り強い取材を行い、日本新聞協会賞を受賞するなど高い評価を受けた。

また『朝日新聞』では、記者四人が計一三〇時間にわたり、福島第一原発周辺の除染現場に張り込み、除染作業員が汚染された草や水を回収せずに捨てるなど、除染現場で手抜き作業が横行している実態を目撃したスクープも重要なものである。『朝日新聞』は、二〇一三年一月四日から一連の報道を行い、現場責任者が落ち葉の塊を川に蹴り落とす様子をとらえた三枚の連続写真を紙面掲載し、さらには動画を自紙のデジタル電子版で配信して、一三万回視聴されるなどの反響を呼ぶこととなった(『朝日新聞』二〇一三年九月五日)。

興味深いのは、これらの新聞記事を目にした実際の作業員らから、『朝日新聞』の取材班、読者相談窓口へ電話やメールで、「私も手抜きをしてしまった」との告白が相次ぎ、そうした作業員らの声も報道されたことである。例えば、ある作業員は、「『はやく作業を終えろ』と追い立てられ、それに抗すれば、仕事を干されないまでも仲間うちから孤立してしまう。氷点下の山間の現場で、そのような状況に置かれる事は心細い」と生々しい告白をしている(『朝日新聞』二〇一三年一月九日)。

これらの新聞報道は政府をも動かした。環境省は、最初の記事から三日後に、受注したゼネコンの聴取を行い、手抜きがあったことを認める事態となったのである（『朝日新聞』二〇一三年一月九日）。さらに、記事が出る一週間前に、環境省は詳細な手抜き情報を得ながらもゼネコンを聴取せず、『朝日新聞』の報道で明るみに出るまで放置していたことも一連の記事は暴いた（『朝日新聞』二〇一三年一月一〇日）。

独自のスクープ記事――『毎日新聞』

『毎日新聞』も独自の優れたスクープ報道を重ねてきた点で注目される。代表的な例は、核廃棄物の国内での処分地の選定の見通しが立たない日本とアメリカがモンゴルで核廃棄物処分場計画を極秘に進めていたという、福島の事故から二カ月後のスクープである。これは、経済産業省が米エネルギー省と共同で、使用済み核燃料などの世界初の国際的な貯蔵・処分施設をモンゴルに建設する計画で、モンゴルは見返りとして日米からの原子力技術支援を受けると記事では書かれていた（『毎日新聞』二〇一一年五月九日）。

記事は、「日本は大震災で原発政策の見直しを迫られているが、国内すべての原発をなくしたとしても、処分施設は必要」だとしながらも、「技術支援の見返りに核のゴミを他国に引き受けてもらう手法は、電源三法交付金による地域振興策をセットに福島などで原発の建設を進めたのと同じ発想」（『毎日新聞』二〇一一年五月九日）だとして、この計画を批判した。

注目すべきは、この『毎日新聞』の記事は、モンゴル本国のメディア、市民、政治を動かしたことである。モンゴルの各新聞は、「チンギスハンの聖地を汚す」などの言葉で計画への批判を展開することとなり（『毎日新聞』二〇一一年七月三一日）、二つの大規模な市民団体も反対の声をあげた（『毎日新聞』二〇一一年八月一一日）。モンゴル政府も対応に追われ、計画そのものを否定し、火消しを図ろうとした（『毎日新聞』二〇一一年七月三一日）。結局、二〇一一年秋に、モンゴル政府はこの計画を断念することとなった。

日本国内においても、主に都市部の原発消費地と地方の原発立地地域との間の不均衡の問題があるが、原子力をめぐっては、日米のような先進国とモンゴルのような途上国との間の不均衡とそれによる利害は無視できない。こうした問題は、特に戦後昭和期にしばしばみられた、日本など先進国の企業が公害問題対策の隠れ蓑として途上国に工場を移す公害輸出と同構造の問題であり、包摂性の民主主義、メタ政治的正義的観点からも無視出来ない。その意味からも、ジャーナリズム報道による構造的矛盾の可視化が国を超えて政治を動かしめた意義は大きいだろう。

『毎日新聞』は、他にも優れた独自報道が少なくない。例えば、独立行政法人・放射線医学総合研究所（放医研）がインターネットを通じて被ばく線量を推計できるシステムを福島県民向けに開発したにもかかわらず、県側が「不安をあおる」と反対し、導入が見送られていたことを二〇一二年七月二〇日の記事は報じた。その他、福島県民健康管理調査について専門家が議論する検討委員会をめぐり、県が委員らを事前に集めて秘密裏に準備会合を開き、調査結果の見解をすり合わせていたことを報じたスクープも注目される（『毎日新聞』二〇一二年一〇月三日）。

この記事は、出席者には準備会合の存在を外部に漏らさぬよう口止めしていたことも報じたため、記事掲載の朝、ネット上では数万件の言及がなされる反響があった（日野 2013: 67）。県は意見調整などしていないと、福島県議会で即座に釈明したが、県が準備会合の議論をもとに「進行表」と名付けるシナリオを作成し、検討委員に配布していた情報を毎日新聞記者(日野行介)が入手していたため、さらにこの記事の二日後、『毎日新聞』は一面トップで、検討前に結論ありきの実態を伝えた。

市民目線の長期報道――『東京新聞』

『東京新聞』は三紙の中で、おそらく最も多元的かつ長期的な原発報道を意識的に続けていると言ってよいかもしれない。

『東京新聞』のスクープで注目される記事の中には、福島の事故の要因となった長時間の全交流電源喪失について、事故の一八年前の一九九三年、原子力安全委員会のワーキンググループが炉心損傷を招く可能性があると認識しながらも、「考慮する必要は無い」とした国の安全設計審査指針を追認する報告書を出していたことを突き止めたものがある(『東京新聞』二〇一一年七月一三日)。記事は、「(現在の)安全委は報告書の存在すら知らず、本紙の指摘で初めてロッカーから見つける始末だった。これでは何のための検討か分からない」と述べている。要するに、当時の報告書は安全対策に活かされることなく、お蔵入りになっていたというのである。

この問題の発覚後、当時の関連資料をすべて公開したと安全委が説明していながら、実際は一部を伏せていた、すなわち「隠蔽」していたとするスクープも、『東京新聞』は翌年に報じている(『東京新聞』二〇一二年六月五日)。

他にも優れたスクープ記事が少なくないが、『東京新聞』の真骨頂は、市民の目線に立っての分かりやすい企画記事である。3・11から一〇年を迎えようとする現在に至るまで続けられている継続性とその量において、主流メディアの中で特筆されるものである。

代表的な連載企画は、二〇一一年六月から現在まで続く、毎週水曜日掲載の「福島第一の一週間」であろう。この連載記事では、その週の福島第一原発の第一号機から第四号機の汚染水、核燃料、浄化処理した水の量を、格納容器や圧力容器などの図とともに丁寧に紹介しながら、福島原発の放射能レベルなどの現況を伝えるコンセプトで一貫している。『朝日新聞』も類似の連載「廃炉はいま」を毎週掲載してきたが、それは福島県版に限られるため、県外でも読まれる『東京新聞』の取り組みは注目されよう。

他にも専門家および市民による関東全域の放射性物質の計測報告が随時掲載されるが、これも政府による報告が当てにならないと判断して自ら計測し続ける市民が多数いること、そしてその、いわば住民自治の意義を『東京新聞』が積極的に認めていることを物語ろう。

『東京新聞』のそうした市民目線による企画記事の中でも、二〇一一年八月から現在まで続く連載「ふくしま作業員日誌」は独自のものである。「ふくしま作業員日誌」は、かん口令が敷かれ、取材が困難な対象であるはずの、福島原発事故の収束作業に取り組む作業員たちに粘り強く接触し、彼らの心情、現場の過酷さ、離れて暮らす家族への思いなどの率直な声を伝えてきた。

この連載のすべてを書いてきたのは、片山夏子記者である。片山は大学卒業後、化粧品会社の営業、ニートを経て、『埼玉新聞』記者を務めたのち、『中日新聞』(『東京新聞』)に移籍した異色の経歴を持つ。(9)

福島の事故後、作業員たちの被ばく線量は格段に上がったものの彼らへの補償は存在せず、また仮に病気で働けなくなっても生活費の補償は存在しない。長期にわたる取材を経験した片山は、次のように問いかける。

自らの被ばく線量を顧みず、福島第一の高線量の現場で作業をした作業員たちは事故から九年が経とうとする今も、労災以外何の補償もない。労災が認められなければ、病気になっても治療費も生活費も出ない。そしてこの九年で二〇人が作業中の事故や敷地で倒れるなどして亡くなった。各地の原発が再稼働されるなかで、次にもし福島と同じような原発事故が起きたら、今の日本で事故収束作業に向かう人たちはいるのだろうか。（片山 2020: 458–459）

こうした継続的な原発関連報道のため、『東京新聞』は、３・11以降、購読数が二万五〇〇〇部増えたという（山田 2014: 134）。

以上のように、『朝日新聞』『毎日新聞』『東京新聞』三紙の記事には、独自のスクープ、あるいは密着した調査取材などによって、放射線やそのリスクの共有、可視化につながる重要な情報がしばしばみられる。ただし問題は、これらの優れた記事が社説の議論の中で言及され、活かされる痕跡が認められないことである。そのため、記事と社説の間に距離感、こういってよければ、時に乖離が感じられるのである。なぜそうなるのか。この問題については、新聞のまとめの箇所で改めて整理したい。

オルタナティブなエネルギーへの転換

社説の議論に戻ろう。新聞三紙の社説に共通しているのは、脱原発を唱える際に、それぞれいくぶんの差異を伴いながらも、代替エネルギーや再生可能エネルギーなど、原子力に代わるオルタナティブなエネルギーへの転換をそれぞれ主張することである。

『朝日新聞』は、社論としての脱原発を打ち出した二〇一一年七月一三日の六つのシリーズ社説のうちの一つ、「提言　原発ゼロ社会　自然エネルギー政策　風・光・熱　大きく育てよう」で、基本的なスタンスを詳しく述べている。この『朝日新聞』社説は、最初に気候変動に関する政府間パネル（IPCC）が、二〇五〇年までに最大で世界のエネルギー需要の七七％を自然エネルギーでまかなえるとの見通しを発表したことを紹介し、自然エネルギーへの期待を述べる。加えて、ドイツが「脱原発」を決めた背景には、ドイツが風力などの自然エネルギーの比率を過去一〇年間で急増（四％から一七％）させたことがあることも述べる。一方で日本は、自然エネルギーによる発電比率が一％しかないことを挙げ、有効な支援政策がとられてこなかった従来の政策を変革することを呼びかけている。

『毎日新聞』は、二〇一一年八月三日の社説で、原発依存からの脱却には時間軸の設定が不可欠だと述べ、短期的には天然ガスによるガス火力発電へのシフトを説き、中長期的には、再生可能エネルギーの開発・普及が重要になると述べている。加えて、省エネの重要性、そして「分散型」「地産地消型」のエネルギー構造への転換を唱えている。

『東京新聞』は、二〇一二年四月二六日の社説で、経産省の調達価格等算定委員会の委員長が再生可能エネルギーで発電した電気の買い取り価格案を提示したことを受けて、再生可能エネルギーがポスト原発の先導的役割を担うべきと述べる。さらに、再生可能エネルギーの関連業界を活性化させて雇用増に結びつける政策誘導が不可欠だと述べている。

地球温暖化との関連

これら三紙の主張の基本的な方向性は、脱原発に賛成反対の立場いかんにかかわらず、広く受け入れられうるものだろう。その一方で、地球温暖化などとの関連では必ずしも具体性ある議論が展開されないことがしばしばある。前述の『朝日新聞』の社説（二〇一一年七月一三日）は、末尾で以下のように述べる。

原子力を減らせば、二酸化炭素の削減が難しくなるという主張もある。確かに短期的には火力への依存、自然エネルギーの増加の速さなどから、二酸化炭素削減が順調にいかないこともあるだろう。

だが長期的には電力以外もふくめ、化石エネルギー消費を減らして調和させるしかない。原発を減らすことと温暖化を防ぐことを両立させることが必要だ。

だが現状では、自然エネルギーのネックはコスト高であることだが、コスト差額を国民負担などによってどのように穴埋めするかなど、温室効果ガス削減のための具体的な道筋については、これらの社説では議論されない(10)。そのため、社説の最後で脱原発依存と温暖化防止の「両立」が唱えられるものの、その「両立」がいかにして可能かが残念ながらみえてこないのである。

『朝日新聞』はその後、地球温暖化関連の社説を断続的に掲載するが[11]、そこでも脱原発と温暖化対策の「両立」が重要と述べ、そのために省エネと再生可能エネルギーの積極的な導入を提唱することで一貫している。ただ、やはり目的達成のための具体的な提案がなされるわけではない。典型的な例は、二〇一八年八月二〇日の社説で、「未曽有の原発事故を起こした国として、原発依存度を下げていくこととの両立も重要だ。（中略）再エネや省エネのさらなる拡大につながる野心的な戦略が求められる」と述べるものの、その「野心的な戦略」の方向性や具体策は示されない。

『毎日新聞』の社説は、考慮すべき難題により明確に触れている。前述の『毎日新聞』の社説（二〇一一年八月三日）では、再生可能エネルギーによる発電量が増加するまでは、当面火力発電で原発の穴を埋める提案を行うが、その際、コスト上昇と温室効果ガスの排出量の増加が問題となることを認める。そして、この『毎日新聞』社説は、温室効果ガスの九〇年比二五％削減が困難であることを率直に認め、目標見直しを以下のように提案する。

原発依存度が低下すれば、温室効果ガスを九〇年比二五％削減するという政府目標の達成は難しい。目標を見直すべきだ。「ポスト京都」では途上国に温室効果ガスを低減する機器を輸出すれば、それが日本の温室効果ガス削減にカウントされるような新たなメカニズムが必要不可欠だ。外国から税金で余剰排出枠を買い、つじつま合わせする京都方式の単純延長だけは避けなければならない。

かくして『毎日新聞』は、（賛否はあろうが）温室効果ガスの削減目標見直しに踏み込み、併せて代替措置的な提案を行うなど、整合性のある主張を展開する。『毎日新聞』はその後も、例えば、二〇一五年四月二一日の社説で、福島の事故を経験した日本は他国と異なり、「原発が止まるなど、温暖化対策で不利な面があることは否めない」ことや、「再生エネの拡大は電気料金の上昇要因になる」ことを率直に認めている。

3・11から八年目の『毎日新聞』社説（二〇一九年三月一〇日）は、包摂性の観点において注目に値する。この社説は脱原発の実現のために再生可能エネルギーへの投資を呼び掛けるが、その際、送電網の整備、原発優先の給電システムの見直し、原発廃炉で余った送電網の有効活用、さらには再生エネを安定運用するための気象予測、電力需要予測、需給バランスをとるシステム、蓄電池の開発を挙げるなど、広範な目配りと具体性がある。さらには、福島の廃炉の経験を一般の廃炉技術の開発につなげることを呼びかけ、「官民が協力し、『原発後』の産業にも活路を見いだしてほしい」と将来的な展望にも触れている。

だがその一方で、『毎日新聞』は、複雑な事情や課題を考慮に入れながら議論を展開するために、一種のリアリズム路線となり、脱原発そのものに向けてのトーンは、二〇一一年の事故直後より抑制気味となりがちである。その点では、（「両立」の具体的方向性を示さないものの）繰り返し原発ゼロを提唱する『朝日新聞』とは、いくぶん対照的と言える。

『東京新聞』の社説も、福島の事故から一カ月の早い段階（二〇一一年四月二六日）で、二酸化炭素削減の見直しはやむを得ないとの考えを明記した。そして、再生可能エネルギーを総動員した新たな削減目標を求める点で、具体性がある。『東京新聞』も『毎日新聞』と同様に、再生可能エネルギーを主力化するために、政府は「基幹送電線への優先接続など給電システムの改革案を具体的に明示すべき」だと二〇一八年四月二三日の社説などで提言している。

三紙にある程度共通することだが、3・11後、時間が経つにつれ、温室効果ガス削減の目標と合わせて何がしか具体案を提唱するようになりつつある。ただ、削減目標を見直す方向性の提案には賛否あるため、今後は、原発リスクと地球温暖化リスクという異なるリスク変数の比較検証を専門家との共同調査などで行い、記事化するとともに、それを自紙の社説に接続させるなどの試みが期待される。

核と原発――原子力の表と裏

一方、原発を核および核廃絶と関連付ける議論は、新聞社説では、いささか希薄である。実のところ、広島や長崎への原爆投下の日に、いわばアニバーサリー的に社説で原爆を取り上げる際に、原発についても触れることがある程度と言ってよい。『朝日新聞』は、二〇一一年八月六日の社説で、「広島、長崎、第五福竜丸、そして福島。ヒバク体験を重ねた日本は、核とのつきあい方を考え直す時に来ている。それは軍事、民生用にかかわらない。(中略)核との共存ではなく、決別への一歩を先頭を切って踏み出すことが、ヒバクの体験を重ねた日本の針路だと考える」と述べる。

翌二〇一二年八月六日の社説は、「核廃絶と脱原発　破滅リスクのない世界へ」と題して、もう少し踏み込んだ議論を展開している。この社説は、核不拡散条約(NPT)が核保有国に軍縮義務を課す一方、その他の国には保有を禁じ、非核を堅持すれば、原発など兵器以外の原子力利用で協力を受けられるとしてきたこれまでの歴史的経緯を振り返る。そして、「核軍縮は進まず、核拡散もなかなか止められない。ＮＰＴの限界が見えるなか、原子力利用国を増やすことが得策なのか。悪くすると、ＮＰＴが原子力利用を正当化するだけの条約になりはしないか」と核不拡散条約の役割を問題視する。最後に、「軍事用であれ民生用であれ、核エネルギーへの依存をできるだけ早くなくすことで、リスクのない平和と繁栄の姿へと変えていく。／そうした未来像を、核惨事を知る日本から発信してこそ、世界は耳を傾ける」と締めくくっている。

『朝日新聞』のこの二〇一二年の広島「原爆の日」の社説は、核不拡散条約の歴史的ジレンマを指摘するなど傾聴すべき内容を含んでいる。軍事・民生利用の双方における核エネルギーへの依存からの脱却も、一言だけではあるが触れている。だが、それを実現するための道筋には触れていない。また、ＮＰＴの議論の中で、日本の潜在的核保有の可能性については触れていない。そのため、その主張の一つ一つについては異論がなくとも、言説的には「宛先の無い手紙」とでもいうべき性格をいくぶん帯びることにならないだろうか。マニフェスト的提唱にとどまるのではないかと思われるのである。

『毎日新聞』も基本的な方向性は『朝日新聞』と類似である。二〇一一年八月六日の社説は、「核兵器と原発はこれまで切り離して考えられてきた。（中略）しかし、福島の事故は原発の危険性に改めて目を向けさせた。唯一の被爆国としての経験を原発対策にも生かしながら、従来にも増して核廃絶のメッセージを発信し続けるのが私たちの責務」と述べている。翌二〇一二年の同日の社説でも「日本は、核兵器の恐ろしさだけでなく、原発事故の経験や被害の実相を世界に伝えていく責任を担っている」と述べている。

だが、『毎日新聞』は日本の潜在的核保有性についても触れて議論を展開することがある。例えば、核燃料サイクルの幕引きを唱えた二〇一二年九月一二日の社説をみてみよう。

核兵器を開発・保有する可能性を将来にわたって残しておくためにも、プルトニウムを使う核燃サイクルは維持すべきだとの意見がある。いわゆる潜在的核抑止論だ。しかし、これもまた説得力のある議論ではない。（中略）狭い国土で核実験は困難だし、核の傘を提供している米国は日米同盟の否定と受け止めるだろう。アジアの核軍拡にもつながることを考えれば、日本の核武装がもたらすマイナスの影響は計り知れない。（中略）日本は潜在的な核抑止にこだわるより、核保有国にはならないことを明確にして核軍縮を先導する方が世界の信頼を得られるだろう。

かくして、『毎日新聞』の社説は、日本の潜在的核保有性や潜在的核抑止論に言及し、理由とともにそれを否定し、核軍縮の先導的役割を提唱する。ただ、『毎日新聞』も、いかにして核軍縮の先導が出来うるかの議論には踏み込んではいない。

「宛先の無い手紙」という言説的性格は、三紙の中では『東京新聞』がもっとも顕著かもしれない。『東京新聞』は、二〇一二年の終戦記念日から三日連続で、「戦争と原発に向き合う」と題したシリーズ社説を掲載している。初日は、村上春樹、ドナルド・キーンらの言葉を紹介しながら、「八月は、戦争と原発に向き合う月」とし、経済以上に大切なのは倫理や規範、人の道だと述べ、「脱原発こそが、われわれの未来世代に対する倫理であり、人の道だ」と説く。二日目は、原発には触れずに憲法九条の大切さを訴えている。最終回の三日目は、「私たちは広島、長崎に続き福島という三つ目の悲劇を経てしまった」と述べ、原発事故は核時代の「世界共通の潜在的な不安だともいえる」と締めくくっている。『東京新聞』のシリーズ社説の主張の一つ一つに異論を唱える人は少なかろう。しかしながら、原発と核を相関的に論じることなく「人の道」「憲法九条の大切さ」を唱えるため、言説的には「宛先の無い手紙」の性格を強めているように思われる。

なお、３・11の後、『毎日新聞』は二〇一二年、『朝日新聞』は二〇一四年、『東京新聞』は二〇一五年を最後に、八月の「原爆の日」関連の社説ですら、原爆と原発を結びつけることは無くなってしまった。３・11を契機に核と原発を結びつける社論の流れの萌芽は僅かにみられたものの、この点で新聞各紙は３・11以前の状態に戻っていったと言わざるを得ないだろう。

その後の三紙の核関連社説

３・11から時間が経つ中で三紙の関連社説では、時折、核関連の事柄に触れられることがあり、近年ではそれが主に三つの議題の中で語られることが顕著になってきた。一つには原発テロの脅威、二つ目は日本の原発輸出批判、三つ目はプルトニウムの処理問題であり、それぞれ日本を取り巻く状況の変化を踏まえた重要な議題である。

一つ目の原発テロは、特に『朝日新聞』の社説が何度か議題化しており(二〇一九年四月二〇日ほか)、再稼働した原発を持つ関西、九州、四国の電力三社が原発のテロ対策施設を期限内に完成できないとの見通しを示したことなどを批判している。二つ目の原発輸出については、インド、トルコ、イギリスなどへの輸出について、三紙ともに、核拡散の恐れなどから批判している。また、『朝日新聞』の社説（二〇一八年一月二一日ほか）は、日立製作所が（その後、計画凍結したが）イギリスで計画する原発輸出を政府が財政的に後押しすることは、国民の利益に反しないかと問うているが、こうした視角は包摂性の観点からも重要であろう。

三つ目のプルトニウムの処理問題は以前から重要なテーマだが、『毎日新聞』の社説（二〇一八年一月一七日）は二〇一八年一月一六日の日米原子力協定の自動延長に際し、核兵器に転用できるプルトニウムを大量に持つことの核拡散防止上の懸念、中韓米からの懸念、核テロの標的のリスク等を挙げて議論している。これらの視点は原発と核を接続する契機となりうる。

『東京新聞』の社説（二〇一八年七月二〇日）も日米原子力協定の自動延長を取りあげ、その際、アメリカの懸念が増加していることに加え、今後は双方の通告だけで破棄可能になったことに注目し、「特権を維持できるかどうかは流動的になってきた」と述べる。そして、プルトニウムは「原爆の基になる核物質だ」とし、「核燃料サイクルを正式に断念し、余剰プルトニウムと使用済み核燃料の安全な処分に全力を挙げるべき」だと締めくくっている。

これらの三紙の社説が扱う議題はそれぞれ重要なものだが、その上で議題構築のありようについて、三点指摘したい。一つには、反核と反原発の主張の節合は主にこれらの議題に集約され、それ以外は特段見られないこと。二つ目は、これらの議題を争点化する機会がそもそも非常に少ないこと。三つ目は、（原発議題から関連の核議題に接続することはあっても）核議題から原発議題に接続する逆方向の視点が乏しいこと。前述したように、「原爆の日」関連の社説でも原発に触れることは既になくなっている。かくして、3・11から一〇年を前にした今、反核と反原発の思想が切り離されてきた3・11以前の状況に、新聞はほぼ戻っていったと総括せざるを得ないかもしれない。

「脱原発」「反原発」市民運動との接点

次に、反原発運動、脱原発運動など市民運動やデモなどについての新聞三紙の社説のありようをみていこう。前述したように、新聞は、チェルノブイリ事故後の広瀬隆や主婦らを中心とした「脱原発ニューウェーブ」の運動に代表されるような反原発、脱原発の市民運動の動きを特段、議題化することはこれまでなかった。

この点において、3・11後に脱原発を表明した新聞三紙の間では変化の相違がみられる。福島の事故後、反原発の市民運動はかつてなく高まったが、少なくとも『朝日新聞』『毎日新聞』の二紙は原発に異を唱える社説の中でそれらにふれることは、ほぼなかった。

一方で、『東京新聞』が、脱原発の市民運動、またデモと民主主義をテーマにした社説を時折掲載してきたのは注目される。首相官邸前の原発への抗議デモが最高潮に達した時期の二〇一二年七月二五日、「反原発抗議運動を考える　人々の声が政治を変える」と題する社説を『東京新聞』は掲載した。この社説は冒頭で、「毎週金曜日の夕方、首相官邸と国会議事堂前は数万人の群衆で埋め尽くされる。原発再稼働に反対する抗議行動。『人々の声』をどう考えたらいいのか」と問いかける。そして、安保闘争など一九六〇年代のデモは「暴力的な行動を伴った」が、「今回は、まったく異なる」

とし、「人々の街頭行動は原発再稼働だけでなく、政治のあり方をも問うている」と述べる。

さらに、翌月八月一五日の終戦記念日の社説でも、首相官邸前の反原発デモは、「ロンドン五輪の晩も、消費税増税法成立の夜も数万の人を集めて、収束どころか拡大の気配」だと述べつつ、原発ゼロを唱えた。

「なに」「だれ」「いかに」のメタ政治的正義との関連

「なに」「だれ」「いかに」のメタ政治的正義との関係が深いと思われる新聞社説も時折みられる。『朝日新聞』社説(二〇一七年六月四日など)は、電力事業者が原発再稼働への同意を得るべき「地元」を原発の立地市町村と道県に限っていることを批判し、「地元」の定義を見直し、少なくとも三〇キロ圏の自治体に同意権を拡大するよう訴え、国会で議論するよう呼びかけている。

また、『東京新聞』社説が、原発の問題を広く国民の問題として意識的に呼びかけることも注目される。例えば、二〇一二年四月四日の社説は、大飯原発三、四号機の再稼働をめぐって、福井県の原発地域だけが当事者ではなく、「全国が〝地元〟の認識で」と呼びかけ、再稼働を急がしてはならないと主張している。二〇一二年一〇月一三日の社説は、「農協の脱原発　都会からも応援しよう」と題して、JAグループの脱原発宣言を都市住民も応援しようと呼びかけた。

一方、福島の事故は、「だれ」と「いかに」についての新しい問題も生み出した。その際、新聞各紙は、国の責任及び国会での議論へと方向付けする傾向が顕著にみられる。『毎日新聞』社説(二〇一三年八月一八日)は、原発の廃炉の問題を論じている。経産省の試算では、国内の全原発を即時に廃炉にすると、四・四兆円の特別損失が出るため、全国各地の電力会社は債務超過に陥る。『毎日新聞』社説は、このままでは電力会社が原発の安全性を否定されても再審査を申請し続け、廃炉を先延ばしする事態も起きかねないと指摘し、国策としての原発推進の責任は国にあるとして、国が廃炉費用の負担を検討すべきと提言している。

『朝日新聞』社説(二〇一六年一二月二六日)も、福島原発の事故費用のうち、東電が自前で賄えない分は、電気料金で集めるとの経産省主導の議論を批判し、膨らむ賠償や廃炉の費用を誰がどう負担するのか、国会で幅広く検討することを提唱している。同様に、『朝日新聞』社説(二〇一七年一月一三日)は、放射線量が特に高い事故後の帰還困難区域の除染費用を税金で賄うことを政府が決めたことを問題化しつつ、なぜ国民に負担を求めるのかと問い、国会での議論を呼びかけている。

これらは、いずれも「なに」「だれ」「いかに」をめぐるメタ政治的正義と地続きの重要な問題系であり、各紙社説が議題化することは少なからぬ意味がある。ただ、いずれもが国会での議論を求めるのみだが、何がしか代案につながりうるような方向付けや提案がみられても良いのではないか。

新聞に変化はみられたか

さて、新聞三紙の、先に述べた3・11以前の四つの特徴はその後、変化がみられただろうか。新聞三紙は、脱原発を社論として表明することで、一つ目の特徴であった、各地の原発個別の地域問題として議題を収れんする従来の特徴から脱却したとは言えるかもしれない。日本の主要新聞三紙が、社論としての「原発ゼロ」を公にするようになったことの社会的影響は小さくない。

二つ目の特徴、すなわち、事故にまつわる説明責任や安全性の強化が主張されるものの、原発、原子力の科学技術面、放射線リスクは必ずしも正面から争点化されない特徴は、特段変化がみられなかった。三つ目の特徴であった、反原発、脱原発の市民運動の動きを議題化しない点についても、『東京新聞』以外の二紙の社説では、従来からの変化は見られなかった。

四つ目の特徴、すなわち、反核と反原発を接続して、同時に議題化する視点が希薄であった点についても変化があったとは言えない。3・11後しばらくの間、広島、長崎の「原爆の日」の関連社説で、同時に触れられることがあった程度で、それもその後みられなくなった。また、原発問題を扱う際の、気候変動や核開発の問題についての相関的な視点については、新聞三紙はそれぞれ力点や温度差がみられ、三者三様と言ってよいかもしれない。

以上のことから、三紙社説は3・11後に内省のステップを踏みつつ「脱原発」を唱えるようになったものの、一方でその実現に向けての具体的議論はいくぶん希薄なため、それらの主張は一種のマニフェストの性格が強いと言えるかもしれない。ダン・ハインドは新聞の重要な機能として、大衆が期待するマニフェストの提出を挙げているが(Hind 2010)、巨大原発事故のカタストロフィ後の新聞ではそれがより強く現れていると見ることが出来る。すなわち、実現可能性の如何を問わず、大衆や世論を意識した主張そのものを唱えることにメディアとしての新聞の特性があり、それは有事やカタストロフィ時に増幅することが窺われるのである。

社説と記事の距離

最後に重要なことを整理しなければならない。それは、三紙に共通するのは、優れた原発関連記事が一方にあるものの、それらが社説に組み込まれて議論される痕跡が見られないことである。そのため、社説と記事の間に差異、一種の乖離のようなものが認められる。

例えば『毎日新聞』の社説の中には、内部被ばくや県民健康管理調査に触れたものもあるにはある[12]。だが、それらのいずれもが、前述した自紙のスクープによる県民健康管理調査の闇などには触れていない。同じく自紙のスクープである日米によるモンゴルでの極秘の核廃棄物処分場計画に触れた社説も存在しない。他の二紙も同様である。

なぜ、自紙の優れた、重要度の高いスクープ記事を活用しないのだろうか。こうしたことへの公式的な答えは存在しないし、検証も困難である。また日本もそうだが、欧米でもそもそも新聞社説とは何かを問う先行研究は乏しい(Ciofalo and Traverso 1994: 54; Day and Golan 2005 : 62)。ただ、シューメーカーとリースが言うように、メディアがゲートキーパーの機能を果たす過程においては、メディア組織そのもの、メディア組織の勤務者、メディアのルーティン、外部圧力、イデオロギーなどのいくつかの変数が重要となってくる(Shoemaker and Reese 1996)。

それらの変数を念頭に置くならば、ルーティン、外部圧力、イデオロギーなどの変数の、新聞社内の勤務者の配置部署などと関係するポジショナリティによる差異がいくぶん影響していることが推察される。前述の『毎日新聞』などの関連のスクープ記事は、主に社会部記者の取材によって書かれる。一方、新聞社説は、編集委員、論説委員らが執筆し、彼らの委員会で内容の協議を行い、社論として提示する。記事と社説の乖離の背景には、それぞれの部署間の競合やセクショナリズムなどの社内事情も当然考えられようが、それに加えて、いざ社論となると、国家の闇に迫り、問うことへの躊躇があるのではなかろうか。

スクープ記事は、事実性そのものにニュース価値があること、および同業他社との間の競合的優位性を示すことなどから、メディア・ルーティン的に認知および許容されうる。一方で、新聞社の社論としてのオピニオンを表明する社説は、客観報道を是とするメディア・ルーティンとの距離がある。そのため、メディア組織を取り巻く外部圧力、もしくは直接の圧力は無いにせよ、外部の視線に対する忖度、さらには自主規制などについて、より意識的になる事情が考えられる。

いずれにせよ、新聞における社説と記事の差異は、このように新聞社内で分節化されるサブ「界」の存在とそれらの差異を示すと見ることが出来る。これについては、この後、取り上げるテレビの中でも類似の問題がみられるため、メディア組織のありようとも関連づけて改めて考えたい。

3 強固なメディア特性――3・11後のテレビ

事故直後のテレビ報道

福島の事故当日から、各テレビ局は連日連夜、原発の現状やそれによっておこりうる様々な影響について大量の報道を続けた。事故直後一週間程度の初動段階のテレビ報道を検証した伊藤守は、低線量被ばくが健康被害に及ぼす影響について、「ただちに人体に影響を及ぼさない」という政府会見と同様の「大本営発表」的な言説を多用するなどし、テレビ局が市民の不安や疑問に十分に応えなかったと述べている（伊藤守 2012: 152）。

伊藤は放射線量の問題に注目するのだが、ほとんどのテレビ局が放射線量に触れる際、通常の医療検査で浴びる放射線量といった、「ほとんど比較しても意味のない数値」を提示することで、「安全」「安心」の「神話」を構築し、低線量被ばくという具体的な問題を論じることは全くなかったと指摘する。そのため、「テレビが創り出してしまう『知』のかたちがいかなるものか、それをはっきりと指し示す、まことに『異常な』事態」が進行したと総括している（伊藤守 2012: 158）。

では、事故直後の混沌とした時期を経た後、テレビの「『知』のかたち」はいかなるものとなるのだろうか。膨大な量の原発報道を網羅するのは物理的にも困難なこと、また、新聞と異なり、テレビはそのメディア特性上、社論としての「脱原発」を標榜するわけではない事情を考慮し、本章では議論の対象を、各局の代表的なドキュメンタリー番組に絞る。ドキュメンタリー番組を取り上げるのは、長尺のドキュメンタリー番組は短いストレートニュースやニュース企画よりも奥行きのあるナラティブ造型を行うとともに、プロデューサー、部長など数多くのテレビ局幹部が試写に立ち会い、内容についての慎重なチェック機能が働くため、テレビ局のスタンスをより可視化できると思われるからである。

本節は、NHKについては、NHKスペシャル、ETV特集などの特別番組、民放は、NNN系列の「NNNドキュメント」、ANN系列の「テレメンタリー」、TBSの「報道の魂」の三つの代表的なドキュメンタリー番組を考察対象とする。(13)

原発そのものの是非

福島原発事故の直後は、テレビ局はニュースなどの日々の緊急報道に追われるが、一カ月、二カ月と経過する中で、事故を検証するドキュメンタリー番組を少しずつ放送するようになった。中には原発をめぐる問題を多角的に検証することで、原発そのものの是非を何がしか問う番組も世に送り出している。

例えば、NHKスペシャル『シリーズ原発危機』(第一回は二〇一一年六月五日放送)のシリーズは、直接的な事故原因のみならず、事故が深刻化した背景、放射能汚染の実態などを継続的かつ詳細に検証している。事故からちょうど一年後のNHKスペシャル『3・11 あの日から1年 調査報告 原発マネー～〝3兆円〟は地域をどう変えたのか～』(二〇一二年三月八日放送)は、全国四四の原発立地自治体にアンケートを行い、総額三兆円もの巨額な金が原発自治体に支払われてきた実態を明らかにし、原発に依存する地域のジレンマを浮き彫りにした。

事故から二年後のNHKスペシャル『3・11 あの日から2年 メルトダウン 原子炉〝冷却〟の死角』(二〇一三年三月一〇日放送)は、国内外の専門家チームとともに、原子炉を模した海外の巨大施設で実証実験やコンピュータ・シミュレーションを実施した。これらを通して番組では、原発の安全性の根幹に関わるような事実を浮き彫りにしていた。

NHKのETV特集『原発事故への道程』(二〇一一年九月一八日・二五日放送)は、前編・後編の二回に分けて、歴史的な視点から安全神話形成の過程を検証している。この番組は、一九八〇年代から九〇年代にかけての「原子力政策研究会」の録音テープを入手し、官僚、電力業界、研究者らが非公開を原則に本音で議論する様子をリアルに提示している。この番組は、戦後間もない時期は慎重論が主流でありながら、米ソ冷戦の論理や戦後の経済復興の原理によって原発導入が成され、その後、安全神話が形成、浸透していった軌跡を具体的に検証していた。番組は、当時の「原子力政策研究会」に参加した人物の回顧や反省の弁も交えることで、戦後の原子力政策の歩みへのクリティカルな視点に貫かれていた。

3・11後のテレビが原発そのものの是非を問う踏み込みを行ったことは、新聞の変化と相通じるものがある。だが、3・11以前のテレビは、原発へのクリティカルなアプローチを試みる際、新聞と同様、限界や制約と隣り合わせのいくつかの特徴を備えていた。簡潔に振り返っておこう。

3・11以前のテレビ

テレビが原発へのクリティカルな姿勢を見せるのは、新聞同様一九七〇年代以降のことであった。各地で原発がつくられていく中で、まず地方発の関連番組が増加した。そこでは、例えば、一九七四年の原子力船「むつ」の放射能漏れ事故や、四国電力伊方原発の誘致に対する地元住民の反対運動など、トラブルや住民運動が表面化したときに、その地域のローカル議題として番組化する傾向があった。これは七〇年代に限らず、それ以降の日本のテレビ番組を特徴づけるものである。それは裏を返せば、あくまでも地域の問題(に過ぎない)との位置づけに甘んじていると言えなくもない。この点で、3・11以前のテレビは新聞と相同性がある。

テレビ・ドキュメンタリーのもう一つの特徴は、(特に対立的な)人間ドラマとしてナラティブ化することである。例えば、二〇〇一年には、新潟県柏崎刈羽原発の原発交付金の使途とプルサーマル導入の是非をめぐっていくつかのドキュメンタリー番組がつくられた。前年に、地元の原発交付金施設で交付金の使途不明な実態が浮かび上がった不祥事をきっかけに、刈羽村の村議や村民が柏崎刈羽原発のプルサーマル導入の是非を問う住民投票を求める動きが起きたからである。新潟放送の『原発の村・刈羽の反乱～ラピカ事件とプルサーマル住民投票～』(二〇〇一年五月三〇日放送)、テレビ新潟の『反旗を翻した原発の村』(二〇〇一年六月一一日放送)はともに、原発立地県の地方局がそれらを取り上げたドキュメンタリー番組である。

いずれの番組も、使途不明金の杜撰さとともに、住民投票実現のための署名集めをする村議らを主人公に、彼らと「住民投票はあくまでアンケート」に過ぎないと語る原発推進派の村長らとの間の敵対的なナラティブを構成することで緊張感ある人間ドラマとなっていた。番組はプルサーマル反対派の住民投票が賛成派の票数を上回るまでを克明に描いている。

これらの番組は、ドキュメンタリーとしては優れた番組であるが、地方局制作で放送地域が限定的であること、地域ローカル議題として対象化すること、敵対的な人間ドラマを構築するなどの点で共通している。そのため、地方自治、地方民主主義の問題にはフォーカスするが、その一方で、原発の是非そのものを議題化して争点とするわけではない。これらの特徴はＮＨＫ、民放を問わず、３・11以前のテレビ・ドキュメンタリーのいわば通奏低音とでもいうべきもので、ある程度は共通していた。

地域ローカル議題からの脱却

そのため、前述したように、3・11後のテレビが原発そのものの是非を問う踏み込みを行ったことは、テレビ史においては重要な変化と言える。その後もテレビ界は、地域ローカル議題の枠組みからの脱却を感じさせる番組を少なからず生み出している。それらの番組は、福島の事故をチェルノブイリやスリーマイル島などの過去の大事故、あるいは海外の原発事情と結びつけるなどで、福島個別の問題ではなく、原発そのものにクリティカルな視線を向ける点で共通点がある。

NNNドキュメント『チェルノブイリから福島へ　未来への答案』(二〇一三年一〇月二七日放送、制作：日本テレビ)は、福島の事故後の廃炉にあたる作業員とチェルノブイリ事故後の作業員の置かれた状況の違いを問題化する。番組は、チェルノブイリでは、廃炉・除染の作業員を養成する訓練センターが作られたことを紹介し、一方で、福島の事故後は、除染のために作業経験が少ない下請けの作業員を次々に補充(新規採用)することを日本の問題としてクリティカルに描く。

TBS報道の魂『その日のあとで～フクシマとチェルノブイリの今～』(二〇一一年九月四日放送、制作：MBS毎日放送)は、3・11以前は、メディアの表舞台に現れる機会が少なかった京都大学原子炉実験所の小出裕章と今中哲二という、「脱原発」の代表的な原子力工学の専門家を軸に、チェルノブイリ周辺地域の現状も紹介しながら、原発の未来を考える番組であった。

海外の過去の事件や事故の現在への影響や余波を抉り出すことで、間接的に福島、ひいては原発のリスクの大きさを暗示的に示す番組も作られた。NNNドキュメント『消せない放射能～65年後の警鐘～』(二〇一三年一一月三日放送、制作：札幌テレビ)は、ロシアで半世紀以上前に高レベル放射性廃棄物を投棄した川の周辺で放射能災害が起き、後遺症として手足の無い子供、膨れ上がった頭部、巨大なコブなどに苦しむ人々がいる現状を取材し、福島の事故の未来の後遺症の可能性を見据えようとしていた。

同じNNNドキュメント『除染の島へ　故郷を追われた27年』(二〇一二年八月一二日放送、制作：広島テレビ)は、主に一九五〇年代に南太平洋のマーシャル諸島で繰り返された核実験で被ばくし、故郷を捨てたロンゲラップ環礁の島民のその後を描く。長い年月の後、ようやく除染が終わり、故郷に戻ろうとする人、戻らない人の両方がいる複雑な事情を、福島から県外へ避難した人々の今後を重ね合わせる構成になっていた。

世界の複数の国や地域を横断的に扱う大がかりな番組も現れた。NNNドキュメント『行くも地獄、戻るも地獄～倉澤治雄が見た原発ゴミ～』(二〇一二年三月一一日放送、制作：札幌テレビ、日本テレビ、中京テレビ)は、スリーマイル島原発の高レベル廃棄物など「核のゴミ」を追う。番組は、スリーマイル島の問題を抱えるアメリカ、「核のゴミ」の最終処分地をめぐる問題を抱えるフランス、モンゴル、日本などの現地取材を行う。この番組は、原発から出る「核のゴミ」という切り口で世界各地を取材し、システムとしての原子力エネルギーに付随する普遍的な課題を浮き彫りにするとともに、それがとりわけ高レベル放射性廃棄物の最終処分場さえ決まっていない日本で、切実な問題であることを突きつける(14)。

NNNドキュメント『活断層と原発、そして廃炉　アメリカ、ドイツ、日本の選択』(二〇一三年一月二七日放送、制作：日本テレビ)は、日本の原発敷地内の破砕帯が活断層であるか否かが問題になっていることから、活断層が見つかったアメリカや、脱原発を決めたドイツを例に、耐震補強や廃炉の問題に切り込む内容で、原発維持のコストと労力の計り知れなさを浮き彫りにしていた(15)。

その他、変わった切り口の番組として、NNNドキュメント『鉄条網とアメとムチ　苦悩する基地のまち』(二〇一一年七月一七日放送、制作：日本テレビ、山口放送)は、沖縄などの基地政策が、交付金漬けの原発推進政策と驚くほど構図が似ていることに着目し、嘉手納町、名護市、岩国市などをリポートし、番組のタイトル通り「アメとムチ」の国策を問題化する。

ここで挙げた番組は、それぞれ位相は異なるものの、福島原発事故を地域ローカルの閉じた出来事として議題化するのでなく、福島の事故をそれ以外の場所、国やテーマと節合することで、原発そのものの底知れないリスクを明らかにし、それと対峙することに成功していた。福島の事故後にテレビ・メディアが地域ローカル議題を抜け出すのは、事故の深刻さを考慮すれば当然かもしれないが、とはいえスリーマイル島やチェルノブイリの事故後の一九八〇年代、九〇年代においてもそれが容易に成されなかったことを思えば、3・11のカタストロフィがテレビの作り手たちに迫るレジリエンスの大きさは、無視できないものであろう。

3・11から生まれた異色の番組――NHK『長すぎた入院』ほか

だが、福島の事故から時間が経つと、こうしたマクロ的な視野の番組や異色の切り口の番組は次第に作られなくなっていく。この事実は、3・11以降一〇年の時間におけるテレビの変容の中でも重要なものである。その背景としては、何カ所もの海外取材や全国各地取材のドキュメンタリー番組は制作予算も高額なため、時間の経過とともに原発議題の重要度が下がり、多くの視聴者も見込みにくくなり、資金繰りが困難になることが考えられる。

そうした中で注目される異色の番組として、NHKのETV特集『長すぎた入院』(二〇一八年二月三日放送)が挙げられる。この番組は、統合失調症と診断され、精神科病院に四〇年間、入院していた六八歳(放送時)の男性を軸にした番組である。この男性は、福島原発から五キロ圏内の病院に入院していたため、事故後の避難指示で他地域の病院に移ったものの、そこで入院の必要は無いと診断され、退院したのである。

この主人公のみならず、同様の理由でそもそも入院の必要は無いのに精神科病院に入院させられていた人が数多くいることが事故後に判明した事実を番組は掘り下げていく。そしてその背景には、日本が世界の精神科病床の約二割が集中する精神科病院大国であり、国連やWHOから深刻な人権侵害との勧告を受けながらも、その内実がこれまで知られることが無いままできたことを問いかける。

この番組『長すぎた入院』は、大規模な原発事故が、全くそれとは関連性の無い別の隠れた問題系を偶発的に暴露し、看過できない戦後の負の遺産を日本が今も多様に潜ませ、それらが孕む差別的、非人権的な性格ゆえに、(直接の関係はないものの)じつのところ原発政策が宿命的に備えうる負の側面と通底していることを暗示的に示すことに成功している。

民放では、NNNドキュメント『9人も死んでしまった…トモダチ作戦で頑張ってくれた若き米兵らが‥原発事故の放射能で被曝し健康を害したとして‥400人超が裁判を起こしている事をあなたは知っていますか?』(二〇一七年一〇月八日放送、制作:日本テレビ)が目を引く。

この番組は、3・11後に、アメリカの「トモダチ作戦」に参加するため、付近の海域を航行していた原子力空母「ロナルド・レーガン」の当時の乗組員約四〇〇〇人が、福島原発事故の放射能被ばくによる白血病などで九人が死亡したほか、健康被害を訴える者が続出し、東電を訴訟で訴えていること、そして空母内で何があったのかを検証している。この番組は、巨大原発事故が原発周辺地域だけでなく、日本国内で閉じる問題ですらなく、その影響は同盟国の「友軍」的な存在の人々にも及びかねない厄介さを議題化している。

同じくNNNドキュメント『2つの〝マル秘〟と再稼働　国はなぜ原発事故試算を隠したのか?』（二〇一五年八月二三日放送、制作：日本テレビ）は、原発事故が起きた場合の損害や影響の二つの試算（それらはいずれも福島の事故以前のもの）を隠していたとして追及している。一つ目の試算とは、日本で巨大原発事故が起きると損害は国家予算を超えることで、二つ目の試算とは、原発がミサイル攻撃を受けると格納容器が破損し、一万八〇〇〇人が亡くなるとのこと。この番組は、九州・川内原発が再稼働しようとしていた時期に放送されたが、原発再稼働に前のめりな国の判断への不信を、過去の文書などから歴史的に遡及することで説得的に示していた。

内部被ばくの問題

放射能の内部被ばくは、3・11以前は新聞、テレビともに、一部の記事、番組を除けば、十分に議題化してこなかった領域である。外部被ばくは、原発事故などが起きた際、現地の作業員や周辺地域の被ばくが問題となるが、内部被ばくが重要なのは、農作物や肉・魚をはじめとする食物の飲食でも被ばくするため、周辺地域に限らず、それらの食物や加工品をスーパーや商店で購入する一般市民にも関わりが深いことである。メディアがこうした内部被ばくのリスクに真摯に対峙するならば、原発事故を地域議題のみならず、より普遍的なリスクの問題に拡大させうることができるだろう。

福島原発事故後のテレビ報道の議題設定の時期的変容を数量的に調査した瀬尾華子は、内部被ばくは、事故から三カ月後の六月と翌七月に、テレビ報道での扱いは大幅に増えるが、その背景には、当時、福島第一原発の冷却作業の長期化と安全管理の杜撰さから作業員の内部被ばくが深刻化したことや、子供の内部被ばくに対する対応の遅れが問題化したことがあると述べている(瀬尾 2013)。だがその後、原発震災報道は、再稼働やエネルギーの問題等へと重点を移し、内部被ばく議題はテレビ報道では急速に減少し、風化してしまった感がある。したがって、史上最悪クラスの原発事故に直面しながらも、テレビ報道は、内部被ばくについて、十分に争点化しなかったと言えよう。

これは主にニュース番組のことであるが、一方でドキュメンタリー番組の中には、注目すべきものがみられた。その代表的なものは、NHKのETV特集『ネットワークでつくる放射能汚染地図〜福島原発事故から2か月〜』(二〇一一年五月一五日放送)である。この番組は、NHKの取材班が、東海村JCO臨界事故やチェルノブイリ原発事故の調査を行った放射線観測・衛生学の専門家らとともに、線量計を手にしながら原発周辺地域の放射線量を観測し、地域の放射能汚染地図を作成するというユニークな内容であった。調査の過程で、彼らはホットスポット(放射能の高濃度汚染地域)があることを突き止め、原発からの距離の遠近に関係なく、局部的に放射能の汚染が高い地域が存在することを明らかにしていく。

まだ事故から二カ月後で、政府や東電ルート以外の情報が乏しい時期に、取材制限のあった福島原発から三〇キロ圏内にメディアが専門家とともに立ち入り、放射線量の状況を世に知らしめた功績は、小さくないものがある。反響は大きく、放送翌日だけで一〇〇〇件を超す再放送希望の電話やメールがＮＨＫに殺到し、ＮＨＫオンデマンドでは大河ドラマを凌ぐリクエストが集中したという(七沢 2012: 279-280)。

ＮＨＫは、翌月にこの番組の続編を放送するとともに、子供たちの内部被ばく、海や河川の汚染、初期被ばくなどの調査も行い、『ネットワークでつくる放射能汚染地図』としてシリーズ番組化を行っていった(16)。

テレビ番組の系譜と継承

注目すべきなのは、ＮＨＫのこの番組シリーズには、テレビ史における系譜的ルーツがあることである。ＮＨＫは一九七一年四月から、ドキュメンタリー番組『あすへの記録』の放送を開始し、一九七八年の番組終了までの間に、原子力をテーマに五本の番組を放送した(七沢 2008: 275)。『あすへの記録』は、原子力、原発の科学技術的側面について、当時としては踏み込んだ内容で、原子力を科学的に検証する先駆的な試みを行った。

例えば、一九七六年一二月一五日放送の『あすへの記録　原子炉安全テスト』は、燃料棒の損傷実験の一部始終を撮影し、番組の最後で、「原子力は膨大なエネルギーと死の灰という二つの顔をもっています」とコメントしている(七沢 2008: 276)。一九七七年三月二日放送の『あすへの記録　耐震設計』は、中部電力浜岡原発の耐震設計が一八五四年の安政東海地震という一〇〇年以上も前の文書を元になされていることの問題点を指摘し、当時いち早く東海大地震を予測した地球科学者・石橋克彦など専門家の声を紹介した上で、「浜岡原発の安全の根拠は大きく揺らいだことにならないか」と疑問を投げかけた（七沢 2008: 277）。

これらの、当時としては進歩的な議題化が新聞ではなくテレビで、しかも（記者が主体の）ニュースではなく、（ディレクターが主体の）番組の中で行われたことを見逃してはならないだろう。瀬川至朗は、「新聞・テレビの編集局や報道局では政治部と政治家、社会部と捜査当局といったカップリングが生じ、ニュース生産そのものが縦割りの構造ですすんでいる。その結果、政治部が政治家の代弁をし、社会部が捜査当局の代弁に力を入れたりする」（瀬川 2017: 220）と述べている。これは日本の新聞社やテレビ局における記者セクションの縛りや制約がいかに根強いものかを意味している。

一方で、記者クラブなどを通じて政治家、官公庁と日頃から近しい政治部、社会部などの記者と比べ、番組制作系のディレクターは政治家や各省庁との関係が希薄であるため、しがらみがいくぶん少なく、こうした題材では、比較的自由度の高い放送内容を構成しようとすることがある。

例えばＮＨＫは、政治部、社会部、経済部、国際部などの記者セクションと、各種報道系番組を担当する報道ディレクターらで構成される報道局と、教養教育番組、娯楽番組、ドラマなどを担当する番組ディレクターらで構成される番組制作局の二つの局に大別される。このことは、ＮＨＫ組織内における報道局（記者、報道番組ディレクター）と番組制作局（番組制作ディレクター）との間の一種の緊張関係、時には対立関係にもつながりうる。(17) これらの番組に、番組制作局のディレクターとして関わり、後に解説委員となってＮＨＫの科学番組や解説を担った小出五郎は、次のように述懐している。

ディレクターは取材源が相当多岐に渡っているものだから、自分なりに人脈を持っているじゃないですか。そこで裏を取ったりするわけですよね。官庁などの記者クラブを中心に取材している記者とは取材の仕方が違うから、それとの鬩ぎ合いみたいのが組織の内部でありましたね。

（七沢・田原・小出 2008: 93–94）

一九七〇年代の原子力や原発についての注目すべき番組に関わったのはディレクター、特に番組制作系ディレクターらであったため、小出の言葉は重要である。

また、当時の番組の中には、組織としての放送局の縛りがより緩やかな外部ディレクターの手で作られたものも少なくなかったことも付記しておきたい。例えば、一九七七年一月にテレビ東京で放送された『地球時代　いま原子力発電は…』は、福島第一原発の安全性について、原発推進派と反原発派の双方の科学者の意見をきっちりと紹介することで、原発の安全性を相対化していた点で、当時としては進歩的な内容であった。この番組のディレクターは、その後、『痴呆性老人の世界』(1986)、『安心して老いるために』(1990)などの優れたドキュメンタリー映画を作ることになる羽田澄子であった。

第四章で詳述するが、ドキュメンタリー映画の作り手たちは、3・11後に、テレビ・ドキュメンタリー番組とは異なるアプローチで原発の問題に取り組むのだが、そうしたスタンスは、七〇年代から既にあり、それは、電力会社や関連企業をスポンサーとするテレビ界の制約から遠いドキュメンタリー映画作家のポジショナリティと密接に関係していたと思われる。

なお、前述したように、例えば『朝日新聞』は、一九七七年に、原子力については「YES BUT」という社論を決めたが、テレビの場合、電波というメディア特性上、社論などのオピニオンを発信しない代わりに、逆に社論のような具体的な規範もない。むろん、本章の最後に触れるように、原発広告をめぐる構造的力学はじつに強固なものだが、広告に拠らない公共放送NHKの、なおかつ政治家や各省庁との距離が記者のように近くないディレクターらにとっては、時と場合によって「隙間」があり得たとも考えられる。実際、前述の小出五郎は後年、以下のように述懐している。

〔テレビ局は〕組織としては原子力について社論がなくてごちゃごちゃしているのがよかったと思います。でも新聞社は違う。読売、産経は元々原子力推進で、そこには揺らぎがありませんが、朝日新聞は当初推進のキャンペーンを張ったけど揺り戻しがあって、「イエス、バット」という路線になった。「原子力はイエスだが、重要な点は見逃さない」ということですが評判が悪かった。NHKの場合、そういう社論みたいなものはまったくなしで、言わないでいこうというのがありました。その効用は案外大きかった。いわば放し飼い状態でもあったので、多様性のある番組を放送することができました。（七沢・田原・小出 2008: 94）

七〇年代末の米スリーマイル島事故、一九八一年の敦賀原発での放射能漏れ事故などの影響から、NHKでは、原子力を扱った番組が一九八〇年代には一九七〇年代の二倍に増えた。中には報道局、番組制作局、地方局、海外総支局が結集する大型企画番組も作られた[18]。特に注目されるのは、チェルノブイリ事故後の一九八六年九月に放送されたNHK特集『調査報告 チェルノブイリ原発事故』の二回シリーズである。とりわけ、二回目の放送の『ここまでわかった放射能汚染地図』は、番組の作り手自身が放射線測定器を手にしながらチェルノブイリ後の放射能汚染地域を歩き、汚染の程度を計測するという新しい手法の番組であった。

福島原発事故後のETV特集『ネットワークでつくる放射能汚染地図』のシリーズは、一九七〇年代、八〇年代のNHKのドキュメンタリー番組史におけるこれらの制作的系譜を発展、継承していると考えられるのである。これが偶然ではないのは、このシリーズ番組の第一回目の放送を、チェルノブイリ原発事故や東海村臨界事故など原発関連の番組にディレクターとして関わった七沢潔らの手で制作されていることからも窺える。実際、七沢自身の言葉から、こうしたNHKのドキュメンタリー番組の制作的系譜(七沢は、制作陣の世代間継承を意味する「縦のネットワーク」という表現をしている(七沢 2012: 280))に自覚的でありながら、3・11後の番組を手掛けていることが分かる(七沢 2008; 七沢・田原・小出 2008)。

他にも、ETV特集『飯舘村一年〜人間と放射能の記録〜』(二〇一二年六月二四日放送)、『飯舘村5年〜人間と放射能の記録〜』(二〇一六年六月二五日放送)など、ディレクターら制作スタッフによる、福島の事故で全村が避難を余儀なくされた飯舘村への五年間におよぶ長期的な定点観測というべき取材で実現した番組もある。注目されるのは、これらの番組が、一九八〇年代のNHK番組(農村関連番組と思われる)に登場した人物を取材対象者に選び、当時の番組映像も時折使いながら番組化を行っていることである。こうしたことも、前述したような、NHK内部の世代間継承(「縦のネットワーク」)による制作的系譜の存在を物語っていよう。

テレビ局内のサブ「界」の差異

NHKにおけるニュース報道とドキュメンタリー番組の差異は、前述した新聞社説と記事の温度差を想起させるかもしれない。放送局と新聞社の組織構造は異なるものの、それぞれの社内位置、組織内のサブ「界」とでも言うべきものにデリケートに関連した差異が関係していることが考えられる。シューメーカーとリースが言うように、メディアがゲートキーパーの機能を果たすには、メディア組織、勤務者、メディアのルーティン、外部圧力、イデオロギーなどの変数が重要となるが(Shoemaker and Reese 1996)、それは新聞社もテレビ局も同様である。

前述したように、社論である社説を担当する論説委員、編集委員らと、一般記事を担当する記者らの政治部、社会部などのセクションとでは新聞社内での立ち位置が異なる。テレビ局でも、例えば、NHK組織内における報道局(記者、報道番組ディレクター)と番組制作局(番組制作ディレクター)とでは、政治家、官僚などとの距離が異なるため、それぞれの外部圧力、メディア・ルーティン、また規範や価値観のありようも異なる。

民放テレビ局の事情も類似のことが言える。例えばゴールデンタイムのニュース番組は各局の顔、看板とも言うべきもので、外部圧力へのより慎重な配慮、とりわけ政治への配慮から、(議題テーマにもよるが)権力批判が抑制気味になることが考えられる。ましてや「政官産学メディア」の強固な構造的力学が存在してきた原発関連の議題を取り上げる際は、外部圧力への配慮や自主規制は増幅しうるだろう。

一方で、本節が俎上に載せている民放の三番組は「民放の良心」と言ってよいものだが、すべて日曜早朝（午前四時台）か日曜深夜（午後二四時、二五時台）の時間帯の放送枠である。(19) ゴールデンタイムの番組とは比較にならない程、少数の視聴者しかおらず、番組編成上、極めて周縁的な時間帯ゆえに放送が許容されるとも考えられる。こうした事情は原発広告などに関係するメディアの構造的な問題も背景にあるため、本章の最後で改めて考えたい。

放射能リスクに関するその他の番組

ＮＨＫは被ばくや放射能リスクに関する特別番組を他にも少なからず放送してきた。二〇一一年から毎年放送が続いているＮＨＫスペシャル『メルトダウン』のシリーズ（開始時のシリーズ名は『原発危機』）は、福島で事故が起きた数日間に焦点をあて、現場で何が起きていたのか、なぜ、放射能を封じ込めることができずに大量放出に至ったかを、専門家とともに検証してきた。放送回を重ねるごとに、事故対応を記録した東京電力のテレビ会議の膨大な発話録音記録を詳細に分析することで、危機管理における組織やコミュニケーションなどのヒューマン・ファクターの検証を行う姿勢を強めている。

『原発メルトダウン　危機の88時間』（二〇一六年三月一三日放送）、『メルトダウン File.7　そして冷却水は絞られた～原発事故　迷走の２日間～』（二〇一八年三月一七日放送）は、この発話録音記録をもとに、大杉漣ら著名俳優を出演させたテレビ会議の再現ドラマで当時の様子を明らかにしている。これらの番組は、日本の危機管理の組織コミュニケーションの脆弱さを浮き彫りにし、それを克服するのは容易ではない現実を突き付ける。

二〇一四年四月から放送が始まったNHKスペシャル『廃炉への道』は、現在までほぼ毎年、放送され続けている長期シリーズである。この番組は、番組名の通り、メルトダウンした三つの原子炉を廃炉にするための取り組みを、当事者たちの現場に密着ルポして紹介しながら、その課題を考える番組スタイルで一貫している。各回の放送を通じて、事故で溶け落ちた核燃料「デブリ」などを安全に取り出すための現場の試行錯誤が細かく描かれ、安全性を考慮するならば、四〇年以内に廃炉にするとの当初の見通しが困難である可能性が次第に見えてくる。この番組は、いったん巨大原発事故が起きれば、そのための廃炉作業がいかに途方もないものになるかを原発内部の映像とともにリアルに伝えている。

民放で注目されるのは、一九五四年にアメリカが行ったビキニ水爆実験による被ばく事件を長年取材してきた南海放送の制作で、NNNドキュメント枠内で『放射能を浴びたX年後』としてシリーズで放送(二〇一二年一月二九日、二〇一四年八月一〇日、一一月二日)された番組である。この番組は、当時、被ばくした魚を水揚げした日本の船が一〇〇〇隻に及んだこと、日本列島全体が放射性物質に汚染されていたことなどを、元乗組員の声や被ばく実態の調査・救援活動を行う市民らの活動とともに細かく検証している。この番組は半世紀以上前の状況の検証を通して、放射能被ばくの影響は底知れないこと、それゆえに情報開示がなされにくいことを明らかにする点で、福島の事故、および今後起こりうる事故を考える上での鋭い警告となっている。

ＡＮＮテレメンタリー『その時、「テレビ」は逃げた～黙殺されたＳＯＳ～』(二〇一六年三月七日放送、制作：テレビ朝日、福島放送)は異色の番組である。この番組は、福島の事故直後に、取材者の安全確保を理由に取材を禁止するテレビ局社内文書が出されて、原発周辺地域から引き揚げた取材陣が、当時、住民からのＳＯＳがあったにもかかわらず、なぜ「テレビは逃げた」のかを、事故から五年を経て反省的に検証するという内容である。

前述したように、新聞は３・11後、脱原発へと社論を旋回する中で、(『朝日新聞』が特に顕著だが)事故以前に原発容認であり続けた社の姿勢への反省や自己批判を表明することが時折みられたが、テレビはそのメディアの性質上、社論的なオピニオンが希薄なため、３・11後に脱原発を表明することもなければ、各局がそれまでの姿勢を自己批判することも特段ない。その意味で、この番組の内省的な問いかけは、大災害、戦争などのカタストロフィに直面した時のテレビというメディアの限界性を自覚的に問うている点で希少性がある。

引き継がれる原発議題の人間化、ローカル化

以上みてきたように、テレビ・メディアが、史上最悪クラスの原発事故を経験した後、その深刻さゆえに原発そのものを問題化する番組を少なからず発信してきたことは間違いない。しかしながら、日夜、放送される膨大な量のテレビ放送の中で、本節で触れたような番組はごく一部である。また、前述したように(ＮＨＫは別にして)本節で取り上げた民放の三番組は、すべて日曜早朝・日曜深夜の放送枠である。ゴールデンタイムのニュース番組で類似内容の特集を放送できるかと言えば、相当に難

しいと思われる。

また、本節は、数ある中から注目に値する番組を俎上に載せてきたが、原発関連の番組は無数にある。それら多くの番組は、議題の人間化、ローカル化、他者化を基調にしている点で、基本的な方向性は、3・11以前の原発番組と違いはないことを指摘しておく必要がある。

福島の事故直後のテレビのドキュメンタリー番組を検証した遠藤薫は、NHK番組はマクロな議題化を好む傾向がある一方、民放は被災地や被災者に寄り添うミクロなアプローチが目立つと述べている。また、NHK、民放に共通して見られたのは、のどかな農村風景、美しく咲く花、飼い犬や家畜の姿などであり、一方でほとんど見られなかったのは、メディア自身を相対化する視線だとしている（遠藤 2012: 220–221）。

じつは、こうした傾向性は、事故から時間を経ても特段の変化は見られない。ドキュメンタリー番組がしばしば取り上げる題材は、原発周辺の農家である。NNNドキュメント『原発が壊した牛の村〜飯舘へ　いつか還る日まで〜』（二〇一一年七月三一日放送、制作：福島中央テレビ）は、事故の影響で計画的避難区域となった福島県飯舘村の畜産農家が廃業を迫られ、苦悩する姿を描いている。またTBS報道の魂『それでも希望のタネをまく〜福島農家2年めの試練〜』（二〇一三年二月三日放送、制作：テレビユー福島）は、空間放射線量が周辺より高い地域で有機農家を営む一家の苦労を描いていた。

ANNテレメンタリー『僕と親父の農業』（二〇一三年一一月一八日放送、制作：福島放送）は、風評被害で桃の売り上げが激減した福島県石川町の果樹農家を営む父を助けるために、東京から帰郷して家業を手伝う息子と父の懸命な姿を描いている。他にも原発周辺の農家を取り上げたドキュメンタリー番組はその後も断続的に作られている(20)。

これらの番組は、深刻な原発事故が起きた際、周辺の農家がいかなる問題に直面せざるを得ないかを当事者に寄り添いながら詳細に描いた、それぞれ優れた番組である。だが、放射能と密接な関係がある農業や農作物の広範な問題や課題を、仕事を奪われる地元農家の苦悩へと縮減することで、議題が地域ローカルなものに留まりかねないとともに、問題が他者化されてしまう懸念がないとはいえない。

また、風評被害は、農家にとって深刻な問題ではあるが、一方で農業をめぐる問題をもしもそれに集約するとすれば、農作物が孕みうる内部被ばくの影響の可能性への視点を抑圧し、結果的には原発リスクの包括的な検証から遠ざかることにもなりかねない。議題の人間化はこうしたジレンマを伴うのである。

議題の人間化は、こうした農家を扱った番組に限らない。NHK『追跡！　AtoZ「福島第一原発作業員に何が」』(二〇一一年八月二二日放送)、TBS報道の魂『3・11大震災　記者たちの眼差し　Ⅲ』(二〇一一年一二月一八日放送)の中のエピソード「原発作業員で栄える夜の街」などは、表舞台に現れない原発作業員にスポットをあてている。ANNテレメンタリー『警戒区域で生きる』(二〇一二年七月一六日放送、制作：福島放送)は、原発事故後も、母親の介護の必要から警戒区域で暮らす中高年夫婦の生活を描いている。NNNドキュメント『在住カメラマンが見つめ続けたFUKUSHIMA』(二〇一一年一〇月二三日放送、制作：日本テレビ)は、福島原発の二〇キロ圏から程近い地域に住む元テレビカメラマンが、周辺地域の人々の暮らしを描いた番組であった。

その後も避難指定地域などの人々に焦点をあてた番組は、NHK、民放ともに断続的に放送され、優れた番組も少なくない。NHKのETV特集『原発に一番近い病院　ある老医師の2000日』(二〇一六年一〇月八日放送)は、福島原発周辺の病院が休止したため、患者が殺到した二二キロ離れた病院の八一歳の現役医師の院長の奮闘を描く。番組では、自らも高齢で身体が思うようにならないながらも日夜、多くの患者の治療に腐心する院長に密着ルポするとともに、県に依頼するものの常勤医師が派遣されない厳しい現実を描くことで、行政の矛盾も炙り出すことに成功している。

NHKスペシャル『避難指示〝一斉解除〟～福島でいま何が～』(二〇一七年三月一一日放送)は、多くの地域で避難指示が解除されるものの、未だに放射線量が高い地域やホットスポットがあることから地元に帰ることを躊躇する元住民と、地域共同体が消滅するとの危機感から避難指示解除を急ぎ、彼らの帰還を待ち望む自治体の間の溝が深まっていく難しい現実を描写している。この番組は、避難指示地域にフォーカスしながらも、地域をひとかたまりのものとせず、避難者と自治体の立ち位置の差異を浮き彫りにすることで、包摂性の問題系にもつながる視点がある。

類似の視点は、NNNドキュメント『見えない壁～福島・被災者と避難者～』(二〇一八年二月一一日放送、制作：福島中央テレビ)にもみられる。原発事故の避難住民と津波被災者が隣接して暮らす地域が福島県いわき市内にある。この番組は、原発避難者には賠償金が出るものの、津波被災者は見舞金程度しか出ないことから生まれる両者の間の軋轢に焦点をあてている。

これらは、それぞれ位相は異なりながらも、巨大原発事故後に、放射能被害に最も晒されやすい立場の人々に焦点をあてた優れた番組である。しかしながら、前述した農家を取り上げた番組と同様、こうした趣向の番組は、議題の地域ローカル化、人間化を伴うため、より普遍的な原発リスクの問題を後景化せしめてしまう可能性が無いとは言えない。風評被害の議題化が一方で、内部被ばくリスクの議題化を後景化せしめるジレンマを伴うことなどとともに、これは難しい問題である。

復興議題の両義性

いずれにせよテレビでは、原発リスク、原発の是非を問う議題の後景化は、福島の事故から時間が経つごとに顕著に感じられる。それは次第に復興議題に重点がシフトしつつあることにも無関係ではない。むろんのこと現地の復興は重要議題だが、テレビなどメディアが復興に焦点をあてる際、それが他者化、地域ローカル化の議題の枠組みに回収されやすいジレンマが一方にある。

例えば前述したＮＨＫスペシャル『避難指示〝一斉解除〟～福島でいま何が～』などは興味深い内容だが、避難指示解除に伴う現地の苦悩や課題が主題となる点で復興議題のフレームになるとともに、地域住民が抱える個別の問題として他者化されることで、地域ローカル議題の性格が強くなる。また、元住民と自治体の間の対立的な人間ドラマとしてナラティブが構築されている。これらが示唆するのは、皮肉なことに、福島の事故から時間が経つほどに事故以前のテレビのナラティブのスタイルに逆戻りしていくことである。

もう一つの重要な問題は、福島の事故後、テレビ局は、原発の問題を核と関連付ける問題意識は、本節で論じたいくつかの番組を除いて希薄で、３・11から一〇年を迎える現在から眺めるならば、３・11以前からの変化は特段見られなかったと結論づけざるを得ないことである。また、新聞のよう

表１　民放の３番組の原発関連番組の数の変化

	NNN 系列 「NNN ドキュメント」	ANN 系列 「テレメンタリー」	TBS 系列 「報道の魂」*
2011年	13	6	4
2012年	7	7	4
2013年	6	8	4
2014年	6	8	4
2015年	6	3	1
2016年	4	4	1
2017年	4	1	2
2018年	3	2	2
2019年	2	0	1
2020年	2	1	0

＊2017 年４月からは「JNN ドキュメンタリー　ザ・フォーカス」

出所：筆者作成（2020 年は 10 月時点の数字）

に言葉ではなく、テレビが映像メディアである特性と制約を考慮する必要はあるものの、テレビが地球温暖化、気候変動と原発の問題を結びつけることはほとんどなかった。いずれにせよ、核や地球温暖化との関連付けの希薄さは、新聞よりもテレビではいっそう顕著である。

加えて、反原発市民運動を取り上げた番組が極端に少なかったことから、新聞同様、テレビも「運動家」にはいささか冷淡であり続けていると言って差し支え無かろう。以上のことから、大局的にみるならば、メタ政治的正義の視点においても、テレビでは３・11以前からの変化は無かったと言わざるを得ない。それはテレビが持つメディア特性がいかに強固なものかを逆説的に物語るかもしれない。

３・11の記憶の風化

本節の最後に、テレビ、新聞ともに共通する福島の事故の記憶の風化について述べておきたい。

本節で取り上げたテレビ・ドキュメンタリー番組は原発をテーマにした放送回が二〇一一年からこの一〇年の間で大幅に減少している。民放の三番組は二〇一一年に計二三回放送されたが、二〇二〇年一〇月現在で僅か三回に過ぎなくなっている(**表1**。「NNNドキュメント」は二〇一一年に原発関連の放送が一三回あったが二〇二〇年には二回、ANNの「テレメンタリー」は六回(二〇一一年)から一回(二〇二〇年)、TBSの「報道の魂」は四回(二〇一一年)からゼロ(二〇二〇年))[21]。

表2　新聞三紙の原発に関する社説数の変化

	『朝日新聞』	『毎日新聞』	『東京新聞』
2011年	143	175	206
2012年	89	96	133
2013年	88	85	91
2014年	68	54	79
2015年	44	32	60
2016年	51	42	64
2017年	38	23	70
2018年	35	22	45
2019年	33	19	37
2020年	16	12	24

出所：筆者作成(2020年は10月時点の数字)

三紙の新聞社説も原発を組上に載せたものがやはりこの一〇年の間に激減していった(**表2**)。『朝日新聞』は二〇一一年に一四三あった関連社説が二〇二〇年には一六、『毎日新聞』は一七五あった関連社説が一二、『東京新聞』は二〇六あった関連社説が二四にまで減っている[22]。数量的には3・11以前にほぼ戻ってしまった感がある。

むろんのこと、数の変化だけが指標ではないが、マスメディアの最も影響力ある機能が議題設定であることを考えれば、福島の事故、および原発は時とともに、テレビ、新聞の関心の中心から周縁化していったことは、おそらく間違いなかろう。風化というのは忘却と隣り合わせだが、メディア空間においては、こうして私たちの視界から遠のくことで静かに進行していくのである。

4　原発広告の構造——主流メディアの桎梏

広告と原発

3・11から時間が経つとともに、原発がメディア議題から少しずつ後景化し、3・11以前の状態に戻っていったこと、また新聞社における社説と記事の温度差、テレビ局におけるニュースとドキュメンタリー番組の差異。これらのことと、日本に固有の原発広告をめぐるメディアの構造的力学は無縁ではない。

欧米では寡占を防ぐために、一つの広告会社は同時に二つ以上の同業他社の広告を扱えない制度があるが、日本にはそうした縛りは存在しない。そのため日本では、媒体の広告枠の買い付けからCM制作までの一貫体制を持つ電通、博報堂の二社が圧倒的に優位な仕組みとなっている（本間 2016a: iv）。この二社を中心として、一九七〇年代から福島原発事故が起きるまでの四〇年間、日本の電力会社が原発の宣伝に費やした広告費は約二兆四〇〇〇億円にも上る。

日本では電力会社は、地域の独占企業体であるため本来なら競合相手が存在せず、他業種のように巨額の広告費を要しないはずである。だが原発導入後、各地の電力会社は「原発は絶対安全なシステム」「原発はクリーンエネルギー」「原発は日本のエネルギーの三分の一を担っている」などのキャッチフレーズで大量の広告を新聞、テレビ、ラジオ、雑誌等で発信してきた。長年、博報堂で営業を担当した本間龍は、原発広告の目的は、一般商品のように消費者への製品PRではなく、真の目的は、これらの広告を載せるメディア自身に対し、「暗黙の圧力」を与えることにあるとして、次のように述べる。

平時における電力会社の広告出稿は、常に原発政策はバラ色ですと報道してもらうための「賄賂」であり、事故などの有事の際は、出稿引き上げをちらつかせてメディアに報道自粛を迫る「恫喝」手段に変貌するのだった。これは一般的なスポンサー企業にはありえない姿であったが、二〇一一年の原発事故まで、このシステムはほとんどのメディアに対して有効に機能していた。つまり、戦後七〇年の間に確立した広告ビジネスの構造が、原発プロパガンダの力の源泉となったのである。（本間 2016a: 22）

原発をめぐっては、こうした広告を通しての、発信メディアへの巧妙な圧力の他に、国によるメディア報道への監視も存在する。経済産業省資源エネルギー庁は、原発に関するメディア情報を監視する事業に毎年、数千万円単位の税金を用いて、広告代理店などに監視を外部委託してきたことが、情報公開請求により明らかになっている(23)。

見えない圧力

チェルノブイリ事故後などは、主に地方放送局で意欲的なテレビ番組がつくられたが、その一方で、こうした構造的な力学を背景にしたメディアへの圧力やそれによる自粛、さらには組織内人事にまで至る影響が具体的に顕在化した。

例えば、青森放送が制作し、日本テレビのＮＮＮドキュメントの枠で、一九八八年から計七本放送された『核まいね〜揺れる原子力半島』は、チェルノブイリ事故後に青森県で盛り上がった核燃サイクル施設建設反対運動を取り上げた。だが、青森放送では、原発推進派の圧力で報道部門出身の社長が退任させられ、総務・営業畑出身の人物に社長が交代し、その後、地元でのこの番組の放送枠『レーダースペシャル』の母体であった報道制作部を解体し、放送終了を決める事態となった（加藤 2012: 181–182）。

また、広島テレビが一九九二年から翌年にかけて三本放送した番組『プルトニウム元年』は、プルトニウムの問題を国内のみならずフランスの核燃料再処理工場も取材し、被ばく地・広島の立ち位置から、低線量被ばくの問題を原爆にも関連付けて問題化する優れた番組であった。だが、シリーズ三回目の放送後、広島テレビの報道局長、次長、担当プロデューサー、担当ディレクターの四人が営業局に配置転換になるという驚くべきことが起きている(24)。制作現場から追放されたと言ってよかろう。

このような露骨な圧力は、福島原発事故を機にした反原発の世論の高まりで一旦みられなくなる。だが、事故から二年を過ぎる二〇一三年頃から、少しずつ、原発広告は復活する。広告代理店は、「原発は日本のベースロード電源」などの新しいキャッチフレーズを打ち出していくのである。

特に広告に熱心なのは、浜岡原発の再稼働を目指している中部電力で、二〇一五年から、浜岡原発で働く社員を起用する「私は、浜岡原子力発電所で働いています」という広告シリーズに力を入れている。原発の安全さ、クリーンさをストレートに唱えた３・11以前の広告と異なり、真剣に働く現場社員の姿への共感をさりげなく示すことで、原発の肯定を示唆する巧妙な内容である。

だが、本間龍は、たまにしか新聞やテレビで現れない、これらの広告がオーディエンスである一般市民の原発への不信感を和らげる実効力は乏しいと指摘する。では、なぜ巨額の資金を投じて広告展開するのか。本間は、以下のように述べる。

実はそこに、隠された別の狙いがあるからだ。それは、3・11以前同様、巨額の広告出稿金額をメディアに払うことによって、メディアの報道自粛を促そうとしているからである。（中略）要するに電力会社を中心とした原子力ムラは、メディアに広告費という餌を撒き、3・11以前に構築していた「広告費をカタにしたメディアの隷属」の再現を狙っているのである。

（本間 2016b: 60）

3・11以降の新聞、テレビの、時間の経過とともにみられる原発議題の周縁化、復興議題の前景化、また一つ一つの新聞記事、社説やテレビ番組の内容などとこうした広告展開の直接的な因果関係は実証的には検証が難しい。だが、例えば、中部電力による広告掲載が活発化して以来、広告を掲載する地元紙（『静岡新聞』）では南海トラフ地震関連の記事は頻繁に掲載されるものの、その一方で浜岡原発についての批判的な視点の記事はほとんどみられなくなったのも事実である（本間 2016b: 60）。「広告費をカタにしたメディアの隷属」「メディアの報道自粛」は、時間の流れの中で、ボディブローのように効いてくることは十分考えられよう。

主流メディアの今後──「プロレス」と「格闘技」

本章で取り上げた『毎日新聞』の、福島県民健康管理調査についての県の秘密裏の準備会合を暴くなど数々のスクープ記事で原発をめぐる国家と行政の闇に迫ってきた日野行介記者は、ネットメディアのインタビューで、「プロレス」と「格闘技」を対比的にたとえつつ、3・11以降の主流メディアの問題点について以下のように述べている。

インタビュアー：情報をリークしてくる議員であるとか警察であるとか、そっちの意向をくみ取りつつ報道している人もいる？

日野：そうそう。「ここまでは書いていいぞ。だから、この資料渡すから、こう書けよ」「わかりました」みたいなところもある。だから、本気で隠そうと思っているものを暴こうとするというのは、もう本当に格闘技の世界だと思います。

今、報道が問われているところって、そこなんじゃないかと思うんです。二〇一一年以降、報道はプロレスなのか、格闘技なのかということが問われている。「おまえら本当はプロレスだったんじゃねえの？」というのが、ある意味、メディア批判の本質の部分なんじゃないかなと。

今までもたぶん、改ざんとか日常的に霞が関でやっていたんだろうと思うんですが、その改ざんに対してメディアがどう立ち向かうのか、この行為を重大な問題だと捉えるかどうか、あの原発事故後、その辺がすごく、問われているという気がします。[25]

社会構築主義的な立場からジャーナリズムの古典的研究を行ったゲイ・タックマンは、報道内容の選択は、メディア組織の規範的姿勢への記者自身の社会化を通してなされると述べ、それによるメディアのフレームが人々の社会認識に大きな影響を与えると述べた(Tuchman 1980)。3・11から一〇年。新聞やテレビの主流メディアのあり方は、今後も注意深く検証する必要があろう。

(1)『週刊文春』二〇一一年三月三一日号。「総力検証　世界を震撼させたレベル5『原発大パニック』　御用メディアが絶対に報じない東京電力の『大罪』」、五三巻一三号(通号2619)pp. 22–26.
(2) この連載は一部加筆を経て、二冊の単行本としても出版された(上丸 2012)、(朝日新聞「原発とメディア」取材班 2013)。
(3) 単行本化された大熊の本は、大熊(1977)。
(4) ただこれについて、菅はあくまでも個人的な見解であると弁解している。
(5) 序章注(1)参照。
(6)『朝日新聞』は、一九七七年に、社内資料「原子力発電の手引」を作成し、原子力についての社論として「YES BUT」、すなわち原子力発電をエネルギーとして基本的には認めるが、条件を満たす努力を怠るならば原発推進を認めないとの方針で行くことを決め、その後の原子力への姿勢を決定づけた。
(7) 当時の代表的な成果として、堀江(1979)など。
(8) 例えば、二〇一一年六月二日の『朝日新聞』社説「原発で働く人　被曝から守らなくては」、二〇一一年三月二六日の『毎日新聞』社説「大震災二週間　原発の長期戦に覚悟を」など。

（9）片山の経歴等は、片山（2020）の著者紹介欄に記載されている。

（10）新聞三紙は、原発コストについての議論は、数は多くは無いものの取り上げている（『毎日新聞』社説（二〇一一年一二月二六日）、『東京新聞』社説（二〇一二年八月二〇日、九月四日）など）。原発のコストは、環境経済学者の大島堅一が、福島原発事故後に試算を行い、立地対策費や使用済燃料の処分費用などを含めた実際のコストは他エネルギーより安いわけではないと実証的に論じたことが（大島 2011）、原発コストの優位性の論拠が崩れたとして話題になったが、各紙はこうした議論を踏まえ、社説でも述べている。

（11）主な『朝日新聞』社説として、二〇一四年一一月二九日、二〇一五年五月四日、六月一〇日、七月三日、二〇一六年二月一四日、九月二〇日、二〇一七年八月一三日、二〇一八年八月二〇日、二〇一九年一月七日、四月四日、四月二七日ほか。

（12）何がしか内部被ばくに触れた社説として、二〇一一年三月一九日、二一日、四月一九日、六月七日、一八日、一二月二四日、二〇一三年三月八日の社説など。県民健康管理調査に触れたものとして二〇一三年三月八日の社説など。

（13）ＴＢＳ報道の魂は、二〇一七年四月に、「ＪＮＮドキュメンタリー　ザ・フォーカス」に番組名を変更したが、本書はいずれも考察対象とする。

（14）その他、ＮＮＮドキュメント『除染廃棄物は何処へ　中間貯蔵施設に揺れる福島』（二〇一四年三月三〇日放送、制作：福島中央テレビ）は、福島の事故後、除染で出た汚染廃棄物の保管場所の問題を取り上げ、受け皿として犠牲になる地域の存在を問題化していた。

（15）その他、例えば、ＴＢＳ報道の魂の『検証・伊方原発　問い直される活断層』（二〇一二年五月七日放送、制作：ＩＴＶあいテレビ）も活断層の問題を取り上げていた。

（16）二回目以降の番組は以下の通り。二〇一一年六月五日放送『続報　ネットワークでつくる放射能汚染地図』、二〇一一年八月二八日放送『ネットワークでつくる放射能汚染地図3　子どもたちを被ばくから守るために』、二〇一一年一一月二七日放送『ネットワークでつくる放射能汚染地図4　海のホットスポットを追う』、二〇一二年三月一一日放送『ネットワークでつくる放射能汚染地図5　埋もれた初期被ばくを追え』、二〇一二年六月一〇日放送『ネットワークでつくる放射能汚染地図6　川で何がおきているのか』。なお、『ネットワークでつくる放射能汚染地図〜福島原発事故から2か月〜』は文化庁芸術祭大賞をはじめとする各種の賞を受賞した。

(17)　この種のNHK組織内部の緊張関係、対立関係は内幕本、ルポの類で多少触れられることはあっても、アカデミックな議論の俎上に載せられる機会は少なく、先行研究等があるわけではない。また、容易に検証できるわけでもない。その上で、一九八九年から二〇〇四年までの一五年間、報道局ディレクターとしてNHKに勤務した筆者の経験では、こうした緊張関係、一種の対立関係をしばしば感じとっていたとともに、それを聞かれて明確に否定するNHK職員は、ほとんどいないのではないかと思われる。

(18)　代表的な大型番組の例として、一九八一年七月一〇日放送の『NHK特集　原子力・秘められた巨大技術』など。

(19)　「NNNドキュメント」は日曜深夜(月曜)〇時五五分からの放送、TBS「報道の魂」は日曜深夜(月曜)一時二〇分からの放送、ANN「テレメンタリー」は日曜早朝四時三〇分からの放送。

(20)　主な例として、NNNドキュメント『それでも作り続ける〜福島〝原発避難区域〟のコメ作り〜』(二〇一五年六月七日放送、制作：福島中央テレビ)、TBSザ・フォーカス『原発避難家族8年目の挑戦〜愛媛・福島1000キロ　二重農業生活〜』(二〇一八年一一月四日放送)ほか。

(21)　いずれも二〇二〇年一〇月時点の数字。TBS報道の魂は、番組名変更後の「ザ・フォーカス」も合わせて算出した。なおNHKについては、特別番組枠や番組編成が変則的なため、各年変化を数量的に析出するのは困難である。

(22)　『朝日新聞』、『毎日新聞』、『東京新聞』、それぞれの新聞社のデータベース上で、「社説　原発　福島」の三つをキーワードにして検索した。

(23)　『東京新聞』二〇一一年七月二三日、七月二八日、八月四日、九月一七日、一一月二〇日ほか。

(24)　担当ディレクターであった岡原武自身は、後年、「これは中国電力から直接介入されたというよりも、きつい言い方をすると会社の『自己規制』だったのかも知れません」と述べている(七沢・田原・小出 2008: 98)。

(25)『週プレ NEWS』https://wpb.shueisha.co.jp/news/society/2018/12/15/107764/ アクセス日:二〇二〇年七月七日。

第2章

懐疑と抵抗
――科学者とフリージャーナリスト――

福島第一原発がある双葉町の入り口看板
事故後，町全体が帰還困難区域となった
2015 年 2 月 17 日撮影．提供：時事

3・11以前から日本の反原発の議論を先導してきたのは、新聞やテレビなどのマスメディアではなく、一部の科学者と、ルポライター、ノンフィクション作家などのフリージャーナリストらであった。長谷川公一が言うように、アカデミックな世界の人々で3・11以前に反原発運動にコミットしたのは、一部の「在野の研究者や大学からドロップアウトした研究者」(長谷川 2011: 186)におおよそ限られていた。ジャーナリズムの世界でも、新聞やテレビの主流メディアでなく、一部のフリージャーナリストによって反原発の言論は担われていた。

主流メディアと科学者は異なる「界」に位置するが、「在野の研究者や大学からドロップアウトした研究者」も、学界の主流科学者と同じ「界」の中にあるとは言えない。また、同じジャーナリズムではあっても、新聞社やテレビ局の主流メディア「界」の組織に属するジャーナリストと異なり、フリージャーナリストは、いわば個人営業で記事や書物を執筆し、しばしば市民運動にコミットするため、彼らはフリーランス・ジャーナリズム「界」とでもいうべき独自の立ち位置にいる。3・11以前も以降も日本の反原発の中核を形成してきたのは、こうした独自の「界」域の人々である。

本章は、代表的な科学者である武谷三男・高木仁三郎・小出裕章、フリージャーナリストの広瀬隆・鎌田慧・田原総一朗の六人、およびネット・ジャーナリズムの活動を取り上げる。

1　専門科学知と社会科学知の交錯——科学者

(1)　原発推進派からの転換——武谷三男

「原子力の平和利用」の理論的支柱

最初に取り上げる武谷三男(一九一一―二〇〇〇)は、日本の「原子力の平和利用」の理論的支柱の一人であったとともに、その後、いちはやく原発に懐疑を示す思想と立場へと転換を行った大物科学者である。

武谷は一九三四年に京都帝国大学理学部物理学科を卒業後、湯川秀樹らの共同研究者として中間子論の研究を進め、戦時下には理化学研究所で原子爆弾の開発に関わった。戦後は立教大学教授をつとめ、素粒子の分野の研究で知られるようになり、ノーベル物理学賞を受賞した湯川、朝永振一郎《ともながしんいちろう》とともに世界的にも認められる物理学者として活躍した。また、鶴見俊輔、丸山眞男らと雑誌『思想の科学』を一九四六年に創刊し、思想の科学研究会メンバーとして技術論に関する多数の論文を発表するとともに、原子力問題について積極的な発言と著述活動を繰り広げた。

武谷の思想的基盤は、量子力学などの専門的科学技術論とマルクス主義、社会主義理論を独自に混淆したものであった。武谷が日本における「原子力の平和利用」の論理を構築し、指導的役割を果したのも、そうした独自の混淆思想が背後にある。武谷の原子力観は、政治も含め「決定的ともいえる影響力を持った」(加藤 2013: 157)とともに、その言論は公害反対運動にも影響を与えた。科学者である武谷とマルクス主義の深い関係は、武谷が「原子力とマルキシズム」[1]と題する、他で見られないテーマの論文を、終戦から三年後に書いていたことからも明らかである。この論文の冒頭で、武谷は、「原子力の発見は、マルキシズムの否定をもたらすのではなく、むしろマルキシズムの自覚と責任を促すもの」だと述べる。

レーニンの「共産主義とはソビエト権力に全国的電化を加えたもの」という、よく知られるテーゼによるソ連の国家電化計画も、マルクスの定式に基づいたものだったが、武谷の原子力観も同様なものであった。武谷は、終戦直後、合法化された日本共産党の科学技術テーゼの作成に関わり、その思想は日本共産党にも採用されたため、絶大な影響力を持つこととなった。戦後、日本共産党が長らく原発推進の立場であったのは、レーニンの国家電化計画に加えて、戦後初期の武谷のようなマルクス主義科学者の言説の影響力ゆえであった。

だが、社会主義国でない日本で、しかも広島、長崎で原爆を投下されたばかりの終戦直後の日本で、なぜ、どのようなロジックで武谷は「原子力の平和利用」を唱えたのだろうか。反戦思想を強く抱いていた武谷の出発点は、いわゆる被ばく者の論理としての平和利用の提唱であった。雑誌『改造』(一九五二年一一月号)で、武谷は以下のように述べている。

日本人は、原子爆弾を自らの身にうけた世界唯一の被害者であるから、少なくとも原子力に関する限り、最も強力な発言の資格がある。原爆で殺された人々の霊のためにも、日本人の手で原子力の研究を進め、しかも、人を殺す原子力研究は一切日本人の手では絶対に行なわない。そして平和的な原子力の研究は日本人は最もこれを行なう権利をもっており、そのためには諸外国はあらゆる援助をなすべき義務がある。
（武谷 1952[1968c]: 154）

ここには、その後の日本における原子力の政治言説、政策の基底となる、「原子力の軍事利用」から「平和利用」への転換の原型ともいえる言葉が凝縮した形で現れているのをみることが出来よう。ただし、武谷は同時に、「原子力の平和利用」にあたっては、「自主・民主・公開」の三原則が不可欠だと述べている。この武谷の精神は、一九五五年一二月に制定された原子力基本法の第二条で、原子力の研究、開発、利用は「平和の目的に限り、安全の確保を旨として、民主的な運営の下に、自主的にこれを行うものとし、その成果を公開し、進んで国際協力に資するものとする」との記述で反映されている。

原子力への懐疑

「原子力の平和利用」の理論的牽引者であった武谷が原子力への懐疑を示すようになる契機は、一九五四年の第五福竜丸事件であった。事件直後に武谷は、「『死の灰』は何を教えたか――このままでは世界の終わりが来る」と題した論文を雑誌『改造』で発表した(2)。この中で武谷は、アメリカの実験がアメリカの科学者すら予想しなかった爆発力と被害を及ぼしており、水爆が広島型原爆の数千倍の破壊力があることを問題化する。そして、放射能を浴びた人間への治療法は従来の医学の力では考えがたいことに憂慮を示し(武谷 1954[1968b]: 257)、第五福竜丸の無線長の久保山愛吉が死亡した際には、「放射能症を克服するための医学が先行することでなければ原子力時代は開かれない。開くべきではない」(『読売新聞』一九五四年九月二四日(夕刊))と述べ、放射能リスクの視点から原子力へのクリティカルな見解を表明した。

また武谷は、アメリカの軍拡路線、日本の対米従属姿勢のありようにも危惧を示すようになる。在日米軍が発足し、東京の府中空軍施設に司令部が設置された翌年の一九五八年には、「一方で原子力平和利用の進行というようなことが宣伝されているときに、他方においては着々と原水爆の基地ができている。(中略)そういうことからいっても、平和的利用というものを、無条件に安心して考えることができないことは明らかである」(武谷・星野 1958[1968]: 417)と述べている。

さらに日本では、一九五五年の原子力基本法制定で平和利用の三原則が盛り込まれたものの、武谷が思い描いたように、科学者の思想、技術者の役割が重視されることもなく、原子力開発が政官財主導で進められていくことへの不満もあった。武谷は、「実質的には原子力と何の関係もない多くの便乗者が、完全に日本の原子力の主導権を握ってしまうということになった」(武谷・星野 1958[1968]: 424)と慨嘆した。加えて、武谷が期待したソ連の社会主義国としての技術形態への幻滅も重なっていく(3)。

こうして武谷は、次第に原子力へのクリティカルな姿勢を強めることになるが、ここで注目すべきは、武谷が、前述の様々な事情に加え、エネルギー資源、放射能リスク、原子力の世界管理などの相関的な視野に立って、議論を展開したことである。武谷は、水力発電の開発の今後の見通し、石炭資源のコストや枯渇の今後の見通し、原子力の世界管理への期待とその見通し、そして放射能の果てしないリスクなど、多様な議題を俎上に載せた。それらを突き合わせて総合的に鑑みるならば、原子力の世界的管理の見通しが立つまでは、「原子力そのものは手をつけない方がよろしいのである」(武谷 1955[1968a]: 235)と考えるのである。

だが、武谷が期待するような原子力の世界的管理は実現せず、また、冷戦下で米ソ間の軍拡競争は拡大していく。国内では、武谷ら科学者の意見を離れて、政財界主導で原発の立地が進められていく。こうしたことを背景に武谷は、一九七〇年代には、「平和利用も不用意にやられたとしたら、やはり、じわじわと人類を滅亡に導くであろう」(武谷編 1976: 2-3)と述べるに至り、明確に反原子力、反原発へと立場を変化させた。そして、一九七五年には、高木仁三郎と民間シンクタンクの原子力資料情報室を立ち上げて代表に就任した。

専門科学知と社会科学知の交錯

重要なことは、武谷の原発推進の思想、および反原発に転換せしめる思想過程のいずれもが、専門科学知と社会科学知の相関的な視点に根差していたことである。原発推進に際してはマルクス主義理論との相関があったが、反原発に際しては現代のリスク社会論に通じる視点との相関を認めることが出来る。武谷は、原子力の「許容量」という概念を用いてそれを根本から考え直すことで原子力の危険性を訴えた。

武谷によれば、原子力の許容量とは、「それ以下で無害な量というのではなくて、その個人の健康にとって、それを受けない場合もっと悪いことになるときに、止むをえず受けることを認める量であり、人権にもとづく社会的概念である」(武谷編 1976: 15)。武谷が中心となった原子力安全問題研究会は、放射線被害による障害の程度を正確に推定することが不可能ならば、それ以下は無害と言える「しきい値」が無いことになるとして、以下のように述べている。

そうすると、有害、無害の境界線としての許容量の意味はなくなり、放射線はできるだけうけないようにするのが原則となる。そしてやむをえない理由がある時だけ、放射線の照射をがまんするということになる。どの程度の放射線量の被曝まで許すかは、その放射線をうけることが当人にどれくらい必要不可欠かできめる他にない。こうして、許容量とは安全を保障する自然科学的な概念ではなく、有意義さと有害さを比較して決まる社会科学的な概念であって、むしろ「がまん量」とでも呼ぶべきものである。(武谷編 1976: 71)

このような武谷の立場は、議論対象を放射線量に絞り、その危険性をまずは専門領域の研究者の専門知識から吟味し、その上でその危険度と、個人の原子力の必要度＝ニーズの両方を相対的に考慮する「社会科学的概念」としての「許容量」「がまん量」を推し量るものである。原発のポジティブな側面とネガティブな側面を相対的に評価する武谷の「許容量」の考え方は、その後、世界的に認められ、国際放射線防護委員会(ＩＣＲＰ)の国際勧告でも放射線防護体系という形で反映された(武谷編 1976: 71)。

また、注目されるのは、武谷の考えが、当事者である人間の立ち位置＝「だれ」の差異も考慮したメタ政治的正義的な視座にもとづいていたことである。

現実の日本の社会は、地域的な、あるいは階級的ないくつかのグループに分れていて、リスクをうける人々とベネフィットを手にする人々とが別々である場合が少くない。私達が当面している原子力発電と放射線障害の場合もまさにそうである。（中略）原子力発電所の多くは過疎の地帯に建てられているが、地元の人々は放射線の被害だけが地元に残され、ベネフィットにあたるつくられた電力はすべて送電線で大都市に運び去られることを感じとり、抗議をしている。そんなに電力がほしいのならば、どうして大都市のまん中に原発をたてないのか、と彼らは問うている。（武谷編 1976: 83–84）

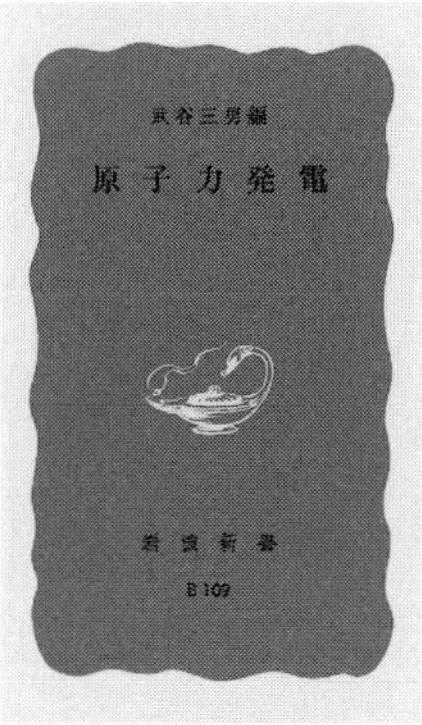

武谷は、原発立地の過疎地と大都市の不均衡、それら両方の地域の人々の立ち位置の差異と、リスクとベネフィットの不平等を問題化するが、これが書かれた一九七〇年代半ば、武谷のような議論は主流メディアでは皆無に近かった。「そんなに電力がほしいのならば、どうして大都市のまん中に原発をたてないのか」という問題提起は一九八一年刊の、広瀬隆著『東京に原発を！』を先取りするものとしても注目されるものである。

そもそも武谷には、「原子力の平和利用」を唱えた戦後の出発点においても、様々な要素を相互連関的にみる視点が既に存在したことは忘れてはならないだろう。武谷の「原子力の平和利用」も、あくまでも「自主・民主・公開」の三原則の条件付きのものであった。

武谷が反原発へと立場を変えたのは、(位相が異なるものも含まれるが)この「自主・民主・公開」の三原則を日本が遵守しないことが主理由であり、武谷の反原発は、それへの異議申し立てとも言える。実際、武谷は、「日本の原子力行政を最も毒しているのは、原子力基本法に盛り込まれた三原則の存在にかかわらず、『公開』の原則を無視した極端な秘密主義」(武谷編 1976: 201)だと述べている。また、『民主』の原則も著しくふみにじってきた。政府や業界に都合のよい科学者、技術者だけが委員会などに採用され、かれらの見通しは常に間違ってきた。正しい見通しをもってこれまでのやり方を批判してきた人々は外された」(武谷編 1976: 202)とも述べている。

武谷の反原発論については、「原子力の平和利用」との原理的決別、理論的自己批判には至っていないとの批判的な見方も一部にある(加藤 2013: 206)。しかしながら、包摂性の民主主義、メタ政治的正義の視点を補助線として「反原発」の言説を考える本書の視点からは、異なる見方が導き出される。武谷の「原子力の平和利用」の原理と理論は理論物理学者の専門知とマルクス主義理論の混淆であり、その後、日本の原子力開発を実際に目撃しながら、原発への懐疑を深めていったのも、やはり、そうした専門科学知と社会科学知、および政治社会動向などとの相関による複眼的な思考過程を通してであった。その思想変容の中では、時代ごとの多様な論点と複雑な現実が汲み取られ、当時では(今でもそうだが)希なる包摂的な議論が展開された。武谷の軌跡には、そうしたリアリズムゆえの深みと重みがある。

(2)　市民科学者の立ち位置——高木仁三郎

大学を辞した科学者

次に取り上げる高木仁三郎(一九三八―二〇〇〇)は市民科学者の立場から、旺盛な反原発活動を展開したことで広く知られている。長谷川公一が言うように、「在野の研究者や大学からドロップアウトした研究者」によって日本の反原発が担われてきたとすれば、高木は文字通りその代表的人物である。

一九三八年に生まれた高木は東京大学理学部化学科を卒業後、日本原子力事業、東京大学原子核研究所を経て、東京都立大学の教員生活を送ったのち職を辞す。そして一九七五年に、民間シンクタンクの原子力資料情報室の設立に、前述した武谷とともに参加し、のちに代表となった。高木は、専門的見地から原子力の危険性を警告し続け、その活動は二〇〇〇年にガンで亡くなる直前まで続いた。高木は、世界各国の科学者や市民との国際的な連携なども積極的に行うなどの旺盛な活動を展開したため、一九九七年には「第二のノーベル賞」と言われることもあるライト・ライブリフッド賞を受賞している。

高木が亡くなった時、『朝日新聞』は、「原子力論争の片方にはいつもこの人の名があった。高木さんの死は今後の政策論争、反対運動の変化さえ予想させる。それほど大きな存在だった」(『朝日新聞』二〇〇〇年一〇月九日)と記したように、日本の反原発の言説史を考えるうえで、高木は重要な存在である。

高木の基本的な視座は、自らが述べるように、大学や公的研究機関に属さない市民科学者の立ち位置からのものである。市民科学者は欧米ではさほど珍しくないが、高木が都立大の職を辞して、原子力資料情報室を創設した一九七〇年代半ば頃の日本には、他にほとんどそういう人材は見当たらなかった。高木は、特にチェルノブイリ事故以前はメディアや裁判所などで「虫ケラ同然の扱い、ないしは、原発反対でメシを食っている政治ゴロ的な扱い」をしばしば受け、「人格をトータルに否定されたような感じで、ずい分プライドを傷つけられた」と述べている（高木 1999: 209–210）。

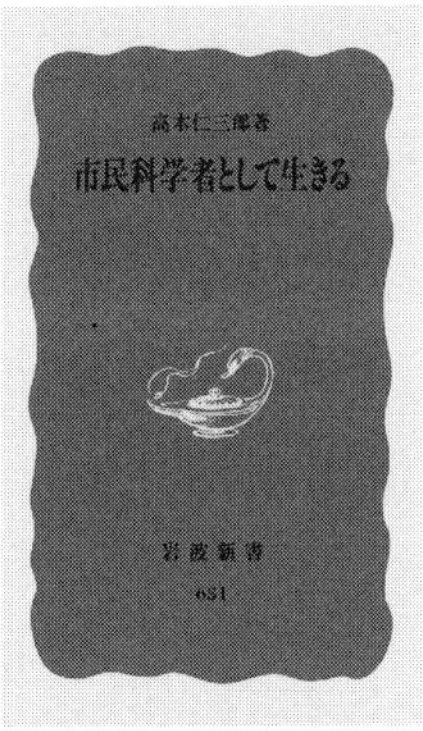

だが、高木ははじめから反原発の市民科学者の道を選んだわけではなく、そうなるまでには紆余曲折があった。高木は、日本原子力事業、東大原子核研究所、東京都立大学などでの研究生活で論文を量産していく中で、研究者が「研究が研究を呼ぶ世界にはまりこみ、何のための科学か、とか、今ほんとうに人々に求められているのは何か、ということへの省察からどんどん離れてしまう」（高木 1999: 103）ことに懐疑を深めるようになる。

そして一九七〇年前後の高木に、二つのものが多大な影響を与えた。一つは、成田空港建設に反対する地元農民の、いわゆる三里塚闘争であった。もう一つは詩人で作家の宮沢賢治の書物との出会いである。「職業芸術家は一度亡びねばならぬ」と考え、教師の職を辞して農民の中に飛び込んでいった宮沢賢治の思想の影響から、高木は、あるべき科学のために「職業科学者は一度亡びねばならぬ」

と考え、「大学を出よう」(高木 1999: 123–124)と決意する。

高木は、一九七二年から一年間のドイツのマックス・プランク核物理研究所での研究を経た後、都立大を辞す。

原子力資料情報室の設立

その後高木は、雑誌への寄稿、翻訳などで生計を立て、一九七四年末頃から、東京での反原発の市民運動の集会に顔を出すようになった。当時は、原発立地予定地の住民運動が各地で盛り上がり始めた時期であった。一九七五年八月に、京都で日本初の「反原発」全国集会が開かれると、それに呼応して、武谷三男らの間で、共通の資料室的な場を持とうとする動きが起こり、それがこの年九月の、民間シンクタンク・原子力資料情報室の設立につながる。

武谷を代表とし、高木が専従としてこの組織の活動はスタートしたが、武谷の辞任後は、高木が代表となった。チェルノブイリ原発事故後は数々の議論の発信に加え、一九八八年四月二四日の日比谷公園での「原発とめよう一万人運動」の組織化、また、市民から要請があるたびに原発についての「出前講義」を行う市民講座の実施などで、高木は日本の反原発のリーダー的存在となっていった。

高木の反原発は、市民のためのあるべき科学とは何かを推し進める市民科学者の立ち位置、すなわち科学的知識の専門家として、それをいかに非専門家である一般市民に役立つものとするかの追究とそのための運動と位置付けることが出来る。それには、会社＝日本原子力事業、大学＝東大、都立大での「経験」とそれへの内省が基調にあった。そのため高木の議論は、専門的科学知に加えて、「組織」の「経験」をもとに、原子力を推進する側の「自己検証」のありようを問いただし、その「責任」と「自覚」を具体的に喚起する点に特徴がある。高木は、若い頃に勤務した日本原子力事業で痛感した現場の状況は、「議論なし、批判なし、思想なし」(高木 2000: 25)だとし、「自己点検のなさ自体が、原子力産業の固有の問題点である」(高木 2000: 23)と述べている。

道具的理性批判との親和性

高木の議論のもう一つの軸は、科学技術の肥大、制御不可能性への強い危機感である。高木は、技術の困難は、「技術上の進歩・改良といったことによっては解消されず、むしろ、技術が発展し、強化され、高速化され、巨大化されればされるほど、一層顕在化してきた」(佐高・中里編 2012: 76)と述べる。そのため、「人間が生き、生活し、社会を構成していく原理と、同じ人間が産み出したものではあっても、技術が動作し、発展する原理との間には、何かしら根本的な対立ないし少なくとも緊張がある」(佐高・中里編 2012: 76)と問題化する。

こうした高木の思想は、フランクフルト学派による道具的理性批判の思想に相通じる。実際、高木は、「私がもっとも直接的に影響を受けたのは、ホルクハイマーとハバーマス」だと述べ、ホルクハイマー『道具的理性批判』(イザラ書房)、ハバーマス『イデオロギーとしての技術と学問』(紀伊國屋書店)、『認識と関心』(未来社)などの書物を挙げながら、「時代はいっそう『道具を用いた理性』の方向に傾いてきた」(高木 1991: 120–121)と述べている。こうしたことから、高木の思想の背後には、人間が容易に扱いえない科学技術の肥大と制御不可能性を招いてきた、科学的認識による自然の支配を基調とする啓蒙思想的な道具的知性への批判というメタテーマが横たわっていると言えよう。ホルクハイマー『道具的理性批判』、ハバーマス『イデオロギーとしての技術と学問』の邦訳がともに一九七〇年に出版されたこと、高木が一九七二年から一年間のドイツでの研究の後、都立大を辞してキャリアを旋回させたことを考え合わせると、（前述した三里塚闘争と宮沢賢治とともに）一九七〇年前後の時代状況とともにドイツの先端的社会思想と留学経験がその後の高木の方向性を決定づけたことが窺われる。

高木の包摂性

高木の議論は射程範囲が広く、二一世紀現代の視点から眺めてみても、包摂性、メタ政治的正義的視点が随所に感じられる。そのことは、高木が国家や社会の中に原発問題があるのでなく、「原発問題の中にすべてがある」と考えることからも明らかで、核兵器の問題にもしばしば触れている。

原発は、言うまでもなく技術的には核兵器と切っても切れない関係にある。核兵器保有をめざす大国が、経済的にはまったく見通しのない状況で、潜在的な危険性も大きいこの産業へと国家主導的に大量投資をして取り組んだのは、もちろん、核兵器開発に乗り遅れたくないという思惑があったからである。（中略）

そのことにも関連するのだが、原子力のような中央集権型の巨大技術を国家や大企業がひとたび保有するならば、核兵器の保有とは別に、それ自体がエネルギー市場やエネルギー供給管理の

うえで、大きな支配力、従って権力を保障する。（高木 1999: 216–217）

こうしたことから、原発との関連で核拡散防止の問題にもたびたび高木は懸念を示した。日本のプルサーマル計画において、プルトニウムの大量備蓄が核兵器に転用されうること、核テロリズムの脅威の懸念があることなどを早くから訴えた（高木 1998）。一九九九年のＪＣＯの臨界事故の際には、事故の最終報告書には核拡散防止の視点が全く欠落しているとして厳しく批判している（高木 2000）。

さらに高木は、原発と核の問題を差別と不平等の問題と関連付けてたびたび論じた。高木は、原発労働者の階層構造を指摘し、電力会社の正社員でない下請け・臨時労働者の数が圧倒的に多く、被ばく線量も大きいことを問題視した（高木 1996）。また、高木は、マーシャル諸島、クリスマス諸島、アルジェリア他を例に挙げ、核実験がほとんど核保有国の本土以外、もしくはその辺境地域で行われ、先住民や少数民族に被害が集中していることを問題視している。湾岸戦争の際は、この戦争と広島、長崎の原爆投下は、ともに先端兵器を利用する実験的性格があり、加えて湾岸戦争の場合はアラブ世界への人種的偏見が背後にあることなどを非難した（高木 1991: 112–114）。

気候変動や地球温暖化の問題についても、高木はエコロジーへの関心から、ジェームズ・ラブロックのガイア理論などを参照しながら、自然との共生の重要性を強調する議論をしばしば展開した（高木 1989）。高木は、地球温暖化との関連で原発をクリーンエネルギーとして捉える考えも否定していた。そのため例えば、一九九七年一二月には京都議定書が採択されたが、自らが代表を務める原子力資料情報室などが、「原子力は温暖化問題を解決しない」と題した国際市民会議を京都で開催してい

る（『朝日新聞』一九九七年八月二七日）。

一九九五年一月の阪神淡路大震災後、高木は、地震が伴う原発事故への真剣な対策がみられないとして、行政を厳しく批判したのに加えて、「老朽化原発」として、東海、敦賀第一、美浜第一とともに福島第一原発の耐震リスクをあげ、これらの廃炉を議論すべきだと主張した。そして、福島県浜通りなどに大地震が直撃したら、その対処は「想像を絶する」と警鐘を鳴らしていた（高木 1995: 821）ことも注目される。

高木は二〇〇〇年に世を去るが、福島の事故の翌日には、高木が設立した原子力資料情報室が、三人の専門家による独自の記者会見を行い、その会見はただちにインターネットにアップされることとなった。会見は、テレビや新聞報道の楽観的な観測を批判するとともに、メルトダウンがほぼ確実に起こっていること、格納容器の破損が十分に予測できることをいち早く語った。また、放射性物質の飛散状況をシミュレートするシステムが存在することを指摘し、そのデータの開示を求めたこと、さらには避難指示の基準の根拠を示すなど、事故翌日の早い時点で、きわめて重要な役割を果たした（伊藤守 2012: 205）。

（3）孤高と峻厳——小出裕章

反原発の原子力研究者

次に取り上げる小出裕章（一九四九—　）は、武谷、高木と同じく科学者であり、二人とは共通点が数多くみられるが、一方でいずれともいささか異なる。小出は、市民科学者の高木と異なり、国立大学研究所に属する原子力研究者でありながら反原発を唱える「反原発の原子力研究者」という、高木とは別の意味で特異な立ち位置にあった。

武谷、高木は福島の事故時には既に他界していたこともあり、小出は3・11後、最も活発に反原発を唱えた専門的科学者として広く知られていよう。だが、その思想と言動を辿るならば、日本の反原発史の上で、小出はかなり独特の存在と言える。一九七〇年代から反原発を唱えながらも、高木やこの後論じる広瀬隆とはちがい、3・11以前はその名は広く知られていなかったこともその独自の思想と無縁でない。結論を先取りするならば、小出の思想は孤高で峻厳なもの、人を容易に寄せつけないものである。一方でそうした厳格さゆえに、包摂性、メタ政治的正義の視点から位置づけておくことは少なからぬ重要性がある。

小出は東北大学大学院工学部原子核工学科で学んだが、その頃、電力会社が都会でなく過疎地に原発を立地するのは、原発が危険を内包するからではないかとの疑念を抱く。そして「私が夢をかけた原子力というのは、私が願っているものとは正反対のもの」と考えるようになり、宮城県の女川原発の反対運動に関わる(小出 2015: 176)。大学院修了後の一九七四年に京都大学原子炉実験所に入るが、二〇一五年に定年を迎えるまでの四〇年間、小出は「反原発の原子力研究者」であり続けた。

同原子炉実験所には、海老澤徹、小林圭二、瀬尾健、川野眞治、今中哲二ら、原発の危険性を追及する研究者が小出を含めて六人おり、同原子炉実験所が大阪府泉南郡熊取にあることから、「熊取六人組」「熊取六人衆」と呼ばれるようになった(今井 2011: 53)。彼らは研究の傍ら、四国電力の伊方原発訴訟や関西電力の日高原発建設問題などに取り組むのみならず、原告住民側の証人として法廷で証言し、被告の国をことごとく論破するなど、「鉄の結束を誇る〝原子力ムラ〟の中では全く異例なこと」(細見 2013)を行ったことで知られた。また、彼らが中心となって、一九八〇年から福島の事故後も続く、非定期の市民向け公開勉強会「原子力安全問題ゼミ」を開催し、ここでも小出はたびたび(これまで一一一回のうち二四回)講演を行った。

加害と搾取──「他者」へのまなざし

一九七九年の米スリーマイル島事故、一九八六年の旧ソ連でのチェルノブイリ事故の後、小出は活発な言論を展開していく。小出の反原発思想は、放射能の危険性を議論の中核に据えるなど、高木や武谷とは共通点も少なからず見られるものの、むしろ目を引くのは相違点、独自性かもしれない。小出は、原発の存在が孕む構造的かつ宿命的な不平等性、加害性、搾取性を正面から問うている。

　原子力に反対して活動している人たちの大きな根拠の一つに「いのちが大事」ということがある。しかし、「いのちが大事」ということだけなら、原子力を推進している人たちにしても否定しないだろう。決定的に大切なことは、「自分のいのちが大事」であると思うときには、「他者のいのちも大事」であることを心に刻んでおくことである。(中略)原子力とは徹底的に他者の搾取と抑圧の上になりたつものである。その姿に私は反対しているのである。(小出 1992[2011]: 15)

ここでの原子力をめぐる搾取と抑圧に関連する「自分」と「他者」の問題は、小出の一貫するテーマである。

注目すべきは、チェルノブイリ事故の後、欧州などの農作物の放射能汚染が危惧されたため、輸入拒否の動きが日本でも見られたが、小出はそれを真っ向から批判したことである。小出は、「私が問題にしたいのは、日本が輸入規制を厳しくしようがどうしようが、そんなこととはまったく無関係な次元におかれている国々である」(小出 1992[2011]: 120)として、日本が汚染農作物、汚染食糧の輸入を拒否すれば、原発立地国でないアフリカなどの「第三世界」などに汚染食糧が運ばれ、「原子力の恩恵を全く受けてこなかった彼ら、それ故に放射能を測ることすらできない彼ら、そして貧しく食糧にこと欠いている彼らに負わされることになる」(小出 1992[2011]: 89)ことを問題化するのである。

従属理論、構造的暴力論との関わり

「自分」=原発立地国と「他者」=原発非立地国の問題。それを「他者の搾取と抑圧」の問題として厳しく問う小出の思想は、「だれ」「なに」のメタ政治的正義的視点と地続きのものだが、それは一九七〇年代から八〇年代にかけて世界を席巻した従属理論や構造的暴力の理論と関わりが深いものとみることが出来る。

従属理論は、マルクス主義の影響を受けた国際経済学の理論で、発展途上国が低開発なのは、それらの国々を支配する先進国による搾取などが主因であり、先進国に有利な経済システムが維持される限り途上国の低開発は余儀なくされると考える。従属理論を先導したドイツの経済学者アンドレ・グンダー・フランクやエジプトの経済学者サミール・アミンらは、第三世界は先進国への従属を断ち切らねば問題は解決しないと主張した(4)。

従属理論自体は、一九八〇年代にＮＩＥＳ(新興工業経済地域)諸国が躍進したことなどから影響力が低下するが、ノルウェーの平和学者ヨハン・ガルトゥングの構造的暴力の理論などに影響を与え、貧困、抑圧、差別が直接的でなく、間接的、構造的にふりかかるものだとする思想は広く知られることとなった。小出の思想は、こうした同時代の従属理論、構造的暴力の思想との明らかな親和性がみられる。

小出は、チェルノブイリ事故後、多くの集会や講演会で、輸入した汚染食糧を日本の大人たちは食べるべきだと説き、「真実を噛みしめながら食べて欲しい」(小出 1992[2011]: 122)と訴えた。そして、こうした論理ゆえに、チェルノブイリ事故後の日本での反原発の高まりについても、「反原発運動が、運動の拡大を目的に、汚染食糧の日本国への輸入拒否に動いたことは決定的な誤り」(小出 1992[2011]: 140)だとして、小出は情け容赦なく批判の目を向けた。


最近、反原発運動は従来にはなかった拡がりを示している。(中略)私は反原発運動に分裂を持ち込みたくないし、運動の盛り上がりに水をさすようなこともしたくない。しかし、反原発運動が自らの加害者性を不問にしたまま、自らの身を守るという地平にとどまるのであるならば、やはり私はその運動に加われない。なぜなら、そうすることは、搾取され、虐げられたものたちの根源的な連帯に反するからである。

(小出 1992[2011]: 140-141)

小出がチェルノブイリ事故後に活発な言論活動を行いながらも、後述する広瀬隆のように「ヒロセタカシ現象」を起こすでもなく、その名があまり知られることがなかったのは、こうした反原発意識の底にある「加害者性」に対する問題意識と、その「加害者性」に無自覚だと小出には思われた当時の反原発運動への厳しい批判が主な理由と思われる。

「騙された責任」を取るということ

二〇一一年三月の福島原発事故後、小出はすぐに言論活動を展開するが、原発が孕む不平等性、加害者性、搾取性を問う小出のメタ政治的正義的論理は事故後も一貫して継承されている。小出は、政府や東電を情け容赦なく批判するが、その一方で、「騙された」国民への(自己)批判も行う。「『騙されたから無罪だ』というのなら、またきっと騙されてしまいます」とし、国民には「騙された責任がある」(小出 2014: 198–199)と述べる。

また、「都市部の人たちは圧倒的な人口と経済力を背景に、これまで過疎地に危険な施設を押し付けて〝豊かな生活〟を謳歌してきたのです。被害を福島の人たちだけに押し付けてはならない」(小出 2011a: 94–95)と述べる。そのため小出は、やはりここでも汚染された食べ物を大人たちは食べなければならないと主張するのである。

どんな汚染でも生じてしまった以上は拒否してはいけない。「汚染されている事実」をごまかさずに明らかにさせたうえで、野菜でも魚でもちゃんと流通させるべきだということ。そして

「子どもと妊婦にはできるだけ安全と分かっているものを食べさせよう。汚染されたものは、放射線に対して鈍感になっている大人や高齢者が食べよう」ということです。（小出 2011a: 94）

こうした小出の思想は、前述したように、従属理論や構造的暴力の理論とも親和性が高いものである。原発が孕む不平等性、搾取性に徹底して自覚的になることで、福島の事故の問題を原発周辺だけの問題でなく、国や東電だけの責任でもなく、日本で原発エネルギーを享受するすべての人々が当事者として引き受けなければならない問題として提起するのである。

こうした小出の論理は、包摂性の民主主義、メタ相関の観点と密接な関係がある。原発の存在が孕む構造的かつ宿命的な不平等性、搾取性への問題意識は、メタ政治的正義における媒介変数、とりわけ「だれ」と「いかに」を鋭く問うことになるからである。

核と温暖化

小出の議論のメタ相関的視点はそれに限らない。小出は反原発を唱える際に、核および地球温暖化の両方についても繰り返し具体的に言及してきた数少ない存在だからである。

小出は、一九七七年の初期の論考の中で、「原子力技術は本質的に常に軍事技術になり得る」とし、原子力の利用が「〝潜在的〟危険性を意味する」ことを早くから指摘していた（小出 1977: 3）。また、nuclear という単語が、日本ではある時は「核」＝軍事利用と訳され、別の時は「原子力」＝平和利用と訳されることで、本来同じものを意味するものが巧妙に「使い分けられてきた」とたびたび批判してきた(小出 2007: 12–21)。そして、日米原子力協定を結び、日本が平和利用の名目でウラン濃縮、原子炉、再処理という核兵器を製造するための三つの技術を手に入れたため、日本が核保有国でないのに、世界で唯一の「実質的な核保有国」であるとして小出は厳しく批判する(小出 2014)。

かくして、小出は原発も核武装の潜在的可能性もともに拒絶し続けている。3・11後も小出は、日米原子力協定のみならず日米地位協定、さらに日米安保条約も破棄すべきだと主張し、「日本は米国から、本当の意味で独立していかなければいけません」(小出 2014: 216)と主張している。こうした立場は、永世非武装中立論に分類される性質のもので賛否はあろうが、小出の論理の一貫性を端的に示していよう。

気候変動、地球温暖化についても小出は持論を繰り返し述べてきた。原発は炭酸ガスを放出しないクリーンなエネルギーとして、原発推進派が原発を擁護しようとする風潮に対し、そもそも原発の稼働と維持のためには石油、石炭、その他大量の資材を必要とするとして反論している(小出 1990)。そして、「化石燃料か原子力か」ではなく、「化石燃料も原子力も使わずに済む社会に踏み出す」ため、消費構造の転換と、太陽エネルギーなど再生可能エネルギーへの転換を唱えている(小出 1990)。

3・11後の「小出裕章ブーム」

ここで注目すべきは、小出自身の基本的スタンスは不変なものの、3・11は小出の存在を大きく変えたことである。一部の人にしかその名が知られていなかった小出は広く知られるようになり、「小出裕章ブーム」を生むとともに、サインを求められるなど「まるでアイドルタレント」(今井 2011: 51)

のような存在となった。これには、3・11と商業メディアをめぐる関係性が背後にあり、3・11後の小出を考えることは、逆説的ではあるが、一種のメディア論ともなる。

3・11以前、小出の名が広く知られていなかったのは、前述したように、小出の論理が、消費者意識と親和的な反原発運動のありようを拒絶していたことに加え、小出の言論活動の場が主に専門雑誌(『技術と人間』『公害研究』など)で、専門知識に根差した論文、論考の形式で、やや難解な内容だったことが一因と考えられる。そんな小出が3・11後に「まるでアイドルタレント」のような存在になったのは、福島原発事故という巨大なカタストロフィが、先覚者としての小出にメディアのスポットライトを浴びせることになり、商業メディア露出の頻度や講演の機会が著しく増えたためである。

事故後、二〇一一年三月からその年の年末にかけての各地の講演回数は一一〇回を数え、共著も含めて一六冊もの書籍が各社から刊行された(今井 2011: 51)。事故の二〇年近く前に刊行された書籍(『放射能汚染の現実を超えて』(一九九二年初版))は二〇〇〇部に過ぎない部数だったが、事故後に刊行された『原発のウソ』(2011)は二十数万部、『原発はいらない』(2011)は十数万部も売れた(浅野 2012: 34)。

論調もそれまでの学術誌向けのものと違い、(出版社側の狙いもあると思われるが)一般読者を想定した分かりやすいものとなっている。

二〇一一年の暮れには、週刊誌『AERA』の特集記事「現代の肖像」にも登場した。この記事は、「決定的事故が起こるまで動かなかったこの国に、万年助手の研究者はいまなにを思うのだろうか」と冒頭で問いかけている。小出は反原発の活動のため教授などに昇進することなく、長らく大学助教というポストのままであった。(5) だが、福島の事故後のマスメディアは、それまで無視してきた異端の「反原発の原発研究者」に商品価値を認めてスポットライトをあて、先見の明ある孤高の英雄との触れ込みでフォーカスするようになったのである。

ラジオ番組『たね蒔きジャーナル』

こうして3・11後に、小出は各地で引っ張りだこになり、メディア取材も「桁違いに」(小出・今西 2013: 2)増えた。だが、以下に述べる一連の騒動は、原発と主流メディアの関係が3・11後も基本的には不変であることを象徴的に物語っている。小出は、在阪ラジオ局・MBS毎日放送の『たね蒔きジャーナル』という番組に、福島の事故直後の三月一四日からレギュラー出演し続けた。『たね蒔きジャーナル』は小出の解説などによって原発の問題を熱心に取り上げることで注目され、リスナーから高い支持を得た番組だった。

しかしながら、二〇一二年九月に番組が終了してしまう。終了間際には、リスナーらが存続を求めて寄付金を募る運動を展開した。この騒動は新聞などメディアにも取り上げられ、小出本人も「報道の本来の仕事を守ってきた番組がつぶされたことを残念に思う」(『朝日新聞』二〇一二年九月二〇日)とコメントしている。番組終了後、この番組のゲスト出演者であったジャーナリストやリスナーが番組の精神を引き継ぐことを考え、寄付金をもとに市民団体、さらには社団法人を結成し、関西のコミュニティ放送局を中心に一時間の番組『ラジオフォーラム』を二〇一三年一月から毎週放送している。

この番組でも小出は、「小出裕章ジャーナル」というコーナーで担当パーソナリティーとして三年間にわたって電話出演を続けた。

小出「日本のマスメディアは腐っている」

3・11以前と以降のメディアの態度の急変とその内実。小出は、自らメディアのスポットライトを浴びて被写体となりながら、メディアのありようを冷徹に見つめ続けたに違いない。そのためか小出は、主流メディアの姿勢に対して厳しい批判を行っている。小出は、「これまでマスコミは国や原子力産業とグルになって原子力推進の旗をずっと振ってきました。私は昔からそういう報道を信じていませんでした。マスコミは本当にでたらめだとずっと思ってきたし、〔3・11後の〕今もそう思っています」（小出 2012: 95–96）と述べている。

注目すべきは、原発に懐疑的な姿勢を示す一部の主流メディアに対しても小出が批判の目を向けることである。例えば、3・11後に脱原発へと社論を転回させた『朝日新聞』すら、「私から見ると、朝日はいまだに原子力推進だし、あたかも社会の常識を体現しているというポーズを続けているだけ」（小出 2012: 97）として批判対象となる。小出は、「日本のマスメディアは腐っていると思います。（中略）期待することはできません」（小出 2012: 101）と一蹴する。

後述するように、広瀬隆、鎌田慧、田原総一朗らのフリージャーナリストも何がしか主流メディアとの激しい敵対関係や主流メディアへの厳しい批判が顕著にみられる。これらは、日本の原発問題を考えることは、日本のメディアの問題を考えることと表裏一体であることを示唆するため、引き続き視野に入れてみていきたい。

「反原発の科学者『界』」というサブ「界」――武谷・高木・小出

本節で取り上げた武谷三男、高木仁三郎、小出裕章の三人は世代、議題フレーム、力点など、いずれも一様ではない。とはいえ、ここで重要なことは、彼ら三人が科学者でありながら、いわゆる科学者の専門知の枠組みから原発に異を唱えるわけではないことである。

古くはマックス・ウェーバーが『職業としての学問』の中で、学問の専門分化とその専門への専念が不可避であることを説き(Weber 1919＝1936)、ロバート・K・マートンが「科学者共同体(scientific-community)」の規範的構造(普遍主義、公有性、利害の超越、系統的な懐疑主義)を説いたように(Merton 1973)、近代科学知に携わる科学者は、固有の規範やディシプリンにもとづき、知的生産活動を行う。また、藤垣裕子は、「ジャーナル共同体」概念を提唱し、科学者集団は、専門誌の編集、投稿、査読に支えられた閉じたコミュニティで仕事に従事し、その繰り返しによって「専門分野はタコツボ化される。専門内での問題意識は『洗練』され、その流儀にあっていないものははじかれる」(藤垣 2003: 23)と述べる。

重要なことは、日本の反原発史を代表する三人の科学者は、そうした科学者集団の規範やディシプリンの枠組みから原発に異を唱えるわけではないことである。この点は見逃されるべきでない。しばしば反原発派の人々は、原発推進や容認の立場の科学者を「原子力ムラ」の一部、もしくは「御用学者」として批判してきた。そうした言葉の裏には、専門科学者は、当然、その専門知ゆえ原発の危険性を熟知しているはずで、彼らが原発に異を唱えないのは不誠実、無関心、利害関係ゆえ、もしくは政治に取り込まれているがためとの認識が少なからずあり、実際、そうした批判の言葉は無数に存在しよう。

ただ、こうした定型的な認識は、(個々のケースによって該当することはあろうが)いくぶんの危険性を孕むと思われるのである。なぜならば、もしそうだとすれば、それとは逆に、原発に異を唱える科学者はその専門知に誠実であるゆえ原発の危険性を素直に認め、利害に拠らず声をあげる人物ということになろう。だがこれでは不正確である。こうした二項対立の構図の中に科学者たちが布置しているわけではない。

そうではなく、武谷、高木、小出らは、むろん科学的専門知を基盤としつつも、その科学的専門知で直面した原子力への問題意識と危機感を、社会政治的現実と相関的に検討するために、それぞれが生きた同時代の最先端の社会科学知やそれぞれにとっての非専門知との複雑な知的格闘を行うのである。

武谷の場合、マルクス主義から出発し、後にそれへの懐疑と解体をしつつ、リスク社会論が台頭する以前の一九五〇年代、六〇年代に社会科学との接点を模索し、「許容量」「がまん量」などの相関リスク概念を提出した。高木の場合、フランクフルト学派のホルクハイマー、ハバーマスらの道具的理性批判、ラブロックらのガイア理論、三里塚闘争など一九六〇年代、七〇年代前後の思想と社会運動、および宮沢賢治の思想との密なる交錯がみられた。小出の場合、従属理論を先導したアミン、フランクらの第三世界論や構造的暴力論など一九七〇年代、八〇年代前後の思想の明確な影響がみられた。

そして小出はチェルノブイリ事故後に、輸入した汚染食糧を日本人の大人は食べよと唱え、福島の事故後も、国民は「騙された責任がある」として、妊婦と子供以外は汚染食糧を食べよと唱えた。「科学者共同体」の規範に忠実な仕事の徹底によって原発への懐疑の言論が発せられるのではない。むしろ、「科学者共同体」の規範やディシプリンを乗り越える知的格闘がそれを生み出すのである。その労力は「科学者共同体」の業績や成果として彼らにプラスになるわけではない。そのため、そこから逸脱する覚悟、はみ出す知的格闘、時に存在をかけた生の闘争が求められることになろう。少なくとも戦後日本の原子力、原発に対峙するにあたってはそうであった。

したがって、武谷、高木、小出らは、いわゆる科学者「界」ではなく、より分節化された、「反原発の科学者『界』」とでも呼びうるサブ「界」域に生きた人々である。逆説的に言うならば、そうしたサブ「界」域にいなければ、彼らはその仕事を成し遂げられなかったはずである。「原子力の平和利用」の理論的支柱の超大物科学者から転向した武谷。大学を辞して日本では珍しい市民科学者となり「虫ケラ同然」の扱いを受けた高木。定年までの四一年間、助教という肩書のまま、助教授、教授に昇進することの無かった「反原発の原発研究者」の小出。世代と思想の位相に違いはあれど、三人はそうした特異なサブ「界」域で、言論闘争を展開した点で共通している。

本書が補助線とするメタ政治的正義、包摂性の民主主義の観点からみるならば、武谷、高木、小出の三人は、もっとも相関的な視点、包摂的な視点を備えた言葉を発してきた人物と位置づけられる。重要なことは、そうしたメタ相関的な包摂性は、前述したように、専門科学者として専門知に忠実な仕事の延長線からでなく、むしろ専門知からの越境、そして他の知、とりわけ社会科学知との絶えざる架橋と交錯の帰結であることである。

本書は、３・11以降の反原発のメディア、言説の変容を主に扱う書物であるが、科学者の項で、既に３・11以前に故人となっている二人も含むこの三人を俎上に載せたのは、むろん彼らが代表的な人物だからだが、同時に彼らが日本の反原発科学者の原型であるとともに典型であり、そうした人物は今なお少なく、それぞれの言論と活動の軌跡は３・11以降の多様な「界」の反原発の比較検討を行う上で枢要なものだからである。

2 個と抵抗――フリージャーナリスト

日本は欧米と異なり、新聞などの主流メディアでは、例外的に外部のフリージャーナリストが寄稿することがあるものの、基本的にはそのメディア組織に属する記者が記事を書く。したがって主流メディアを論ずることは、自ずとメディア組織の姿勢を論ずることとなる。一方でフリージャーナリストは雑誌、書物などでインデペンデントに仕事を行う。そのため、主流メディア「界」としての新聞、放送と仕事の領域が異なるため、彼らはフリーランス・ジャーナリズム「界」とでも呼ぶべき、独自の領域として区分するのが適切である。３・11以前から日本の反原発を牽引してきたのもそうしたフリージャーナリストらであった。本節では、その中から代表的な人物であるとともに、それぞれタイプの異なるジャーナリストとして、広瀬隆、鎌田慧、田原総一朗の三人を取り上げる。

(1)「教祖」のスタイル——広瀬隆

『東京に原発を!』と『危険な話』

3・11以前から反原発を唱えた人物で、科学者でもっともその名が知られるのが高木仁三郎だとすれば、フリージャーナリストでは広瀬隆(一九四三—)ということになろう。3・11以前に世を去った高木と異なり、広瀬は今も現役の言論人として活動を続けている。

広瀬は早稲田大学理工学部応用化学科を卒業後、メーカーの技術者の職に就くが、若くしてメーカーを退職し、医学文献などの翻訳に携わりながら執筆活動を始めている。広瀬が原発反対の言論活動を始めるようになった最大の動機は、一九七七年に、再処理工場の大事故について西ドイツ(当時)の原子力産業が出した秘密報告書の内容に「震え上がったから」(広瀬・明石 2011: 75)だという。そして広瀬は、一九七九年のスリーマイル島の原発事故以降、原発関連の執筆を精力的にすすめるようになる。

広瀬が最初に注目を浴びるのは、一九八一年三月に刊行された著書『東京に原発を!』である。この本で広瀬は、原発推進派が言うように原発が絶対に安全であるならば、地方ではなく、電力を享受する都会に原発を立地すれば良いではないかと唱え、首都東京の心臓部にあたる新宿駅西口(現在の都庁の場所。当時は建設予定地)に原発を建設することを提案する。

頭を使わなければならない状況が目前まで迫っている。殺されようとしているのは、この現地

〔原発立地地域〕の人たちなのだ。今こそ東京人を目覚めさせるために、都庁の新庁舎を押しのけても、新宿のド真ん中に原子炉をドカンと据えつけ、轟然とタービンを回転させなければならない。図面を引き、土建業者の猛烈なエネルギーで、立派な奴を建ててやろうではないか。お前たち〔東京人〕が、それほど原子力の電気を欲しいと言うなら。

（広瀬 1981）

『東京に原発を！』は、挑発的とも言える内容と文体であったため、東京都民の一部から反発されたが、話題を呼ぶこととなった[6]。広瀬はこの本の刊行をきっかけに、自らを代表とする市民団体「東京・緑の会」を一九八一年に発足させ、実際に東京に原発を誘致する署名運動を行ってもいる[7]。

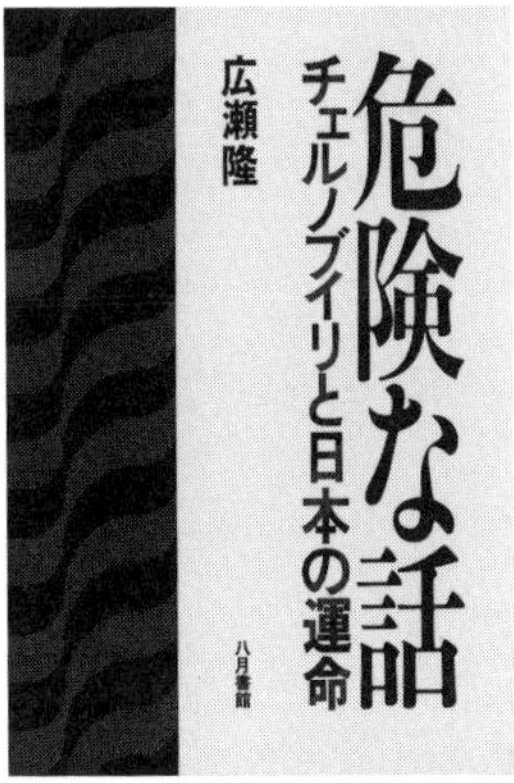

だが、広瀬が世間から幅広く注目されるようになるのは、一九八六年のチェルノブイリ原発事故後である。広瀬は、一九八七年に著書『危険な話』を世に送りだす。『危険な話』は、無名の出版社からの刊行であったにもかかわらず三〇万部を超えるベストセラーとなり[8]、広瀬の講演会は全国各地で行われ、盛況であった。

なぜ『危険な話』は売れたのか。それはこの書物が、チェルノブイリ事故とその影響についての当時のソ連政府の報告が事故被害を小さく見せるためのフィクションであり、それが国際原子力機関（IAEA）との合作であると主張する衝撃的な内容だったからである。加えて広瀬は、放射能の被害が目に見えないこと、範囲が遠くに及ぶこと、日本でも放射能被害は避けられないことを様々なデータを用いて述べている。また、日本でこれまで大事故が起こらなかったのは「まったく偶然のなかの偶然」であり(広瀬 1987: 221)、チェルノブイリの次に事故が起きそうなのは「日本かフランス」だとの具体的な警告を発した(広瀬 1987: 172)。

「ヒロセタカシ現象」とバッシング

『危険な話』の影響は一般市民の間で幅広く及び、「ヒロセタカシ現象」と呼ばれるほどの大きな反響を巻き起こし、広瀬は反原発の「教祖」的存在となった。チェルノブイリの事故後は、輸入食品の放射能汚染問題が次々と報道されたことから、広瀬の著作の内容は、とりわけ主婦層を中心とする多くの一般市民に原発問題を身近な問題として意識させることとなり、「脱原発ニューウェーブ」と呼ばれる自然発生的な運動の高まりにつながった(吉岡 2011: 226–227)。広瀬の『危険な話』に影響を受けて、脱サラして市民運動家になる人もおり(『朝日新聞』一九八九年七月一五日)、さらには広瀬の講演に触発され、脱原発の公約を掲げて参院選に候補者を擁立する市民運動組織も生まれ、三人が立候補した(『朝日新聞』一九八九年二月二七日)。

だが、『危険な話』がベストセラーになった後、広瀬に対する激しいバッシングが起きた。例えば、雑誌『文化評論』(一九八八年七月号)は、放射線科学を専門とする野口邦和の「広瀬隆『危険な話』の危険なウソ」と題する論文を掲載した。野口は、チェルノブイリ事故についてのソ連の報告書が虚偽とする広瀬の主張は、「根拠なし、邪推、歪んだ引用、尾ひれ」の「謀略的なイメージ戦略」(野口 1988a: 114)だと一刀両断した。

興味深いのは、野口が『文化評論』で発表したこの論文の一部を改稿しただけのほぼ同内容の論文が「デタラメだらけの広瀬隆『危険な話』」(野口 1988b)と改題して、翌月の『文藝春秋』で掲載されたことである。しかも、『文化評論』は日本共産党系の雑誌であったが、『文藝春秋』は代表的な右派系の総合雑誌である。こうした事情は、当時の広瀬の影響力への懸念が、右派、左派に限らず幅広く存在したことを物語っていよう(9)。

実際、「ヒロセタカシ現象」の影響力を重く見た電力各社は、一九八八年に原発広報を増強している。電気事業連合会は、青森県・六ヶ所村に建設している核燃料サイクル基地構想に関し、縮小傾向にあった広報予算を急きょ三〇〇〇万円上乗せした(『朝日新聞』一九八八年四月二日)。東京電力は、企画や原子力業務などの課長クラスを集めて「原子力ワーキンググループ」を組織し、中部電力は各営業所を回って意見集約を行うなど、それぞれ広報予算を増額しながら、「ヒロセタカシ現象」への対策に苦慮した(『朝日新聞』一九八八年四月二日)。

また、日本原子力文化振興財団は、広瀬の『危険な話』への反論を集めた「危険な話の誤り」と題する小冊子二〇〇〇部を、全国の原発立地市町村やマスコミ関係者などに配っている。

しかしながら、その後、広瀬が言っていた通り、ソ連政府の報告は被害を小さく見せるための情報操作が行われていたことが明らかになった。吉岡斉は、『危険な話』発表から二十余年後、広瀬の主張は「現在までに基本的に反証されていないと考えられる」(吉岡 2011: 227)と評価している。

「ヒロセタカシ現象」が過ぎ去った一九九〇年代以降も、広瀬は各地で精力的に講演や、雑誌、書籍の執筆などの活動を続けた。福島原発事故の前年の二〇一〇年には、地震と原発の関係を問題視し、

「原発震災」が起こりうる危険性を訴え、特に浜岡原発はすぐに止めるべきと具体的に提言していたのは注目される（広瀬 2010a, 2010b など）。

3・11後の広瀬

そして、二〇一一年に福島原発事故が起きると、広瀬は、かつて反原発の教祖的存在であったことや、事故の前年に「原発震災」の危険を主張した先見の明などから、再びメディアのスポットライトを浴びるようになる。事故の前年に「原発震災」は現実に起こりうると訴えた広瀬の本『原子炉時限爆弾』は、「原発の危険性を予見した」として話題になり、事故直後の関連書籍の中で最も売れた（『朝日新聞』二〇一一年四月二三日、二〇一三年一〇月二三日）。また、広瀬の一九八一年の書籍『東京に原発を！』からヒントを得てつくられた二〇〇四年の映画『東京原発』も、タイムリーな内容の映画として各地で再上映されることとなった。

広瀬は福島の事故後、いちはやくこれを「人災」だとし、「原発震災」は今後も必ず日本で起きると述べ、とりわけ、青森県六ヶ所村の再処理工場は、「とても危険な状態」（広瀬・明石 2011: 72）だと主張した。そして事故から四カ月後の二〇一一年七月、広瀬は、東京電力、原子力安全委員会、原子力安全・保安院などの最高幹部を、地震・津波対策を怠ったとともに、事故後に周辺住民への責任を果たさなかったとして、東京地検特捜部に刑事告発した。

また、二〇一四年二月の東京都議選では、市民団体「脱原発都知事を応援する会」を、本節でこのあと論ずる鎌田慧らとともに立ち上げた。当初は脱原発を掲げて立候補した弁護士の宇都宮健児を支持したが、元首相の細川護熙が、同じく元首相の小泉純一郎の後押しを受けて立候補すると、票割れは原発推進派を利することになるとして、会として細川支持を決めて運動を行った[10]。

広瀬の反原発の議論は、前節で述べた科学者のそれと同様、放射能の危険性に重点があるものの、位相はいくぶん異なる。まず広瀬は、データや海外情報などを駆使して、政府や主流メディアが伝えない情報を暴露的に語る点に特徴がある。例えば、事故後すぐに、福島原発の地下に水路や亀裂が生じて地下水に放射能が溢れ、そのため排水溝を固めても水路から海に流れ出うるとして、それを東電が知りながら隠していると述べた（広瀬・明石 2011: 48）。広瀬の特徴はそうした言葉とともに、しばしば予想、予測を行うことである。

前述したように、チェルノブイリ事故後、広瀬は次に事故が起きそうなのは「日本かフランス」と述べた。３・11後も例えば、前述の事故直後の言葉とともに、汚染水の処理について、「一番こわいのは、東電が処理しきれず、最後には希釈して海に流すことだ」（広瀬・明石 2011: 52）とし、それが「最もこわい」（広瀬・明石 2011: 243）といち早く懸念を示した。実際、事故から八年後の二〇一九年には、汚染水のタンクが二〇二二年夏に満杯になることが明らかになった（『朝日新聞』二〇一九年九月一〇日（夕刊））。原田義昭環境相兼原子力防災担当相（当時）が記者会見で、「思い切って、（海に）放出して、希釈する以外に、ほかにあまり選択肢がない」と発言するなどし、その検討が進行中であることから[11]、広瀬の予想が現実味を帯びていると言える。

また、広瀬が独自の代替エネルギー論を唱えていることも注目される。その内容から広瀬の議論の包摂性との関係を窺い知ることが出来る。まず、即時脱原発を目指す広瀬にとっての原発の代替エネルギーは、新聞などの主流メディアが期待をかける太陽光発電や風力発電ではないことは目を引くだろう。むしろ広瀬は、「太陽光発電が原発の代替になるなど、少女趣味の幻想に過ぎません」（広瀬・明石 2011: 235）と切って捨て、太陽光発電は批判対象となる。広瀬は、太陽光そのものは優れているが、現在のメガソーラーなどの発電効率は面積から考えて無理があり、自然破壊にもつながるとする（広瀬・明石 2011: 235）。同様に風力発電も、原発を代替するために、その五〇倍の面積を必要とするため、太陽光発電よりもさらに深刻な自然破壊を起こすとして退ける（広瀬 2012: 163）。

広瀬は、今後あるべき主力発電はガス火力だとし、石炭層内に存在する非在来型ガス資源のコールベッドメタン、砂岩等に貯まるタイトサンドガス、シェールガス、メタンハイドレートなどの新たな天然ガスに期待を寄せる（広瀬・明石 2011: 230）。さらには、将来のエネルギーとして、発電したときに発生する熱を捨てずに利用するコジェネレーションにも期待をかけている（広瀬・明石 2011: 239）。広瀬が挙げるこれらの代替エネルギーは、実際に日本のガス会社などが新しいエネルギー源として注目しているものだが[12]、前章でみたような主流メディアや次章で議論する人文社会系知識人の多くは目を向けないものである。

また、注目されるのは、広瀬は地球温暖化について最も積極的に議論を展開する反原発論者の一人であるとともに[13]、一方で二酸化炭素排出による温暖化説を明確に否定するなど、その議論の中身はとても個性的であることである。代替エネルギーについても、広瀬は、前述の天然ガスなどとともに、石炭、石油が今後も有用性は高いと評価するが、それも二酸化炭素温暖化説を否定するゆえからである（広瀬・明石 2011: 232）。

広瀬は、ノーベル平和賞を受賞した気候変動に関する政府間パネル（ＩＰＣＣ）が主導することで、世界中で二酸化炭素の削減が叫ばれる論拠となった基礎データが捏造されていたとして、そもそも二酸化炭素の排出は問題ないと主張する[14]（広瀬 2010c）。広瀬は、世界各地で起きているのは二酸化炭素の増加でなく、ヒートアイランドによる気温上昇であり、多くの人々は、「二酸化炭素温暖化とヒートアイランドを混同して『気温上昇』あるいは『温暖化』の言葉でひとくくりにしている」（広瀬 2010c: 133）ことが問題の根源だと述べるのである。

専門家と主流メディアへの敵対

広瀬の反原発論のもう一つの特徴は、専門家と主流メディアに対する激しい敵対である。広瀬は以前から、「政官産学メディア」のつながりを「原子力マフィア」という言葉を用いて批判してきたが（広瀬 1988）、福島の事故後、一層、批判は激しさを増している（広瀬・明石 2011）。以下は、原発に懐疑的なルポライター明石昇二郎との対談の一部である。

明石：学者ではないから、僕らの言うことはなかなか信じてもらえない。ちゃんと信頼できる学者に裏づけを取って書いているのですけどね。（中略）

広瀬：しかしわれわれを素人だと呼ぶのはおかしいと思わないかい。地震予知連絡会が一度でも、日本人を助ける警告を地震発生前に出したことがあるか。一度もないじゃないか。人間には、もともと素人と玄人の肩書なんてない。しっかり考えて調べる人間を玄人と呼ぶのだから、われわれのほうが、玄人なのだよ。地震を研究している大学教授たちは、高い給料をもらって、高価な設備を使って研究しているのに、その成果はこれまで何もないじゃないか。NHKなんか、今回の東日本大震災のあとも、大学教授や研究者たちに取材して、津波のメカニズムが分ったとか、予想外だったとか番組をつくっているけれど、そこに出てくる地震や津波の研究者が、「次に予測される大地震で、どこどこの原子力発電が危ない」と言ったことが一度でもあるか。あんな研究者たちは、世の中にいてもいなくてもいいのだよ。

（広瀬・明石 2011: 82–83）

マスメディア、ジャーナリズムに対する広瀬の批判も手厳しい。広瀬は「私が報道記者に言いたいのは、電力会社の発表を鵜呑みにせず実績値を自分たちで調べてみなさいということです。そうすれば、もっとレベルの高い議論ができるはずです」（広瀬・明石 2011: 217）と述べる。3・11後、テレビや新聞でしばしば報道される魚や農産物の放射能をめぐる風評被害についても、それらが意味のない風評なのではなく、実際に魚の放射性セシウムを考慮するならば危険性があるとし、「日本のテレビが『海外での風評被害で迷惑している』と言う前に、まともなジャーナリズムになろうと心を入れ替えないと、まったく信用されないね。私は、日本人であることが恥ずかしいですよ」（広瀬・明石 2011: 61）と述べる。

前述したように、反原発の「教祖」広瀬に対する電力会社や主流メディアの警戒感があることや、広瀬自身のマスメディアへの批判的スタンスもあるため、広瀬がテレビや新聞に現れる機会は少ない(15)。

広瀬は、「いろいろな人から『なぜテレビで発言しないのか』と言われたけど、私はテレビ業界で〝上映禁止物体〟と呼ばれているらしいから、出るはずがない」（広瀬・明石 2011: 125）と述べている。(16)

3・11後、広瀬は放送局の依頼で出演することも全く無いわけではないが、その数少ない機会も地上波でなく、衛星放送やケーブルテレビなどが主である。その際、広瀬は出演経験を自分の反原発運動に活用するなどの戦略を行っている。例えば、事故直後の二〇一一年三月一七日に、ケーブルテレビ向けのニュース専門チャンネルの朝日ニュースター『ニュースの深層』に出演したが、その放送をYouTubeに転載したり、自分の発言を動画共有サービスのUstream（現在はIBM Video Streaming）を通して発信するなどの活動を展開している。その他、広瀬の各地での講演会は、本章で議論した小出裕章も同様だが、主催者らによってYouTubeに動画としてアップされている。広瀬も小出も、講演会、集会、出版物、ソーシャルメディアが主な活動の舞台で、新聞やテレビと縁が薄い事情は、3・11後も特段変わらない。

(2)　原発立地地域から考える——鎌田慧

七〇年代からの現地ルポ

次に取り上げる鎌田慧（一九三八—　）は、現地ルポルタージュを中心に原発関連の取材を継続的に行ってきたことで広く知られる。鎌田は青森で生まれ育ち、高校卒業後に上京後、町工場の労働者などとして三年間働いた後に早稲田大学第一文学部露文科に入学している。卒業後は、日刊の鉄鋼専門紙や月刊誌の編集者として働いた後、三〇歳でフリーのジャーナリストになった。鎌田は、公害、労

災、労働運動、炭鉱、被差別部落、出稼ぎなど様々な題材のルポルタージュを数多く発表してきたが、終生のライフワークとも言えるのが原発問題である。

鎌田は、一九七三年の新潟県の刈羽・柏崎での反対運動に接して以来、原発問題に正面から取り組んできた（鎌田 2012: 30）。実際、原発立地地域に鎌田ほど足を運び、継続して取材と執筆を重ねてきたジャーナリストは他にいないと思われる。

一九七六年発行の『工場への逆攻――原発・開発と闘う住民』では、むつ小川原開発計画、柏崎原発反対闘争、伊方原発反対闘争などの現地をルポ。一九七七年発行の『ガラスの檻の中で――原発・コンピューターの見えざる支配』では、原発とコンピューター業界を取材し、原発を平和時の「軍需産業」として産業発展の起爆剤と考える財界首脳らの思惑などを明るみに出した。一九八二年の『日本の原発地帯』では、徳之島、福井、伊方、福島、柏崎、島根、下北それぞれの原発反対運動や原発の矛盾点をルポ。毎日出版文化賞を受賞した一九九一年の『六ヶ所村の記録』は、核燃料サイクル施設を有する青森県六ヶ所村と地域の人々の苦悩を長年取材した成果である。

鎌田のスタイルは、原発反対運動を行っている各地域の事情と生の声をつぶさに検証することで、原発関連地域に共通する矛盾点、原発推進をめぐる構造的力学を浮かび上がらせるというものである。そのため鎌田の場合は、広瀬や高木のように原発そのものの技術的危険性を問いただすことより、地域社会の複雑な現実を可視化させることで、「原発は民主主義の対極に存在する」（鎌田 1982: 214）ことを主張することに力点が置かれる。

鎌田は、二〇〇一年発行の『原発列島を行く』の冒頭で、「いまのわたしの最大の関心事は、大事故が発生する前に、日本が原発からの撤退を完了しているかどうか」であると述べ、巨大原発事故が起こる可能性への強い危惧を示していたが、その一〇年後に福島の事故が現実に起きた。

「さようなら原発一千万人アクション」

鎌田は事故後すぐに、作家の大江健三郎らとともに、「『さようなら原発』一千万人署名市民の会」の呼びかけ人となり、市民運動の「さようなら原発一千万人アクション」で活発な署名、集会活動を続けている。既存原発の計画的な廃炉などを求めた署名は二〇二〇年一〇月時点で八八〇万人を超え(17)、3・11以降最大規模の市民運動となっている。3・11から二年後、「ほぼこの運動にかかりきり」(鎌田 2013: 36)と自身が述べるように、鎌田はこの運動の中心人物であり、近年の鎌田の考えもこの運動との関連から発信されることが目立っている。

二〇一一年五月、「さようなら原発」運動の発足に伴い、鎌田は呼びかけ人らへの手紙を作成したが、そこでは事故後の鎌田の問題意識が端的に示されている。鎌田は、「党派や主義主張に関係なく、原発から撤退を求める集会」を開催したいとし、テーマとして、①新規原発建設計画の中止、②浜岡など既存原発の計画的廃炉、③再処理などプルトニウム利用政策の放棄、④再生可能エネルギー利用の促進、⑤省エネ政策の推進の五つを挙げている。

また、署名、集会の呼びかけを求めた二〇一一年六月の記者会見で鎌田が議題化したのは、一言で言えば原発と民主主義の問題である。鎌田は、日本の原発立地地域の全てで反対運動があり、それらすべてへの取材経験があるが、電源三法によって、「原発を拒絶しながらもお金で潰され」るため、原発は「アン・モラル、非道徳な存在」だと述べる。そして、福島のような巨大事故が起きた時だからこそ、市民の「大きな運動で押し返していく」ことを訴える(鎌田 2011a: 10–11)。これらのことは、本章で俎上に載せている武谷、高木、小出らの科学者、また同じくジャーナリストではあっても広瀬といくぶん位相が異なり、現地ルポルタージュの長い経験と市民運動に軸足を置く鎌田のスタンスを示している。

兵器産業、核拡散の議題化

一方、鎌田は3・11以前から、原発と核開発の問題を相関的に捉え、たびたび議題化してきたが、この点はメタ政治的正義の観点からも注目されるものである。鎌田は兵器産業への長期取材を重ね、原発も含めた日本の核の途方もない存在の大きさとその構造的性格を浮かび上がらせている。著書『日本の兵器工場』では、三菱重工業、川崎重工業、石川島播磨重工業はじめ、飛行機、艦船、戦車、火器、弾薬、ミサイル、コンピューターなどの兵器関連産業の十数社の工場を一九七〇年代に取材している(鎌田 1979[1983])。その中で鎌田は、航空宇宙産業、コンピューター、原子力発電などで開発された技術力で兵器が強化され、市場と輸出が拡大する構造的サイクルを問題化し、以下のように結論で述べている。

日本の不思議さとは、武力の行使を永久に放棄し、戦力は保持せず、交戦権を認めない、とする憲法を堅持しながら、戦力を着実に拡大強化していることである。戦争の抑止力、「防衛」を謳《うた》いながら最小にして最大の破壊効果を狙う兵器を生産し、軍備を拡張しているのが、最大の矛盾である。政治は常に既成事実の押しつけとして進められるが、日本の軍備はその政治の最大のものである。核兵器の保持でさえ、攻撃的でなければ、の但し書きによって認められようとしている時代になっているのが、現在の最大の脅威である。

（鎌田 1979[1983]: 268）

鎌田が日本の兵器関連産業の問題を「現在の最大の脅威」と述べたのは、執筆した冷戦時代当時、とりわけ、中曽根内閣で日米防衛協力体制が一段と強化され、日米軍事技術供与取り決めが行われるなど、日本がアメリカの軍事戦略に一段と緊密に結びつけられつつあったことと無縁ではなかろう。不可視化されてきた兵器関連産業のありようを緻密に検証することで、政官財の連携による軍事と防衛の構造を可視化させ、その構造的問題が原発の存在、およびそれによる潜在的核保有の可能性と地続きであることを、鎌田は早い段階で問うていた。

こうした鎌田の姿勢は、福島原発事故後も一貫している。鎌田は事故後、政府が六ヶ所村の核燃料サイクルと濃縮ウラン工場、高速増殖炉「もんじゅ」に執着してきたのは「『核武装の能力を保持し、掣肘をうけない』ため」（鎌田 2011b: 44）だと述べて批判する。加えて、日本の原発輸出も「核拡散」だとして問題化している（鎌田 2013: 148）。

それらを踏まえ、市民の運動を通して「フクシマを核社会から脱却の転換点」（鎌田 2011b: 44）にすることを鎌田は提唱する。そのため鎌田は、「原発と兵器のミクスがアベノミクスの基本である。(中略)原発と原爆の結合、原発と武器輸出を阻止するためにも、原発地獄から脱却しよう」(鎌田 2016: 13)と呼びかけている。核と原発の問題を鎌田ほど長い間、現場取材にもとづきながら議題化してきたジャーナリストはおそらく他にいないだろう。3・11後の鎌田の言動は、反核と反原発が切り離されてきた日本のムーブメントの結合の可能性を考える上でも希少なものである。

広瀬との相違

原発を撤廃した場合の代替エネルギーについての鎌田の基本的な考えは、前述した「さようなら原発」の集会テーマの中にあるように、再生可能エネルギー利用の促進、省エネ政策の推進などで現れている。こうした鎌田の代替エネルギー観は、前章で議論した、脱原発を掲げる主要新聞社説での主張などと並行性があり、おそらく今の日本社会で幅広く共有されうるものであろう。ただし、前述した広瀬のように、詳細な代替エネルギー案を構想するには至っていない。一方で、その広瀬も、「さようなら原発」運動に参加しているが、当初、呼びかけ人になってほしいとの鎌田の求めを無視したという(広瀬 2012: 165)。

なぜかと問うた鎌田に対し、広瀬は、「だって、最後の項目に、自然エネルギーで原発を代替しようと書いてあるじゃないか。そんなことできるはずがないのに、無理ですよ。この考えでは、原発を止められない。私は原発を止めたいんだ。絶対に賛成しません」(広瀬 2012: 165)と応じている。前述したように、広瀬は太陽光発電や風力発電は自然破壊を起こすとして新たな天然ガスに期待を寄せている。広瀬と鎌田。ともに日本の反原発の草分けの代表的存在だが、今後の具体的な代替エネルギー観で一致をみるわけではない。

鎌田と広瀬はともにフリージャーナリストの立ち位置だが、他にも相違は少なからずみられる。広瀬がデータや海外情報などを元にして、政府やマスメディアが触れない情報の暴露を得意とするのに対し、鎌田は実地取材に軸足がある。広瀬が科学者と同じく放射能を中心争点化するのに対し、鎌田の場合、草の根的な民主主義が主争点となる。だが、二人の間には見逃せない共通項がある。それは、主流メディアとの間の敵対と言ってよい対立的な関係性である。広瀬については前述した通りだが、鎌田の場合も事情は異なるものの主流メディアとの軋轢がみられる。

主流メディアとの軋轢——『朝日新聞』大熊由紀子との対立

一九七七年に鎌田は、原発の矛盾、地域民主主義との齟齬を問題化した『ガラスの檻の中で——原発・コンピューターの見えざる支配』を著した。ちょうど同じころ、『朝日新聞』は、原発を担当していた同紙の科学部記者・大熊由紀子による原発推進擁護の記事を連載していたが、この連載記事を加筆修正した『核燃料——探査から廃棄物処理まで』が朝日新聞社から出版された。大熊は、当時、原発推進を是とする『朝日新聞』の論調を形作っていた人物であるため、鎌田とは対照的な立場である。

同時期に、「反原発」と「原発推進」の真っ向から対立する書籍が世に送り出されたことに、書評専門紙『週刊読書人』は目をつけ、鎌田と大熊が互いに激しく対論する企画を、一九七七年五月二三日付の同紙に掲載している。

興味深いのは、福島の事故後、雑誌『朝日ジャーナル』(二〇一二年三月二〇日号)が、三五年前の鎌田と大熊の対決書評にスポットライトをあて、誌面上で再び二人を対論させたことである(大熊・鎌田 2012)。この時の鎌田と大熊も互いに激しく批判しあっている。

大熊は、鎌田が噂を元にして書くのでジャーナリストに値しないと一刀両断し、逆に鎌田は、大熊が原発についての情報源を無防備に信用しすぎることや、太陽光発電を認めないことなどを「エリート的発想」だとして応酬している(大熊・鎌田 2012: 106)。さらに鎌田は、「(大熊の記事には)原発をめぐる『非科学的』なドロドロはいっさいでてきません。(中略)わたしの原発史観は巨大な利益がからんでいた『汚い物』(原発)を汚染、除染したのがテレビや新聞だった、というもの」(大熊・鎌田 2012: 106)と述べている。

こうした辛辣なマスメディア批判は、鎌田、広瀬、小出らに共通している。新聞やテレビの主流メディア「界」が、原発推進をめぐる「政官産学メディア」という、より大きなメタ「界」の中に位置するため、少なくとも日本では、反原発論は主流メディア批判を伴わざるを得ず、反原発論者は主流メディアと敵対することが不可避だとも考えられる。

しかしながら、次に取り上げる田原総一朗は、そうした主流メディアとフリーランス・ジャーナリズムの異なる「界」の間の往復を繰り返してきた異色の存在である。

(3) 内実の可視化の追求——田原総一朗

異色の立ち位置

田原総一朗(一九三四―　)の仕事は多方面にわたるが、反原発のメディア史上においても重要な仕事を一九七〇年代から行ってきた。田原の場合は、広瀬や鎌田と異なり、当初は大手メディア組織(東京12チャンネル、現在のテレビ東京)に属していたものの、後述するように、原発に関わる言論活動が原因で職を辞する経験をしている。だが、その後、フリージャーナリストになりながらもテレビ番組の司会などで華々しく活躍するため、主流メディア界とフリーランス界の往復、架橋を自在に成し遂げている異色の存在といえる。

ただ、田原自身は広瀬や鎌田と異なり、反原発派を表立って自認しているわけではない。福島原発事故後、評論家の佐高信との対談の冒頭で原発への姿勢を聞かれた田原は、以下のように述べている。

> 佐高：はっきりさせておきたいんですが、いま現在、田原さんは反原発ですか?
> 田原：僕は反原発ではありません。もちろん僕は、原子力の専門家ではないですし、原発に詳しいわけでもない。ただ、原発は非常に危険なものであると認識しています。3・11以前から「原発は危ない」と言い続けてきた。
> (田原・佐高 2012: 16)

田原のスタンスの特徴は、中立的、第三者的な立場から原発推進、反対双方の多様な人物に数多く取材し、そこで聞き取った情報を包み隠さず伝えることで、原発をめぐる複雑な内実を可視化させることにある。それは文字通りジャーナリズムの本義とも言える姿勢だが、じつのところ、そうした活動を続け、しかも多様なメディアで発信するジャーナリストは多くは無い。そうした事情が、結果的に田原の存在を特異なものにさせている。

田原は、一九六〇年に早稲田大学第一文学部卒業後、岩波映画製作所に就職するが、テレビの仕事をする機会があり、テレビの世界の「いい加減さ」が気に入り、「こんないい加減な世界ならやりたいことができるんじゃないか」(田原 2014: 22-23)と考え、一九六四年に、開局したばかりの東京12チャンネルにディレクターとして入社し直している。主にドキュメンタリー番組を制作した田原は、数々の斬新かつ過激な演出によって名物ディレクターとして知られるようになる。(18)

『原子力戦争』の反響

原子力船「むつ」が一九七四年八月、洋上で出力上昇実験を行った際、放射能漏れのトラブルを起こし、約五〇日間、洋上を漂流するという事故が起きた。関心を抱いた田原は、休暇を取って、原子力船「むつ」の母港だった青森県むつ市や、美浜原発、福島原発、三菱重工業などのメーカーを取材する。名物ディレクター田原による原発徹底取材の意欲に、筑摩書房の編集者が関心を示したため、月刊誌『展望』への掲載が決まり、一九七六年一月から四月にかけて連載され、七月には、『原子力戦争』として単行本化された。

これは、原子力船「むつ」の放射能漏れ事故の背後に迫るスクープ的な内容だったが、田原の分身のような主人公を登場させた「ドキュメント・ノベル(19)」の形式で発表された。田原によれば、原発推進派の内部奥深くに立ち入って取材したため、「実名の証言を積み重ねるルポルタージュではなく、小説仕立てにせざるを得なかった」（田原 2012: 231）という。

田原の『原子力戦争』は、美浜原発一号炉の炉心部で核燃料棒が折損する事故が発生したものの、それが極秘裏に処理されたことを示唆したことから話題になり、一〇万部を超えるベストセラーとなった（田原 2012: 229）。単行本出版の翌月には、日本社会党衆院議員の石野久男が、この書物の記述をもとに、美浜原発に事故隠しの疑いがあると国会で追及している（上丸 2012: 268）。

その後、三木武夫首相（当時）も田原の文章に触れ、「これは小説なのか、ドキュメンタリーなのか、どっちだ」と発言した（田原 2012: 231）。結果的に、一九七六年一二月、資源エネルギー庁が立ち入り調査し、事実であることが発覚したため（『朝日新聞』二〇一二年七月二四日）、田原の「ドキュメント・ノベル」は、現実の政治を動かした第一級のスクープ報道といってよい。

この書物が評判になったことから、これを元に、一九七八年にＡＴＧ製作で、黒木和雄監督、原田芳雄主演による映画『原子力戦争』がつくられた[20]。映画の中では、原田が演じる主人公が福島原発の施設に無許可で入ろうとして、警備員に制止されるなどの過激なシーンも収められていた。

余儀なくされた東京12チャンネルの辞職

だが、『原子力戦争』が原因で、田原は東京12チャンネルを辞職することになる。まず、雑誌の連載が始まると、局の上層部からクレームがついた（田原 2005: 125）。反原発の住民運動を抑え込むため、大手広告代理店が仕切り役となって地域にビラを撒くなどの広報活動を展開していると田原は記したため、大手広告代理店が東京12チャンネルの番組スポンサーから降りて怒りを表明したという(田原 2005: 125–126)。

田原によれば、「上層部は、あからさまな言葉ではなかったが、〝会社がきみのために重大な損失を被っている。『原子力戦争』の連載を打ち切ってほしい〟と私に求めてきた」(田原 2005: 126)という。田原が態度を保留すると、数日後に上司の部長と局長が処分(譴責処分)され、それが廊下に張り出されたため、田原は自分が態度を保留していることに対する見せしめと感じたという。そのため、「選択肢は一つしかなかった。連載を止めるのではなく会社を辞めるという」(田原 2005: 126)選択を田原は行った。

一九七七年一月に東京12チャンネルを退社した田原は、フリージャーナリストになったが、その後も原発について継続的に取材している。代表的な成果の書物『生存への契約――誰がエネルギーを制するか』(一九八一年刊。五年後に『ドキュメント 東京電力企画室』と改題された版が知られる)は、社長、会長を務めた木川田一隆はじめ東京電力関係者への丹念な取材を行い、東電が国家の介入などを断固排して企業の主体性を守る姿勢(「プラス・マキシマム」)から、国家の要求も受け入れる妥協と協調の路線(「マイナス・ミニマム」)に変容し、原発が政官財の関係性の中で不可逆的に構造化されていく過程を浮かび上がらせた。

『朝まで生テレビ!』の原発特集

田原はその後、一九八七年からのテレビ朝日『朝まで生テレビ!』、一九八九年からの同局の『サンデープロジェクト』などの司会でテレビ界に華々しく復帰し、活躍している。注目されるのは、田原自身が司会するテレビ討論番組『朝まで生テレビ！』で、チェルノブイリ事故の影響で国内でも反原発の機運が高まっていた一九八八年七月、一〇月の二回にわたり、原発を特集する回が放送されたことである。

深夜番組とはいえ、長時間（当時は五時間）に及ぶテレビ討論で、タブー視されていた原発を俎上に載せたのは異例のことであった。七月の放送では広瀬隆、一〇月の放送では高木仁三郎も出演しているが、田原自身が高木を口説き、高木が反原発派の論客たちをまとめたという（田原 2012: 277）。番組で原発を取り上げたのは、原発は「文明の選択」であり、「国民的なコンセンサスを絶対に必要とするテーマ」だからだと田原が述べるように、原発を科学技術の問題であるとともに、民主主義の問題として田原が重視していることが窺える。

３・11後の田原

福島の事故が起きると、いちはやく田原の仕事への再評価がなされることとなった。二〇一一年六月に『原子力戦争』の文庫版が発売され、同年一二月に映画版がＤＶＤ化された。二〇一一年七月には、『ドキュメント　東京電力企画室』が、『ドキュメント東京電力　福島原発誕生の内幕』と改題され、文藝春秋から復刊された。また、自身が司会を務める『朝まで生テレビ！』は、事故から二カ月後（「〝脱原発〟と日本の未来」五月二七日放送）、三カ月後（「激論！　脱原発!?菅政権の行方」六月二四日放送）、四カ月後（「徹底討論！　原発」七月二二日放送）と三回連続で脱原発をテーマに放送した。事故から九年後も「激論！　福島の現状と原発再稼働」(二〇二〇年二月二八日)をテーマに放送し、原発再稼働を争点化している。

田原は原発への懐疑を長きにわたって最も精力的に問うてきたジャーナリストの一人だが、前述したように脱原発派を自認するわけでなく、その論理は一筋縄ではいかない独自のものである。福島の事故後の田原の言葉からは、内実の可視化と民主主義へのこだわりを身上とするジャーナリストとしての思想と、昭和一桁世代(一九三四年生まれ)の世代的な経験が混淆していることが窺える。3・11後の脱原発の世論の急速な高まりを目の当りにして、田原は次のように述べる。

かねてから私は、原発は危険な代物だと捉えていた。もう三十年以上前から、「原発は危険だ」「原発の建設は地域ぐるみの買収によって行われている」と書き続けてきた。それなりに圧力もあり、そのために勤めていた企業を辞めざるをえなくなった。だが、ここまで「脱原発」の風潮が高まると、逆に怖さを感じる。私は、小学校五年のときに日本の敗戦を体験して以来、何度も時代の風潮・価値観が大きく変わることを味わっている。だから、一つの風潮が時代を覆った場合には、あえてそれに抗わねばならないと考えているのである。それが体質になっているのだ。

(田原　2011: 142–143)

こう述べる田原は、まず事故原因を丹念に調査すべきだとし、福島原発関係者や経産省幹部、さらには細野豪志・原子力発電所事故収束及び再発防止担当大臣(当時)らに独自取材を重ね、情報の開示と徹底的な議論の二つを求めていく。

「原発がかわいそう」——熟議を求めて

なぜ、情報開示と徹底的議論の二つが重要か。田原の論理はここでも独特である。福島の事故後、田原は、「妙な言い方だけど、僕は原発がかわいそうだと思っています」(田原・佐高 2012: 16)と述べた。なぜ、「原発がかわいそう」なのか。それは、事故が起きたのは「原発に反対するにしろ、推進するにしろ、どちらもその根拠や論理がきわめていい加減」(田原・佐高 2012: 17)であったことが背景にあるとし、原発をめぐっては推進派、反対派が主張するだけで、議論が十分なされてこなかった歴史が問題だと考えるのである。そのため、例えば、脱原発などを唱えて当選した滋賀県知事の嘉田由紀子が塾長をつとめる「未来政治塾」で講演した際、「集団的自衛権や原発再稼働のような問題が国会で論戦にならない。野党はだらしない。地方から声を出すしかない」(『朝日新聞』二〇一四年四月二〇日)と訴えている。

田原のスタンスは、包摂性、メタ政治的正義の視点から眺めても興味深いものである。イデオロギーとは縁遠く、中立的、第三者的立場に立ちつつ、熟議の活性化と内実の可視化を徹底的に追求することが田原の基本姿勢である。そのため、関連の情報、議論、思想の集中や偏りを熟議の活性化と内実の可視化への障害とみなして忌避することとなる。それゆえに時代や状況に応じて田原の力点はいくぶん異なるとともに、関心のありようが時にパラドキシカルにもなる。

田原は福島の事故後、「僕はもう原子力発電はダメだと思っている。日本で原発を新しく作ることはできないでしょう」（田原・佐高 2012: 18）と述べ、原発の未来に否定的な姿勢を示している。だが、「逆に、だからなのかもしれないですけど、いま僕は改めて原子力推進派を徹底的に取材しています」（田原・佐高 2012: 18）とし、その理由は、原発推進側は事故の「戦犯」（田原 2011: 253）であるため、今後の原発のあり方を真剣に考えるはずだからと述べている。一方で、「いまは原発反対派にそれほど興味が沸かないね。彼らが今何を考えているかはだいたいわかってしまう」（田原・佐高 2012: 19）と述べる。

田原は、自分の3・11後の姿勢は、「推進派、反対派、それぞれの矛盾が見えてくるなかで、複合的な視点で原発をとらえよう」（田原・佐高 2012: 40）とすることだと述べるが、それはこうしたことからも窺えよう。取材を重ねた結果、田原は、この巨大事故をめぐる解決は東京電力一社では無理との結論に至り、東京電力の国営化と今後の対応のための原発技術者の人材育成の必要性を述べる。

同時に、自然エネルギーに期待しつつもエネルギー全てをカバーすることはすぐには困難なため、「単に『脱原発』を叫んでいるだけでは、解決の糸口はつかめない」（田原 2011: 252）とし、事故の再発防止と対策を講じつつ、選択肢としての原発を残しておく必要性を述べている。3・11以降の「複合的な視点」の帰結としての原発容認のスタンスは、予断を排して内実の可視化の追求にこだわり続けてきたジャーナリスト田原ならではの現在形を示している。

フリージャーナリストと主流メディアの不調和――「政官産学メディア」の力学

以上、本章では、3・11以前から反原発の言論を展開してきた代表的な科学者とフリージャーナリストについてみてきた。本節で俎上に載せた三人のフリージャーナリストである広瀬、鎌田、田原は三者三様ながらも、市民や消費者の目線、草の根的な民主主義、さらには政治や行政の可視化、隠蔽の暴露などの特徴がみられた。

科学者とフリージャーナリストの議論の位相は、それぞれかなり異なるが、一方で共通するのは、テレビや新聞などの主流メディア「界」との間の不調和である。それは対立関係と言って差し支えないだろう。それは3・11後も特段、変わっていない。

このことは、「政官産学メディア」の構造的力学が、いかに今も強固なものであり続けているかを象徴的に物語ろう。本書は、しばしば用いられる「原子力ムラ」という用語をあえて避けている。その理由は、一つにはこの言葉が、反原発派が原発推進派を批判、揶揄する含意を込めて使われがちだからだが、もう一つ理由がある。それは、「原子力ムラ」の言葉は、原発推進をめぐる主に政治、官庁、産業、学界の癒着を意味し、そこでは主流メディアの存在がしばしば抜け落ちるからである。本書があえて多様な「界」に分節化しつつ注目するとともに、一方で「政官産学メディア」という括りを行い、それらのメタ「界」の存在を念頭に置くのはそのためである。

なお、日本に固有の「記者クラブ」の存在も、「政官産学メディア」のメタ「界」と密接な関係があるとともに、主流メディアとフリージャーナリストの機会不均等の問題を提出し続けている。「記者クラブ」のメンバーは、新聞社、放送局などに所属する記者に限られ、基本的にフリージャーナリストはメンバーになれない。福島の事故後、政府と東京電力の合同記者会見への参加資格も、「記者クラブ」会員を念頭に置いたもので、クラブ会員でないフリージャーナリストの中には、会見の参加を拒否されるケースもみられた。

これについて、拒否された当事者である日隅《ひずみ》一雄と木野龍逸《りゅういち》は、「日本のマスメディアの記者からフリージャーナリストらを排除したことに関する〔政府への〕質問は、これまでなされなかった。フリーと自分たちは違うという意識があるのだと思う。そして、この意識がいまだに記者クラブ制度が日本に存在し続けている根源的な理由となっているのではないだろうか」(日隅・木野 2012: 163)と問いかける。こうしたことは、日本の民主主義とメディアをめぐる構造的な問題であるが、原発をめぐってはこれに加えて、「政官産学メディア」の特異な近接的関係性がそれぞれにあるため、一層、問題があろう。

3 機動力とジレンマ——ネット・ジャーナリズム

IWJとその機動力——岩上安身

3・11後、テレビや新聞などの主流メディアと異なり、主にインターネットなどで原発への懐疑を様々な形で示してきたネット・ジャーナリズムの活動は、その発信内容、発信形態、および活発さのいずれにおいても無視できない重要性がある。

代表的なものの一つに、岩上安身《いわかみやすみ》(一九五九—)が主宰するIndependent Web Journal(以下、IWJ)が挙げられる。高木仁三郎の箇所で触れたが、福島の事故翌日に、高木が設立した原子力資料情報室は記者会見を行い、メルトダウンがほぼ確実に起こっていること、格納容器の破損が十分に予測できることなどをいち早く伝えた。これをネット上にアップロードしたのはＩＷＪである。ＩＷＪは、支援者からのカンパを主な収益源としながら、３・11以降、市民ボランティアによる中継報道を行うなどの試みを続けてきた。ＩＷＪは、YouTubeを含めて現在六つのチャンネルでネット放送を配信するとともに、ネット記事の配信も活発に行っている。３・11の直後から、東京電力や保安院などの会見中継を二四時間配信したのも注目される。

特筆されることの一つに、人的および財政的に資源力が乏しいにもかかわらず、大テレビ局顔負けの多元中継放送を行うことである。好例は二〇一二年七月二九日の首都圏反原発連合主催の「７・29脱原発国会大包囲」と呼ばれる大規模デモの時であろう。この日はこのデモのために、多数のレポーターの現場中継、さらには空撮ヘリコプター中継も企画され、計八つの（それぞれ二時間前後の）長時間の多元的中継放送が配信された。

このような機動力はＮＨＫや民放キー局ですら、箱根駅伝などの特別なイベントでもない限り、発揮されることはない。そもそも主流メディアはこの種のデモを取り扱うこと自体まれである。この中継配信の各チャンネルでは、ＩＷＪの主宰者である岩上本人、および若いボランティアのレポーターたちが自分の声で現場の様子を伝え、参加者へのインタビューを行った。空撮ヘリは、日が暮れて夜になり、参加者がキャンドルやペンライトをかざす無数の光を映し出していた。一連の中継配信は今もネット上で閲覧することが出来るが、当時の反原発デモの熱気を伝える希少な記録となっている。

ＩＷＪの機動力は、専業ジャーナリストでなく、「情報の送受信という、非常に公共的な仕事に自分も係わりたい」（岩上 2013: 24）との意欲がある多数のボランティアの市民によって支えられている。

またＩＷＪは、中継を行うための市民講座の開催も各地で行ってきた。主宰者の岩上は、新聞やテレビなどの主流メディアのあり方への問題意識が、ＩＷＪの活動の根幹にあるとして以下のように述べている。

> 彼ら〔マスコミ〕は国民の「知る権利」を独占しているのです。国民の「知る権利」というのは我々のものなのですけれども、平然と、記者クラブ・メディアの皆さんは、国民の「知る権利」を我々が代行していると言い張ります。頼んだ覚えはないと言っても、我々こそが代行していると非常に勝手なことを言います。これこそ非民主的な存在そのものです。（中略）本当は国民が情報を自ら知ってかつ編集する、国民が情報の編集者でなくてはいけないのです。（岩上 2013: 18）

OurPlanet-TV と白石草

ＩＷＪとともに重要な存在として、白石草《はじめ》（一九六九―　）が代表理事を務める OurPlanet-TV が挙げられる。白石は一九九三年に早稲田大学卒業後、テレビ朝日系列の番組制作会社に就職し、テレビ朝日の報道部門で働いた後、東京メトロポリタンテレビジョンに転職。二〇〇一年フリーとなって、非営利のインターネット放送局 OurPlanet-TV を設立した。白石いわく、「財政規模でいうと、一〇〇分の一ずつ小さなメディアに乗り換えて来たことになる」（白石 2011: 5）。

なぜ、白石はこういうライフコースを選んだのだろうか。それには、テレビ朝日の報道部門で勤務時に体験した主流メディアと記者クラブへの違和感が原点にある。

私はこのとき、記者クラブといった小さなコップの中で競争が繰り広げられる結果、外の世界が見えなくなっていることを感じた。（中略）深刻なのは、他でもないマスメディアの記者がクラブ内の競争に終始してしまうことにある。よく日本の報道は「政治報道」ではなく「政局報道」だと揶揄《やゆ》されるが、その一因に、こうした視野の狭い横並び意識がある。記者はただ、目の前の動きを追っているだけ。

（白石 2011: 9）

こうした問題意識から設立されたOurPlanet-TVは、ＩＷＪ同様、ＮＰＯや市民団体の声を多数発信し続けてきた。３・11から三カ月後の二〇一一年六月一一日に行われた「６・11脱原発１００万人アクション」の中継番組では、ＩＷＪとの協同で、全国各地の一〇〇人以上ものボランティアの中継スタッフが配信に協力し、六〇カ所以上のデモなどを中継する一〇時間におよぶ生番組をネット配信した。

反原発報道をその後も継続して発信し続けている点で、OurPlanet-TVは最もアクティブなネット放送局である。事故直後のOurPlanet-TVの報道で重要なのは、福島県内の学校施設の除染問題である。政府は子供たちが屋外で活動してもいいとする放射線防護の暫定基準を空間線量年間二〇ミリシーベルト、毎時三・八マイクロシーベルトと設定したが、これはチェルノブイリの例と比較しても大変高い基準だったため、住民から怒りの声があがった。OurPlanet-TVは、これをめぐる二〇一一年四月二一日の政府と住民の交渉を中継し、その反響は各方面での論争につながることとなった。しかしながら、どのテレビ局もこの交渉を報道することはなかったのである(伊藤守 2012: 214)。

白石らは、福島の事故の翌年、チェルノブイリ原発事故周辺地域の子供たちの健康状況、放射線被ばく状況などの現地取材を行う[21]。その後日本での取材を進める中で、チェルノブイリと異なり、日本政府が事故直後に内部被ばく線量をきちんと計測しなかったこと、その後も体系的な健康診断を実施しない不条理に直面する。そして福島県の甲状腺検査について、「検査は本人にとって不利益」「検査は人権侵害」であるとして、学校での健診の中止を唱える専門家の議論に疑いの目を向けていく。なぜなら、福島県内で甲状腺がんの疑いがあると診断された患者、手術を受けて甲状腺がんと確定した患者は確実に存在し、しかもその数は増え続けているからである[22]。

これらの問題は、内部被ばくの問題と密接に関係する。第1章でも論じたが、3・11以降の新聞、テレビのいずれにおいても内部被ばくについて十分な議題化がなされたとは言い難い。白石らのOurPlanet-TVは、小児甲状腺がんについての粘り強い報道を継続しているが、それはその点からも重要なものである。

東電記者会見への密着——木野龍逸の仕事

ネット・ジャーナリズムの一つのあり方として、最後に木野龍逸(一九六六—)について触れたい。木野は、3・11直後から、東京電力が行う記者会見に通い、今なお事故や原発関連の情報を日々追い続けている数少ないフリージャーナリストである。木野の活動を特徴づけるのは、そうした情報を、ネットを中心に多様な形で発信していること、そして自分の名を冠したチャンネル名で発信することで、個人として発信するスタイルである。

木野の主な活動は、ブログ「キノリュウが行く」、ネットのニコニコチャンネルでの「木野チャンネル」、ブログ・マガジン「木野龍逸の『ニッポン・リークス』」、および実名のTwitterなどを通じて発信されている(23)。東電の記者会見に連日出席して、見聞と検証をまとめた書籍も刊行され、シリーズ化している(24)。

木野のアプローチは、東電の記者会見に欠かさず通い、日々の報告内容を細かく記録すること、そして会見では頻繁に自ら質問し、それへの答えの内容も全て記録すること、同時に関連の資料を丁寧に読み込んでいくことなどにある。これらを長期的に継続することで、国や東電が発表する内容の矛盾、漏れ、隠蔽などをキャッチし、それをまた伝えていく。伝え方も、ライブ動画、ブログ、メルマガ、Twitter、書物など多元的であるため、それらの情報の膨大な集積が、国や東電の事故への対応のありかた、同時に主流メディアの取材姿勢などを質感とともに具体的に可視化させている。

事故から約一カ月後の二〇一一年四月四日、東電は、集中廃棄物処理施設の汚染水を海に放出すると発表し、その日のうちに放出を開始した。事態を懸念した木野は、前節の最後で触れた日隅一雄とともに、東電の記者会見の場で厳しく追及し、その内容を著書に記している(日隅・木野 2012)。木野は、「以前から仮設タンクを設置する必要があると指摘されていたのに、海に放出することになったのはなぜか」「仮設のタンクはいつできるのか」と繰り返し問うたが、東電の担当者は「後ほど回答する」と言うにとどまった。日隅は「いますぐこの放水を止める必要があるかもしれないから聞いている。責任者を連れてきてほしい。責任者が来られない理由は何か」と問うたが、担当者は「確認させてください」と答えるだけであった。木野は著書の中で、これらのやりとりを記している(日隅・木野 2012: 117)。

そして、「この記者会見のやりとりの間、会場を埋め尽くしていたマスメディアの記者たちのほとんどは沈黙を守り、手元のノートパソコンの画面を眺めるばかりで東電の責任を厳しく追及する者はなかった。私たちは、ここで矛を収めざるを得なかった」と記している(日隅・木野 2012: 118)。

これはこれで、当日の記者会見の様子が伝わるが、この時の様子は木野によってネット動画でも配信され、こちらの方では、記者会見場の異様とも言える雰囲気が時間の流れとともに、よりリアルに伝わってくる。前述の木野や日隅のたびたびの質問に対し、東電担当者は答えることなく、うつむき加減で無言のまま、時間が五分、一〇分と過ぎていくのである。一種の持久戦とも受け取れよう。また確かに、木野と日隅以外に言葉を発する記者はほとんどいない。木野と日隅の独壇場にも見受けられるこの一時間近いネット動画は、再生数が約一一万六〇〇〇回、コメント数が約二万四〇〇〇という反響を呼んだ(25)。

東電が汚染水を海に放出したニュースを、翌日の二〇一一年四月五日の新聞各紙は一面トップで報じたが、事実関係を伝えることが中心で、特段、これを問題視する論調は見られない。『毎日新聞』は「窮余の策」、『読売新聞』は「非常手段」などの言葉を用いるなど、主流メディアは、東電側の「応急の措置」という説明に素直に従い、無批判に許容したようにも見受けられた。だが直後に、全国漁業協同組合連合会(JF全漁連)が国と東電に補償を求める抗議文を東電に提出し、韓国やロシアなどの近隣国も反発の声をあげるなど、汚染水の海への放出の衝撃は小さくないものがあったのである。

主流メディアの情報のみに接する市民と、木野らのネット・メディアの情報にアクセスする市民とでは、この出来事への受け止め方は、相当に異なりうるだろう。

複合的なジレンマ

メタ政治的正義、包摂性の観点から、こうしたネット・ジャーナリズムのありようを眺めるならば、そこでは質と量の両方における情報の多元性、それによって可視化させうる情報の拡がりの意義が挙げられる。とりわけ市民的な目線からの権力へのクリティカルな監視、未編集的でニッチなものも含む情報と記録の集積などの点で、主流メディアとは異なる情報の拡がりが担保される意味は小さくない。原発のように情報の開示がなされにくく、不可視化されやすいものの、放射線被ばくなど市民に影響がありうる重要議題では、特にネット・ジャーナリズムの役割は重要度が高くなろう。

3・11から日が経つにつれ、東電の定例記者会見に出席する記者、ジャーナリストが減っていく事情を考えれば、木野のように今も出席を続ける存在は希少である。だが、本書の補助線である「界」の観点からみれば、木野のような独立系ジャーナリストの立場は、主流メディアはむろんのこと、広瀬、鎌田、田原らともいくぶん異なる「界」域にあると言えるかもしれない。

一九六六年生まれの木野は、これら戦前生まれの三人とは親子ほど年も違うが、3・11以前から著名ジャーナリストとして一家をなしていた三人とは、キャリア的にも異なる。ネットの時代とは言われるものの、ネット空間を主戦場にする独立系の新興ジャーナリストという立ち位置から、原発議題に特化した発信を行うことを生業とすることの難しさがあるのである。木野は以下のように述べる。

年収は半分ほどに減った。切り崩すような貯金はそもそもなかった。だから自動車を手放し、外食の行き先が変わり、その回数自体も減った。飲み会も事故前は週に数回行ったが、今は月に数えるほど。(26)

木野のような、個人で活動する独立系ジャーナリストは、自身が運営するネットチャンネルやブログの購読料か寄付に頼るほかない。原発関連のブログやネット動画の講読数が減少すれば家計に直接、響くこととなる。これは、恒常的にスポンサーに財政依存しうる新聞社や放送局のような主流メディアとは対照的であろう。だが、主流メディアは、それゆえの「広告費をカタにしたメディアの隷属」「メディアの報道自粛」の呪縛から容易に逃れることは困難でもある。

一方、フリージャーナリストらは、スポンサー不在ゆえに、「政官産学メディア」の構造的力学から遠いところから情報を発信し、対抗型ジャーナリズムの利点を発揮しうる。とはいえ、木野のように原発に特化した議題を扱うフリージャーナリストは、家計的には原発議題の動向と一蓮托生の側面がある。

3・11から一〇年を迎えようとする今も原発問題に正面から取り組み続けるジャーナリストは、木野や白石などを別にして、減少の一途を辿っている。これは主流メディア、独立系ジャーナリストを問わず、言えることである。なぜなら、いずれにとっても、時間の経過の中で原発はメディア議題から周縁化しつつあるからである。さらに二〇二〇年には、新型コロナウイルスの感染が世界と日本を覆い、昨今は、コロナ禍がメディア議題の中心を独占し続け、3・11の風化は加速していよう。

そうだとすれば、田原総一朗が言うように、逆説的ではあるが、一番かわいそうなのは、原発それ自体なのかもしれない。

(1)『社会』一九四八年八月号に掲載。

(2)『改造』一九五四年五月号に掲載。

(3) 武谷は、「〔ソ連が〕革命後、いくらかそういう〔社会主義的な技術形態の〕きざしはでてきたのだけれども、最近はアメリカ追随で、そのへんが情けない」とし、社会主義固有の労働手段がまだ出てこないのは、「やはり独裁社会主義的」ゆえだからだとして、ソ連への厳しい評価を下している(星野 1969: 423-424)。

(4) 主なものとして、以下。Frank, A. G. (1969 = 1976)、Amin, S. (1976 = 1978 = 1981)。

(5) 小出は、二〇一五年三月、京都大学を助教のまま定年退職した。

(6) 出版から二十余年を経て、都知事が東京都に原発を誘致しようと計画する映画『東京原発』(2004)が公開されたが、この映画は広瀬の書物から着想を得たものである(『朝日新聞』二〇一一年一〇月二〇日)。

(7)「東京・緑の会」の活動については、この頃、NNNドキュメント『東京に原発がやってくる!?』(一九八一年一〇月二五日)の中で放送された。

(8)『危険な話』は、一九八七年四月に八月書館から出版された。

(9)『文藝春秋』の編集部員が、『文化評論』編集部に、元の論文を加筆修正のうえ、掲載することを電話で伝えたが、掲載への反対はなかったという(『朝日新聞』一九八八年七月一三日)。他にも、雑誌『諸君!』(一九八八年五月号)が、技術評論家の桜井淳による「広瀬隆著『危険な話』の危険部分」を掲載している。

(10) 都知事選は、自民党と公明党都連が推薦する候補の舛添要一元厚生労働相が細川や宇都宮を破り、当選した。

(11) 『朝日新聞』二〇一九年九月一〇日(夕刊)、二〇二〇年四月九日の記事ほかが伝えている。

(12) 例として、『東京ガス』ホームページ https://www.tokyo-gas.co.jp/kids/mirai/m1_1.html　アクセス日：二〇二〇年二月八日。

(13) 広瀬は、福島の事故の前年に温暖化についての書籍(広瀬 2010c)を著すとともに、事故後も関連の議論を繰り返し行っている。

(14) 広瀬は、いわゆる「クライメートゲート事件」と呼ばれる二〇〇九年にイギリスのイースト・アングリア大学の研究所で起きた出来事をもとに、二酸化炭素温暖化説が捏造だとしている。だが、その後の第三調査で、データに不正は無かったことが大学側によって明らかにされている。http://www.uea.ac.uk/about/media-room/press-release-archive/statements/cru-statements/oxburgh　アクセス日：二〇一九年一二月二〇日。

(15) 3・11後の広瀬が執筆する主な雑誌媒体は、『金曜日』『週刊朝日』など。

(16) 数少ないテレビ出演として、チェルノブイリ事故後の一九八八年七月放送のテレビ朝日『朝まで生テレビ!』の原発特集の他、同じ頃に、読売テレビ『11PM』に生放送で出演し、原発について語ったことがある。だが放送中に関西電力から局に抗議があったため、番組途中のコマーシャルの時、営業部員が司会の藤本義一に対し「こんな内容では困る」と文句を言ったという(広瀬・明石 2011: 123)。

(17) 『さようなら原発一千万人アクション』ホームページ http://sayonara-nukes.org/　アクセス日：二〇二〇年一〇月二九日。

(18) 田原の東京12チャンネル時代のディレクターとしての仕事は、丹羽(2020)に詳しい。

(19) 田原(1976)裏表紙の記述から。

(20) 映画『原子力戦争』は、一九七八年度の『キネマ旬報』評論家選出の邦画批評ランキングの二一位にランクインしている。

(21) チェルノブイリ取材の内容は、映像報告としてOurPlanet-TVで配信されたほか、書籍化もされた(白石

2014)。

(22)　二〇二〇年六月の第一五回甲状腺検査評価部会によると、穿刺細胞診で甲状腺がんの疑いがあると診断された患者は二四一人(うち一人は良性)、手術を受けて甲状腺がんと確定した患者は一九五人となった。http://www.ourplanet-tv.org/?q=node/2508　アクセス日：二〇二〇年六月一九日。

(23)　このうち、ブログ「キノリュウが行く」は、二〇一六年一〇月一五日を最後に更新されていない。他のメディア媒体に重心を移行するため、整理したと思われる。

(24)　以下の三冊。日隅・木野(2012)、木野(2013, 2014)。最初の一冊は日隅一雄との共著。

(25)　これらの数字は、二〇二〇年八月のものである。

(26)　『東京新聞』は、長期的に原発取材を続ける木野の活動を紹介する記事を掲載した。記事はここで紹介した言葉以外にも、木野個人の事情や心情を率直に伝えている(『東京新聞』二〇一六年三月一三日)。

第3章

「日本」をめぐる闘争
——人文社会科学系知識人——

首相官邸前では原発再稼働に反対する大規模な抗議行動が続いた＝2012年6月29日．撮影：正しい報道ヘリの会／野田雅也

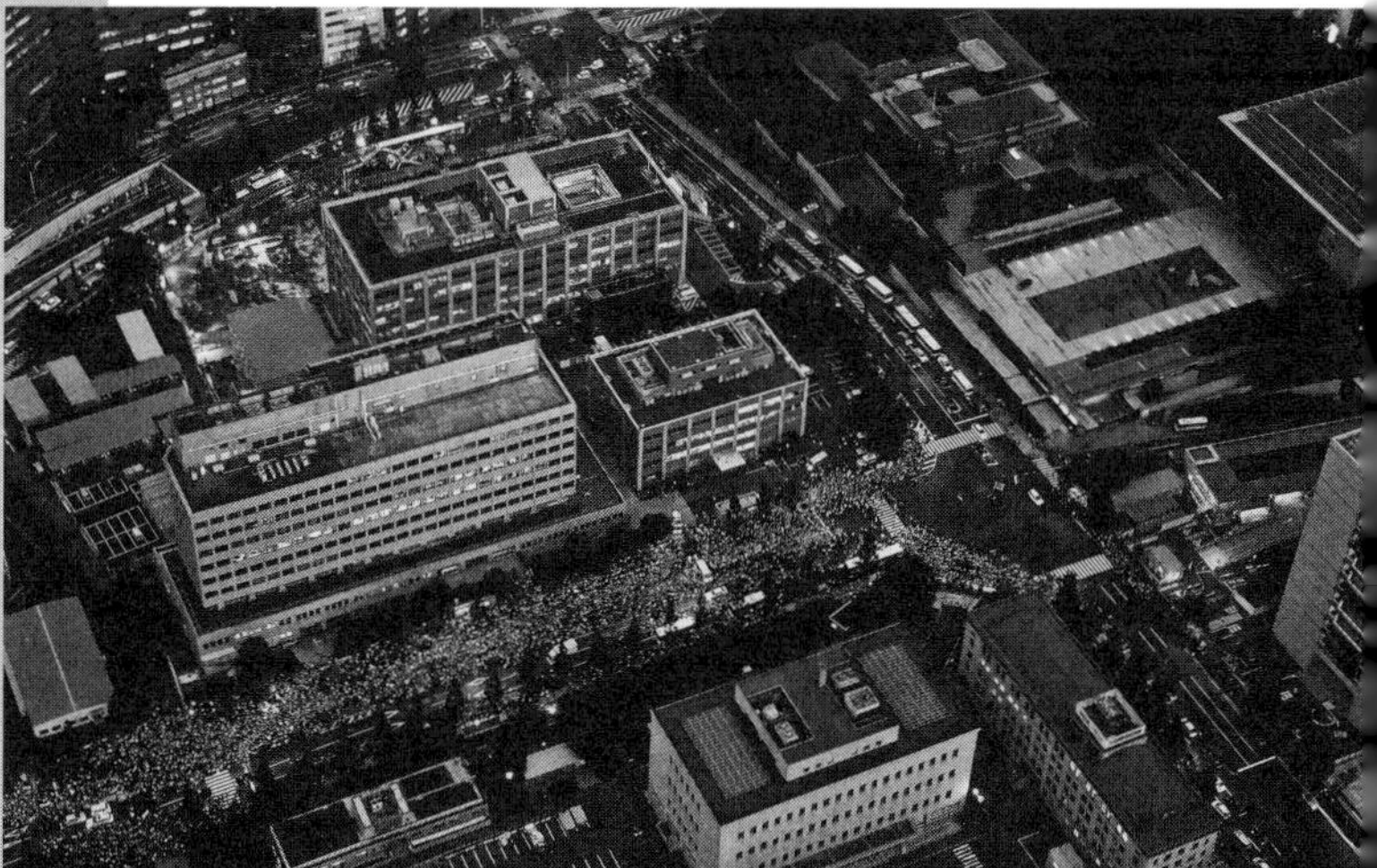

原発に関心を示してこなかった人文社会系知識人

一九八二年一月、日本を代表する作家、文芸評論家などの知識人二八七人が「核戦争の危機を訴える文学者の声明」を発表した。この声明は、地球上には全生物を何度も殺戮するに足る核兵器が既に蓄えられており、核戦争が勃発すれば地球が破滅するという強い危機感を訴えている。声明の最後は、『ヒロシマ』、『ナガサキ』を体験した私たちは、地球がふたたび新な、しかも最後の核戦争の戦場となることを防ぐために全力をつくすことが人類への義務と考えるものです」と述べて締めくくっている。この声明の署名者は、大江健三郎、井伏鱒二、遠藤周作、大岡昇平、司馬遼太郎、松本清張、村上龍、安岡章太郎ほか、文字通り日本を代表する作家、文学者らであった。

この声明の背景には、一九八〇年代初頭の世界的な反核運動の高まりがある。一九七九年一二月、北大西洋条約機構(NATO)が、対ソ連を念頭にアメリカの新型中距離核ミサイルの欧州への配備を決めたため、当時の西ドイツを中心に欧州で大規模な反核運動が起き、この声明もそれに呼応するものであった。しかしながら、この声明の内容はあくまでも核兵器の反対に絞られ、原発の問題には一切触れていなかった。このことは、声明の三年前に、米スリーマイル島で過去最大の原発事故が起きていた事情などを考えるならば無視できない。だが、逆説的に言えば、それは、広島と長崎の被ばくの経験を踏まえての、「核と原子力は別物」＝「平和のための原子力」という戦後イデオロギーの呪縛がいかに強力なものかを物語っていよう。

日本の人文社会科学系知識人の反原発の言論の不活性は、一九八六年四月のチェルノブイリ原発事故後も変わらなかった。第2章で触れた、テレビ番組『朝まで生テレビ!』の一九八八年の二回にわたる各五時間の原発問題の討論では、原発推進派と反原発派の総勢二十余名のスタジオ・ゲストの間で激しい議論の応酬が行われた。だが、(映画監督の大島渚のような大物もいたものの)反原発派側のゲストは原発推進派側より少ないとともに、その中でも人文社会科学系知識人は数人に過ぎなかった(1)。

チェルノブイリ事故後、かつてなく原発への懐疑が高まり、「脱原発ニューウェーブ」と呼ばれる反原発運動につながったものの、絓秀実《すが》が言うように、それは「ニューエイジ」や「サブカルチャー」的な運動や文化の枠内にとどまりがちであった(絓 2012)。前章まで見てきたように、3・11以前の日本の反原発は、一部の科学者、フリーランス・ジャーナリスト、フォトグラファー、ミュージシャン、市民運動家、主婦らによって支えられ、人文社会科学系知識人の姿をそこに見つけるのは困難なのである。

福島の事故以前の二一世紀の最初の一〇年間は、大事故の予兆とでもいうべく事故が頻発した時期であった。二〇〇二年八月の東京電力等原子炉損傷隠蔽事件、二〇〇四年の関西電力美浜三号機配管破断事故、二〇〇七年三月の北陸電力・東京電力原発臨界事故隠蔽事件、さらに同じ二〇〇七年七月には新潟県中越沖地震が起き、震央地に近い柏崎刈羽原発では六号機の使用済核燃料プールの水(微量放射能を含む)が海へ放出され、七号機の主排気筒からは放射性ヨウ素等が放出される事故が起きている(2)。これらの事故が起きた際も、多くの人文社会系知識人は何も発言してこなかったのである。

3・11後の出版メディア

ところが、福島の事故後、原発をめぐる知的言説空間の事情は一変する。事故後、夥しい数の原発関連の書籍や雑誌が出版され、その数は少なくとも数百以上に上る。『世界』『中央公論』はじめ数多くの雑誌でも、毎号で大特集が組まれることとなった。事故の翌月の『世界』二〇一一年五月号は、『生きよう！　東日本大震災・原発災害　特別編集』と題してほぼ一冊丸ごと震災と原発事故を扱っている。六月号では、「原子力からの脱出」と題した一〇〇ページに及ぶ大特集が組まれたことからも分かるように、脱原発が明確に目指されている。

その後も『世界』は、翌年にかけてほぼ毎月、3・11関連の大特集を組み、原発への懐疑を継続的に問うた。(3)『中央公論』は、保守系論壇誌の基本スタンスがあるためか、3・11の特集を度々組んできたものの、『世界』のように反原発を打ち出したわけではない。だが、3・11から一年の特集では、『震災一年　科学は敗北したのか』のタイトルで、多くの識者による原発問題の長い総括を行っている。

「新規参入者」としての知識人たち

3・11後の雑誌の特集記事の執筆陣は、専門科学者、ジャーナリスト、政治家、市民団体代表者、作家などに加えて、人文社会系知識人の姿も目立った。また反原発関連の書物の執筆者も人文社会系知識人が目立った。というよりも、人文社会系知識人の言論が3・11後を牽引してきた、と言ってよい程に大きな存在感を示した。そのため、日本の反原発の歴史では、人文社会系知識人は「新規参入者」とでも言うべき存在だが、3・11後は、むしろ主役の座にあると言っても過言ではない。

　人文社会系知識人が主役であるのは、書籍や雑誌などの出版メディアの固有の特徴とも言える。その意味で、人文社会系知識人の言葉を検証する本章は、自ずと出版メディア「界」を論じることにもなる。第2章で取り上げた、科学者、フリーランス・ジャーナリストも(田原総一朗を除けば)、皆、出版メディアを主戦場とする人々であった。その意味では、本章と前章で得られる知見を、新聞・テレビを論じた第1章と比較参照することも少なからぬ意味があるだろう。

　3・11以降、反原発を主張する人文社会系知識人は多数にのぼるため、網羅的に検証することは物理的に困難である。そのため、本章が取り上げるのは、3・11後、単発の雑誌の寄稿記事などを書くにとどまらず、反原発を主張するための単著書籍を著した著名知識人に絞った。すなわち中沢新一、加藤典洋、笠井潔、小熊英二、安冨歩の五人である。

1　反西洋近代的日本主義——中沢新一

　3・11後、いちはやく反原発を唱える書籍を執筆した人文社会科学系知識人の代表的人物の一人に、中沢新一(一九五〇―　)の名を挙げることができる。中沢は宗教人類学者として一九八〇年代から旺盛な執筆活動を行い、フランスなどの構造主義、ポスト構造主義を日本に導入した「ニューアカデミズム」の旗手として広く知られる。中沢自身は、多くの人文社会系知識人と同様、3・11以前は、原発について特段、発言してこなかった。

だが、震災三カ月後の二〇一一年六月から月刊誌『すばる』で連載を行い、それに加筆し八月に著書『日本の大転換』を世に送り出している。また中沢は、福島の事故翌年の二〇一二年二月に、脱原発を掲げる政治運動体「グリーンアクティブ」を旗揚げし、脱原発派の国会議員を多く当選させることを目的とした政治活動や集会の開催などを盛んに行ってきた(4)。そのため、後述する小熊英二とともに、3・11後の脱原発への現実的なコミットメントを最も活発に展開してきた人文社会系知識人と言ってよい。

「日本の大転換」「文明の大転換」

『日本の大転換』に書かれた中沢の思想は、3・11以降の無数の反原発言説の中でも最もマクロなフレームワーク、「超大文字」の議論とでも言うべきものである。『日本の大転換』の冒頭で中沢は、「この出来事(福島原発事故)を境として、日本文明が根底からの転換をとげていかなければならなくなった(中略)。もとどおりの世界に『復旧』させることなどはとうていできないし、また、してはならないことだ。私たちは否も応もなく、未知の領域に足を踏み入れてしまったのである」(中沢 2011: 9)と述べる。著作のタイトル通り、脱原発を通して、文字通り「日本の大転換」「文明の大転換」を訴えることが主眼である。

中沢は、科学者への懐疑を最初に述べる。福島原発の事故が露呈させたのは、原子力を扱う日本の科学者の多くが、「自分が専門とする分野でいったいなにがおこなわれているか、ことの本質を理解していないのではないかという、恐ろしい疑念」(中沢 2011: 38)だと述べる。中沢は、原子力発電がそもそも生態圏の外部に属する物質現象からエネルギーを取り出す技術であること自体に問題の原因があるとする。

地震と津波は、生態圏の出来事であるがゆえにそれによって受ける生態圏の損傷は生態圏自身が修復していくことが出来るが、原子力発電のような、生態圏の外部の物質現象が及ぼす影響を癒していく能力を生態圏は持ち合わせていないとして、中沢は原子力発電を批判する。原子力発電は生態圏の外部エネルギーである点で石炭、石油と本質的に異なり、「人類のエネルギー革命の歴史のなかで、類例のないテクノロジー」(中沢 2011: 23)だという。

このあと中沢は、原子力の是非について、自分の専門領域である宗教の議論とむすびつける。中沢は、ユダヤ教、キリスト教などの一神教(モノテイズム)は、「ほんらい生態圏には属さない『外部』を思考の『内部』に取り込んでつくられた思想のシステム」(中沢 2011: 30)であり、原子力技術の、宗教思想における対応物が一神教だとして批判の対象とする。そして、一神教が問題となるのは、「それに特有な『超生態圏』的な思考が、西欧においてキリスト教の衰退後に覇権を握った、世俗的な科学技術文明の深層構造にも、決定的な影響を及ぼしているからである」(中沢 2011: 32–33)と述べる。

そのため中沢は、これからのエネルギーは、原子力発電の「弁証法的否定」によって、「自然」でも「人工」でもない「中庸」の技術を目指すべきだと主張する。そして、宗教思想とのアナロジーを用いるならば、それは、一神教から仏教への転回として理

解されるべきだとするのである。なぜならば、中沢によれば、仏教は生態圏の外部の超越者という考えを否定し、「思考におけるいっさいの極端と過激を排した中庸に、人類の生は営まれなければならない」(中沢 2011: 66–67)とする思想だからだとされる。

さらに中沢は、原子力発電と資本主義の類似を指摘する。中沢によれば、生態圏の外部エネルギー、すなわち「異物」である原子力を取り込んで、逆に生態圏を外部化した原子力発電は、「同じように過激な方法で、社会生態系の活動とは異質な自己調節型システムを、社会のなかに設置し、ついには社会を包摂し、自分のなかに飲み込むにいたっ」て、外部を喪失した資本主義システムと「瓜二つの兄弟」だというのである(中沢 2011: 80–81)。

そのため、脱原発の後、「脱資本主義」がなされねばならないとして、最後に「リムランド文明」の再生を提唱している。中沢によれば、日本文明には、ユーラシア大陸がみずからを太平洋に押し出してつくった「リムランド(周縁のクニ)」の列島上に形成されてきた「リムランド文明」が元々あり、そこでは自然と人工の明確な区別が無い点で、グローバル経済や原子力発電とは、そもそも異質な本性を持っていたとされる。

中沢は、3・11を経験した今、失われた「リムランド文明」の再生が必要で、それが「文明の大転換」だとして次のように述べる。

　このような大きな転換は、日本でこそ起こらなければならない。大地震と大津波のあとに、チェルノブイリと並ぶほどの原発大事故を体験した日本人には、前方にそのような道が開かれている。大転換は、日本文明を収縮させたり、弱体化させるのではなく、むしろ文明としての自分の本性への立ち返りを実現することになる。そして私たちは、そこから新生への歩みを開始することができる。

（中沢 2011: 92–93）

反西洋近代的日本主義――「近代の超克」の系譜

以上述べてきたことから、中沢の議論はいくつかの明確な輪郭を備えていることが分かろう。第一に、中沢の議論は、生態圏内外の区別まで視野に入れた壮大な文明論であり、それは、脱原発を唱える言説でありながら、議論の枠組みは、技術論、政策論に収まらない「超マクロ」「超大文字」なものとなる。宗教学者でありながら文明論を述べ、『緑の資本論』(2002)などの著作で、宗教と経済学を節合して議論を展開することもあった中沢は、福島の事故を経て、原子力発電への懐疑の議論と自説を節合することで、他に比すべきものが見られない「大きな物語」を構築している。

第二に、中沢の議論には、反西洋近代的日本主義とでも言うべき性格がみられる。中沢のいう大転換は、日本文明を弱体化させるのでなく、「むしろ文明としての自分の本性への立ち返りを実現すること」を目指す点で、日本回帰を志向する。3・11後に「文明の大転換」として必要なものも、「生態圏内エネルギー」「仏教」「脱資本主義」「リムランド文明」とされ、その一方で、「生態圏外エネルギー」「一神教」「資本主義」「ユーラシア文明」が敵対化されることで、日本・東洋と西洋が対立関係におかれることとなる。

これは、関東大震災後の一部の「天譴論」、太平洋戦争勃発後の知識人による「近代の超克」論が日本と東洋の歴史、文化、伝統を称揚しつつ、西洋のそれらを対比的に批判した構図と重なる。関東大震災後に「天譴論」を唱えた文芸評論家の生田長江は、「商業主義、資本主義の崩壊は眼前に迫って来ている」(生田 1925[1990]: 276)と述べ、「如何にして資本主義経済組織を解体さすべきか」(生田 1925[1990]: 288)と問うた。そして生田は、「商業主義よりも重農主義を、都会よりも村落を、文明よりも文化を、西洋よりも東洋」(生田 1925[1990]: 340-335)を選ぶことで、「超近代」の実現を唱えた。これは、生田の議論から九〇年後の中沢の議論、すなわち「脱資本主義」、「仏教」を取り戻し、都市でなく田舎の里山を重視する「リムランド文明」の再生を提唱する議論と相当なまでの類似が認められよう。

加えて、中沢の議論は、生態圏の中で獲得不可能なエネルギーを生態圏の外部から得ようとする「モダニズムの思想」を否定することが主眼である点で、反原発が反近代の思想的超克課題として捉えられていることも、やはり「天譴論」「近代の超克」論との類似を見いだすことが出来よう。中沢の議論は、第2章で論じた武谷、高木、小出ら科学者の議論とは位相が大きく異なる。

ハリー・ハルトゥーニアンは、日本の戦中の「近代の超克」論について、議論する知識人らが絶えず動いている近代の内側にいるにもかかわらず、外側から日本の「前近代」「伝統」を理想化するのは虚構であり、幻想だと批判したが(Harootunian 2000=2007)、それは、「自分の本性への立ち返り」を唱えることで、「日本」を本質的、固定的なものと捉える中沢の議論にもあてはまるかもしれない。

また、一九九〇年代初めに、キャロル・グラックは、日本の知的言説の状況について、「『東洋対西洋』という軸は、日本のなかでの両者の混淆・融合が一世紀を超えるにもかかわらず、截然としたものでありつづけた」(Gluck 1993=2002: 183)と述べている。

3・11後の、中沢のような議論は、東洋と西洋、日本と西洋という固定的でいくぶん虚構性を孕んだ二項対立図式が、今も日本の人文社会系知識人の間で、いかに根強く生き続けているかを象徴的に物語ろう。同時に、関東大震災、太平洋戦争、福島原発事故のような巨大カタストロフィが、そうした反西洋近代的日本主義——それは明らかにナショナリスティックな特徴を持つが——を、一部の人文社会系知識人の間で活性化させうることも物語っている。

思想的超克課題として

とはいえ、中沢の議論は他に類似のものが無いわけではない。第2章で取り上げた人物の中では、高木仁三郎との間に共通性をいくぶん見いだせる。高木は、これまでの人類が利用してきたエネルギーは、木材、石炭、石油、小水力発電に至るまで主に太陽エネルギーに由来してきたため、地球生態圏を破壊せずに活用できたが、原子力は、それらとは「本質的に異なるエネルギー利用」であり、「人類がこれまで経験したことのなかったもの」(高木 1976: 120)であることを、反原発の論拠の一つとして挙げていた。

そこで述べたように、高木の場合は、地球と生物が相互に関係し合い環境を作り上げる「巨大な生命体」として地球を捉える、イギリスの科学者ジェームズ・ラブロックらが一九七〇年代に唱えたガイア理論からの影響があった。中沢の場合は、主にチベット仏教の研究を出発点とする宗教人類学の立場からではあるが、高木と類似の思想を見いだすことが出来る。

だが、中沢の議論は、「日本文明」への立ち返りという思想的超克課題として原発が唱えられる点で高木とは異なる。また中沢の議論は明確な対立図式がありながらも、その争点と議論フレームは極めてマクロなため、その議論を反原発の政策議論に具体的に持ち込むには少なからぬ困難が感じられる。中沢は、太陽光発電を土台に、風力発電、バイオマス発電、海洋温度差発電、小水力発電などの自然エネルギーによるエネルギー革命を唱える（中沢 2011: 76）。その際、原発のみならず、石炭、石油などの化石燃料も資本主義と親和性が高いものとして全て否定される。

しかしながら、代替エネルギーだけでエネルギー需要が賄えるのかの数量的な計算や根拠にまで触れるわけではない。中沢は、「再生可能エネルギーへの転換をめぐる論争自体が、これまで原子力発電を推進してきたのと同じ、経済計算やエネルギー計量論の狭い枠のなかでおこなわれている」ことの限界を指摘し、「資本主義からの脱出の可能性」（中沢 2011: 143–144）に期待を寄せるが、計量的な論議抜きに今後のエネルギー政策を精査することはむつかしいのではないか。

また、武谷、高木、小出らの科学者は、理論物理学などの科学的専門知と、他分野知、人文社会知などとの相関の帰結としての反原発論であったが、中沢の場合は、自身のフィールドである宗教学、民俗学、人類学、経済学などの主に人文社会知の間の混淆と応用による議論構築である。そのため、放射能リスクを直接的には議題化しない。また、生態圏内エネルギーにこだわることで、自然と生態圏の問題を争点化するものの、気候変動、地球温暖化などについても議題化しない。

加えて、核兵器、核開発、さらには日本の潜在的核保有などの問題についても特段、議論を展開しないことは、メタ政治的正義や包摂性の観点からは看過しがたく思われる。後述する加藤典洋や笠井潔などのように、3・11後の人文社会系知識人の反原発論は、原爆被ばく国としての日本の経験と原発のありようを結びつけ、潜在的核保有の問題を争点化する議論が目立つが、この点で中沢は異なる。放射能リスク、代替エネルギー、潜在的核保有などの具体的な争点化を経ずに「リムランド文明」の再生を提唱する中沢の議論は、戦争の勝算など、当面の問題の争点化を経ずに、想像上の「日本」の復活を提唱した太平洋戦争中の「近代の超克」論をここでも想起できるかもしれない。植村和秀は、京都学派の西洋史学者の鈴木成高の「近代の超克」論を例に挙げ、「歴史的な価値判断ではなく、新しい時代の価値」を楽観的に志向したため、「希望や信頼が、認識を従属させている」(植村 2007: 79)と述べたが、中沢にもいくぶんあてはまらないだろうか。

2 戦死者の「祈念」——加藤典洋

3・11以降の人文社会系知識人の反原発の議論は、原発を広島、長崎の原爆被ばくの経験や戦後日本社会のありようとクリティカルに結びつけるものが目立つが、文芸評論家の加藤典洋(一九四八—二〇一九)は、その代表的な存在である。

加藤は、一九九五年に月刊誌『群像』に発表した「敗戦後論」などで広く知られている。加藤は、この中で、戦後の日本人は第二次世界大戦の侵略国と原爆などの被ばくによる被害国という二重のアイデンティティがあるため、「ジキル氏とハイド氏の分裂」(加藤 1995: 272)のような強い自己矛盾を抱えていると述べた。加藤は、この自己矛盾を乗り越えて、統一された日本人としての自己アイデンティティの確立が必要であるとし、そのためには、まず前線で命を失った自国の三〇〇万人の死者を弔うことで、アイデンティティの統一を図ることが求められるとした。加藤は、「戦争で死んだ自国の死者を、しっかり無意味な死と受けとめ、しかも、その無意味に頭を垂れ、無意味なままにこれを厚く弔う固有の術を、今からでも遅くはない、編み出さなければならないのである」(加藤 1995：279)と主張した。

これに対して、哲学者の高橋哲哉は、加藤の議論はナショナリスティックで、都合の良い自己欺瞞だとして激しく批判した。高橋によれば、加藤の考えは、自国の死者への閉じられた哀悼の共同体を作り出すだけで、結局は日本の戦争責任を曖昧にしてしまうというものであった(高橋 1999)。両者の激論は、日本人の国民的アイデンティティのありようをめぐって左派、右派の多くの論者を巻き込み、一九九〇年代で最も活発な議論となった。

原爆犠牲者の「祈念のかたち」

福島の事故後の二〇一一年一一月に発表された加藤の著作『3・11――死に神に突き飛ばされる』は、加藤自身の「敗戦後論」と明確な相同性がみられる。この中で加藤は、広島、長崎などの戦争の死者を弔い、彼らと真摯に対峙する視点を尊重することで反原発の論拠を提出するからである。これは、「敗戦後論」からの反原発と位置付けてよいだろう。

加藤は「敗戦後論」に関連し、文化象徴としての「ゴジラ」について、3・11以前からたびたび論じてきた(加藤 2007, 2010, 2016 ほか)。映画『ゴジラ』は、その第一作が一九五四年三月、アメリカのビキニ環礁での水爆実験による日本のマグロ漁船第五福竜丸の被ばく事件の直後につくられたことから、「ゴジラ」は、原水爆の恐怖、アメリカの脅威の文化象徴として、しばしば受け止められてきた。しかしながら、それだけでは、二九作にわたって映画が作られてきた「ゴジラ」の文化象徴としての長命ぶりは説明できないと加藤は述べる。

加藤は、評論家の川本三郎の「ゴジラ」は第二次世界大戦の戦死者の亡霊であるとする説（川本 2000）を発展させ、「ゴジラ」とは、戦争の死者とどう向き合えばよいか分からなくなった戦後日本人の、彼らに対する「『うしろめたさ』の体現物」（加藤 2011: 116）だと主張する。「『怨念』のかたまりのようなもの」（加藤 2011: 116）である「ゴジラ」が、映画『ゴジラ』シリーズの長い年月の中で、ペット化、アイドル化する方向に進んだのは、「恐ろしく、しかし懐かしい存在であると同時に、『悪』であることをもやめないこの文化アイコンを、いわば日本社会が無害化し、馴致化する儀式の過程だったのではないか」（加藤 2011: 116）と加藤は考える。

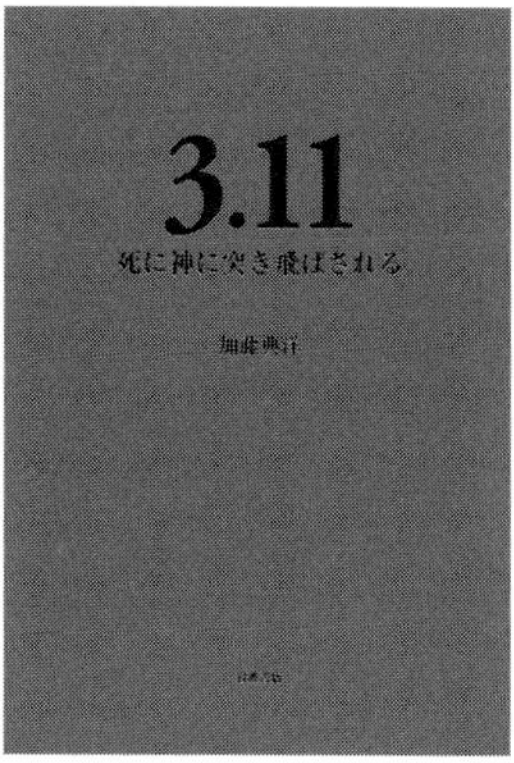

加藤にとって、「ゴジラ」は戦死者の亡霊のメタファーであり、とりわけ広島、長崎の原爆被ばく者が想定される。そのため、「行き場のない」「ゴジラ」は、「うしろめたさ」を感じる戦後日本人の手によって何らかの形で、その「怨念」を鎮めることが期待される対象物となる。そして加藤は、最も大切なことは、原爆投下による犠牲者の「祈念のかたち」を尊重することだと述べ、犠牲者の霊の立場なら何を考えるか、何を祈るだ

ろうかと議論を進める。

もしこの核の「悪」に対し、人類が、私たちが、これを「平和利用」することで、「原子力の平和利用」を対置することができるとしたら、どうか。それを柱に、被爆者の医療体制の完備、やがては原爆の完全廃止までしっかりと事態を進められるなら、はじめて、犠牲者の霊も、少しは浮かばれるのではないか。その意味で、自分は「原子力の平和利用」の実現を――被爆者の救済、原爆の廃止とともに――希求する。

このような「祈念のかたち」が生まれたとしても、それは、不思議ではない。

(加藤 2011: 112–113)

加藤はこのように問いかけ、原爆投下による犠牲者の「祈念のかたち」を尊重するための必要条件として、原発の運用から核燃料サイクルの確立という項目を外すことが優先課題だと主張する。加藤がそう考える最大の理由は、使用済み核燃料の再処理はプルトニウムを作りだし、それが軍事利用にいつでも転用される可能性があるからだとする。一方で、核燃料サイクルを持たない原子力発電であれば、少なくとも平和利用に限られるため、それは、原発が、「被爆者の『祈念のかたち』を叶える存在となるための必要条件」(加藤 2011: 131)になるとのロジックである。

3・11後の別の書物で、加藤は日本国憲法の九条改定を提案し、「今後、われわれ日本国民は、どのような様態のものであっても、核兵器を作らず、持たず、持ち込ませず、使用しない」(加藤 2015:

490）との条項を付け加えるよう提案している。それによって核燃料サイクルの停止と、現有プルトニウムのＩＡＥＡの国際管理への移管が目指されるのである。

反日本近代的内省主義

加藤の反原発論は、第二次世界大戦の戦死者を「ゴジラ」というシンボルをメタファーとしつつ、「戦後」をクリティカルに争点化し、自身の「敗戦後論」で示された、戦死者への弔いによる現代日本人のアイデンティティの立ち上げの議論を、原子力の「平和利用」と「軍事利用」の明確な分離の提唱へと結びつける。加藤の議論は、「原子力の平和利用」をクライテリア（優先的な尺度）とするため、その議論が敵対するのは、核燃料サイクルの確立を目指す原発推進派、およびそれに加えて、「原子力の平和利用」のクライテリアを示さない知識人となる（「原子力の平和利用」を唱えながら、そのクライテリアを示さない、すなわち核燃料サイクルの問題に触れない代表的な論者として加藤が繰り返し批判するのは、寺島実郎と立花隆の二人である（加藤 2011: 66–70））。

加藤の議論は、同じく原発への懐疑を示しながらも、前述した中沢とは争点と議論フレームが相当に異なる。中沢も加藤もともに、３・11後の原発のありようをめぐって、「日本」をめぐる象徴闘争を行う点では共通する。だが、西洋的近代と伝統に敵対しつつ「日本」への回帰を唱える中沢と異なり、加藤は、戦後へのクリティカルな内省から「日本」と敵対する。

そのため、中沢を反西洋近代的日本主義とするならば、加藤は反日本近代的内省主義と名付けてよいものであろう。加藤の場合、３・11後の日本人のアイデンティティを、彼自身の「敗戦後論」と同様に、戦争の記憶に遡及しながら、喪による内省を通して実現しようとする。そのため、これまで議論される機会が乏しかった、核の「平和利用」が宿命的に内包する「軍事利用」の潜在的可能性が、広島、長崎の犠牲者の霊前では、言い訳の出来ないダブル・スタンダードとして俎上に載せられつつ、退けられる。

だが一方で、加藤と中沢の議論の位相的差異は大きいものの、どちらも思想超克的課題である点で奇妙な共通点を認められる。その点では、戦中の「近代の超克」論、さらには関東大震災後の「天譴論」の一部とも重なり合う。

原発推進派の「四つの軸」への反証

しかしながら、加藤の議論は、3・11後の人文社会科学系知識人の反原発論の中では、反原発の考えに至る根拠と今後のエネルギー政策のあり方を最も丁寧に論じたものの一つであることを触れておかねばならない。注目されるのは、加藤が、原発推進派の議論の論点を「四つの軸」として俎上に載せ、それに反証するための議論を展開していることである(加藤 2011: 71-82)。

加藤は一つ目の軸として、原発を撤廃すると日本経済が停滞するという原発推進派の意見を挙げ、これについては、原発に依存しない産業構造の転換を目指すならば、必ずしも原発と経済の二者択一の問題にならずに済むと述べる。

二つ目の軸として、高度な科学技術である原子力の領域から撤退することで、日本の科学技術開発が停滞するという原発推進派の意見を挙げている。加藤は、これについては、原子力開発、研究の予算を、たとえば:iＰＳ細胞研究に代表される再生医療分野に投入すれば、原発撤退のマイナスを別部門で補えるのではないかと述べる。ただ、原発撤退で最も懸念されるのは、今後数十年間の日本国内の廃炉とその技術、および事故処理技術の継承が途絶えかねないことであるが、これについて加藤は論じていない。

三つ目の軸として、加藤は地球温暖化との関連を挙げている。加藤は、地球温暖化の問題提起に大きな役割を果たした気候変動に関する政府間パネル（ＩＰＣＣ）を、「どの程度信頼してよいのか、私はまだよくわかっていない」（加藤 2011: 75）と率直に前置きして、慎重な言葉運びをしている。加藤は、地球温暖化の懐疑論[5]とそれへの専門家の反論[6]の両方に接すると、「いずれが正しいのか、判断がつかない」（加藤 2011: 76）と正直に述べる。その上で加藤は、脱原発と二酸化炭素による地球温暖化に対する対策は、必ずしも二項対立的、二者択一的な問題ではないのではないかと問う。そして、もし仮にこの二つが対立するにしても、二酸化炭素削減のために原発を推進する議論は、原発事故の重大さを考えれば、「比較として成り立たない」（加藤 2011: 76）とする池田清彦などの議論に加藤は理解を示している。そして、「少なくとも、クリーン・エネルギーとしての原発推進という論拠は、崩れている」（加藤 2011: 77）と結論する。

地球温暖化についての加藤の立場は、本書で取り上げている人物の中では、第2章で論じた広瀬隆にいくぶん近いと言えよう。しかしながら、地球温暖化の深刻さが増している近年の事情を鑑みるならば、「クリーン・エネルギーとしての原発推進という論拠は、崩れている」とする加藤の見方は、人によっては評価が分かれるかもしれない。

四つ目の軸として加藤が挙げる軍事問題については、加藤は紙数を割いて繰り返し詳細に論じている。そのことは、彼自身の「敗戦後論」の議論を発展させ、戦死者の想像上の「祈念のかたち」に寄り添い、核燃料サイクルを拒否する加藤の考えと密接にリンクしている。結論を先取りするならば、本書が取り上げる人物の中で、加藤は後述する笠井潔とともに、3・11のカタストロフィを契機に、原発の背後にある日本の潜在的核保有の問題をもっとも正面から議論した一人である。

加藤は、一九五五年制定の原子力基本法に遡り、武谷三男ら科学者たちの学術会議が提唱した「自主・民主・公開」の三原則に触れ、戦後の日本はそのいずれも守ってこなかったとして問題化する。前述したように、加藤が核燃料サイクルの放棄を唱えるのはそのためだが、それは、「よほどの政策的な仕掛けを考案しない限り、核燃料サイクルをともなう原子力発電事業には、平和利用という外見を持った軍事使用のプロジェクトという二重構造がつきまとう」(加藤 2011: 80)ことが何よりも重要な懸念事項と考えるからである。そのため、加藤は、隠された核の「抑止力」を手放すための「まず第一歩として、核燃料サイクルを放棄し、ここで、はっきり平和立国を選択」(加藤 2011: 160)することで、「平和利用」の原則に戻ることの必要性を説く。

「敗戦後論」の延長線

加藤のこうした視点は、日本が平和主義を唱えながらも、一方ではアメリカに従属するという戦後日本の「ねじれ」からの脱却を唱えた彼自身の「敗戦後論」の延長線上にある。それは、欺瞞の「ねじれ」を解消して、純潔でオルタナティブな「戦後」の獲得への加藤らしい探索と言えよう。

核燃料サイクルの放棄は、第2章で述べた高木、小出、広瀬、そして鎌田などの議論が脱原発によって自ずと核燃料サイクルの放棄を伴うことを考えれば、加藤の議論はそれらと並行性があるとともに、珍しい考えではない。ただし、加藤の場合、戦後の原発推進史が武谷三男や湯川秀樹ら科学者の構想したものから乖離したことによる平和利用の脆弱さを議題化し、完全な「平和利用」へと軌道修正するための、一種の「踏み絵」を政官財の原発推進主体に迫る点で独特のものと言ってよい。

加藤の議論は、3・11以前は表立って問題化される機会が乏しかった潜在的核保有の問題を、意識的に議論の俎上に載せた点で少なからぬ意味があろう。3・11のカタストロフィが、戦後日本が矛盾に満ちた複合的なダブル・スタンダードを抱えてきたことを暴露し、議題化させる契機となり、加藤自身の「敗戦後論」をさらに前進させたと見ることも出来よう。ここには、3・11以前は、分離されがちであった日本における反原発と反核の接続の一つの形を認めることが出来る。

だが、原発政策という具体的な政治議題を、戦死者の想像上の「祈念」に回収してしまう加藤の議論は、ハリー・ハルトゥーニアンや依田富子が、加藤の「敗戦後論」の欠点として挙げるもの、すなわち、「歴史をめぐる真なる論争への代用品としての記憶、経験、喪へのアピール」(Harootunian and Yoda 2006: 8)と類似の問題点が指摘できるかもしれない。

また、加藤が原発に代わるエネルギーとして考える方向性は特色のあるものではない。加藤は、「脱原発は、できるだけ、段階を踏んで、石炭、天然ガス、シェール・ガスなど化石燃料による火力発電、小規模の水力発電をも導入しつつ、原発を風力、太陽熱、地熱、など代替エネルギーに換えていくことで果たしていくのがよい」(加藤 2011: 160)と述べるにとどまる。また、データやエネルギー比率に踏み込んだ具体的な議論は展開しない。

なお、加藤は、福島の事故後のマスメディアの報道を厳しく批判している。加藤は、新聞、テレビなどのメディアが事故についての正確な情報、問題の所在、少数者の意見を伝えないとともに、政官財の当事者への批判が十分でないと述べている。そして、こうしたことは、「メディアの当事者たちが、こぞって、第二次世界大戦の、国策にべったりの、批判精神を欠いた報道に終始したことの反省を、なんら戦後の活動に生かしてこなかった」(加藤 2011: 97)事実を明らかにしているとしてメディアを非難する。福島の原発事故に接して、政官財に対するのと負けず劣らずのメディア批判を行うのは、第2章で取り上げた広瀬、小出らと通じるものであろう。

3 「日本」を超克する——笠井潔

3・11後に反原発を唱える人文社会系知識人の中で、小説家、文芸評論家の笠井潔(一九四八—)は、原発の問題を第二次世界大戦の経験、および「戦後」と関連づける点で、加藤典洋とともに代表的な存在である。笠井は、一九六〇年代には、新左翼党派の一つ、共産主義労働者党の学生組織であったプロレタリア学生同盟の中心人物として学生運動に関わった。その後は一九七〇年代に二年間パリで生活し、七九年に発表した小説『バイバイ、エンジェル』が角川小説賞を受賞して以降、数々の推理小説、SF小説を執筆する一方で、文芸評論活動を行ってきたことで知られる。

笠井は、マルクスに依拠しない左翼思想を独自に模索し、文芸評論に留まらない思想、哲学についての執筆も多数行ってきた。原発については、一九七九年の米スリーマイル島事故後、事故に触発された小説を書いた経験があるため、原発についての発言は、笠井にとって3・11後が初めてではない。多くの人文社会系知識人が3・11以前は原発問題の発言をしてこなかったことを考えるならば、笠井は異色の存在と言える。

自己欺瞞の精神構造――「ニッポン・イデオロギー」

笠井は、二〇一二年九月に、著作『8・15と3・11――戦後史の死角』を発表した。この中で笠井は、「3・11」は「8・15」、すなわち福島の事故と太平洋戦争は同じ精神構造から生じたものであるとして、次のように言う。

> 8・15を真に反省し教訓化しえなかった日本人が、『平和と繁栄』の戦後社会の底部に3・11という災厄の種を蒔《ま》いた。これこそ戦後史の死角である。3・11という破局的な体験が突きつけている意味を真に了解するには、8・15で切断されたように見える戦前日本と戦後日本の錯誤を明らかにしなければならない。（笠井 2012: 30）

笠井は、「『空気』の支配と歴史意識の欠落を二本の柱」とする思想を「ニッポン・イデオロギー」と名付け、それをキーワードにしつつ、3・11の歴史的意味を紐解こうとする。笠井の言う「ニッポン・イデオロギー」とは、戦前は、歴史認識を欠いて、世界戦争の時代を読み違えて「敗北必至」の

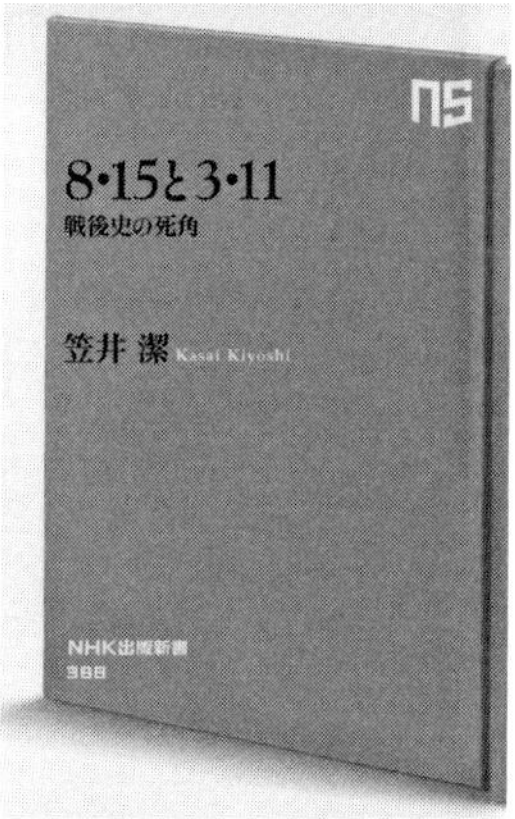

戦争を起こし、戦後は、戦争の原因、責任を曖昧にしたまま、「平和と繁栄」に邁進した自己欺瞞の精神構造のことである。

笠井によれば、二〇世紀は、「ヨーロッパ公法秩序の原理的な不安定性から生じた、〝世界国家〟をめざす列強諸国の勝ち抜き戦」（笠井 2012: 63）の時代であり、唯一の「世界国家」が析出されるまで戦争が行われる必要があったため、二つの世界大戦が行われたと述べる。そして、対アメリカとの関係において、「敗北必至」「自滅的な戦争」という認識を致命的に欠いて戦争に突入したのが戦前日本の「ニッポン・イデオロギー」だと笠井は言う。

この「ニッポン・イデオロギー」が福島原発事故でも問題となるのは、笠井によれば、この事故も、歴史認識の欠如が原因によるものとされるからである。笠井は、「日本の原子力平和利用は、軍事利用の可能性を担保するものとして出発している」（笠井 2012: 147）と述べ、佐藤内閣の極秘文書などをもとに、潜在的核保有は「国策」だったと主張する。その「国策」としての潜在的核保有のために、技術的困難が指摘されていた核燃料サイクルの実現に莫大な国費が投じられてきたと笠井は述べる（笠井 2012: 154）。そして、「『潜在的核保有』能力の獲得は、抑止力という軍事的効果を期待してなされる以上、平和利用を隠れ蓑《みの》にした核の軍事利用にほかならない」（笠井 2012: 151）と非難する。

笠井によれば、二一世紀に入ってから、二〇〇一年のアメリカ同時多発テロ、アフガニスタン紛争、イラク戦争に象徴されるように、二〇世紀のような国家間戦争と異なり、戦争主体が変質しているため、世界戦争から世界内戦の時代に移行したとされる。笠井は、百歩譲って冷戦期の世界戦争時代であるならば原発は存在意義があったにせよ、世界内戦時代の二一世紀には、潜在的核保有の実効性は皆無であるため、そうした時代の変化、歴史的認識の読み違え＝「ニッポン・イデオロギー」のゆえに、「原子力ムラ」は解体されないまま存続させられ、その必然的帰結が3・11だというのである。

「潜在的核保有」の争点化

笠井が、戦前から現代に至る長い歴史の複雑な時代背景や事情を、分節化させて議論を行うことなく、すべての問題の根源を「ニッポン・イデオロギー」のラベルを張って単純化するのはいささか乱暴で、結局のところ、それらの問題を解決するための具体的な処方箋を与えてくれることはないだろう。だが一方で、「原子力の平和利用」と「軍事利用」の両方を俎上に載せ、丁寧な議論を展開していることは注目される。実際、3・11後の人文社会系知識人の中で、日本の潜在的核保有の問題を笠井ほど正面から議論している人物は少ない。

笠井は、福島原発事故後のドイツの原発全廃の決定の背後には、一九八〇年代後半から、反原発運動に後押しされて核燃料サイクルの確立を断念し、一九九一年には自国の高速増殖炉の実験も中止した歴史的蓄積があることを指摘し、日本が脱原発を出来ないのは、潜在的核保有の問題が温存されてきたからだと指摘する。笠井の議論は、「ニッポン・イデオロギー」の思想的超克課題として反原発が捉えられるがゆえに、俎上に載せられる機会の乏しい潜在的核保有の問題がワンセットのものとして前景化すると言えるかもしれない。

ジョン・ダワーは、現代の日本で危機に瀕しているのは、終戦直後のアメリカの日本占領初期における改革が掲げた、「非軍事化と民主主義化」の理念を受け継ぐ夢だと述べているが(Dower 1999=2001)、その通りかもしれない。その意味で、笠井と加藤の議論は、これまで語られる機会が乏しく不可視化されがちであったものを議題化させた点で意味あるものと言える。潜在的核保有の問題は、3・11のカタストロフィが知識人を通して表面化せしめた社会政治的矛盾の代表的なものであろう。

科学者と人文社会系知識人の差異

だが、笠井の反原発論には看過できない不備があることも指摘せねばならない。笠井にとっては、そもそも原発の存在そのものが歴史認識、時代認識の観点から二一世紀には不要なものとされるため、原子力の危険度、放射能リスク等は議題から除外されるのである。この点において、武谷、高木、小出らの科学者の反原発論とは相当に異なるとともに、前述の加藤とも異なる。

一方で、笠井のその点は、中沢の議論とは共通性が見られる。加えて、中沢が「リムランド文明」を提唱し、笠井が「ニッポン・イデオロギー」からの脱却を提唱し、ともに超克すべき思想的課題として原発問題が捉えられる点でも、笠井と中沢は共通性がある。思想的超克課題という点では、戦死者の「祈念のかたち」の尊重を議題化した加藤の議論にも言えることだろう。

しかしながら、次に見ていくように、笠井はその中沢と加藤を厳しく批判するのである。

笠井による中沢への批判――「日本」をめぐる闘争

なぜ笠井は、中沢を厳しく批判するのか。中沢は笠井や加藤より二年後の一九五〇年生まれの同世代であり、宗教人類学者であるものの、文明、哲学、思想、資本主義などを横断的かつ精力的に執筆活動を展開してきた点も、笠井と重なり合う。二人とも、3・11後に脱原発を唱える代表的な知識人でもある。しかしながら、中沢は笠井の最大の批判対象なのである。中沢の立場は前述したように、反西洋近代的日本主義と言えるものだが、笠井の立場は加藤と同様に、反日本近代的内省主義と言うべきものである。結論を先取りするならば、笠井の中沢への批判は、それぞれの立場の相違を背景にした、「日本」をめぐる激しい象徴闘争と言ってよい。

前述したように、中沢は、原子力発電がそもそも生態圏の外部に属する物質現象からエネルギーを取り出す技術であること自体に問題があると考える。そして、核技術とユダヤ・キリスト教的一神教を重ね合わせ、これらの問題を克服するために、西洋の一神教的文明から脱却し、いっさいの極端を排した中庸にもとづく仏教および仏教と神道の結合による文明の再生を中沢は主張した。

しかしながら、中沢とは逆に、笠井は、福島原発事故をもたらしたのはユダヤ・キリスト教的一神教的なものではなく、むしろ神道や仏教などの日本的宗教性なのだと述べる。笠井は、「『神道の神々』を基層とするニッポン・イデオロギーこそが、8・15に続いて3・11の大惨事を必然化した」（笠井 2012: 210）として、以下のように中沢を厳しく批判する。

役に立ちそうだという現世的な理由で、「一神教的技術の生み出したモンスター」を飼育してみようとした「自然宗教の神官」こそニッポン・イデオロギーの信徒であり、アニミズム的な知や技術の頽落した形態である。この愚かしい頽落形態以外に、本来のアニミズム的なものが日本に残されていると思うのは、非現実的なノスタルジーにすぎない。

現代日本でも美しい里山の自然に、中沢はアニミズム的基層が息づいているという。しかし日本の農村はまた、異物排除の抑圧的な閉鎖的共同体でもある。（中略）8・15と3・11の破局を招いたニッポン・イデオロギーの基層が、現存するアニミズム的心性の唯一の形態といわなければならない。（笠井 2012: 211）

笠井はその後、「中沢のような新型の日本主義も、地震／津波と原発事故が突きつけた思想的難問を回避しているにすぎない」（笠井 2012: 214）と述べ、反原発の思想的射程として日本の宗教思想の上で参考になるものがあるとすれば、それは親鸞から鈴木大拙、そして鈴木の傍にいた幸徳秋水、大杉栄、さらには日本の〈政治の季節〉のクライマックス〝一九六八年〟に至る戦後ラディカリズムだとして、最後に原発の即時ゼロ化とそれによる「近代日本の自己閉塞を突破」（笠井 2012: 221–222）することを提唱する。

このように、笠井の中沢への批判は、「日本」をめぐる象徴闘争と言うべきものであるが、しかしながら、二人のいずれが正しいかを議論するのは本書の目的でないと同時に、さほど意味あることではないと思われる。なぜなら、二人とも、「日本」から文化や宗教の混淆の堆積の複雑な歴史性を取り除き、固定的なイメージで「日本」が捉えられる点で、議論自体が虚構性を孕んでいるからである。むしろここで重要なことは、福島の事故が知識人に、「日本」をシンボルとさせながら、象徴闘争を活性化させることであろう。この点で、関東大震災後の「天譴論」や戦時中の「近代の超克」論などにも通じる、巨大カタストロフィ後の日本の人文社会系知識人の「界」の言説的な特性の一端を見いだすことが出来るが、これについては本章の最後で改めて整理したい。

笠井による加藤への批判――「ゴジラ」と潜在的核保有

笠井は、3・11後の反原発論者の中では最左派に位置するが、加藤も左派的な立ち位置におり、前述したように、二人の立場はともに、「日本」への疑念を基調にした、反日本近代的内省主義に分類することが出来る。だが、笠井は中沢と同様に加藤へも厳しい批判を行っている。笠井と加藤の間にも、笠井と中沢の間のように、外形的なライフコース上の共通点がいくつかある。まず、笠井と加藤はともに同じ一九四八年生まれの「団塊の世代」に該当する。また、笠井は小説家でもあるが、笠井と加藤はともに文芸評論を生業としながらも思想史、政治、歴史認識などの言論を熱心に展開してきた点も共通点がある。

さらに、笠井の反原発論は加藤と同じく、文化アイコンのゴジラをメタファーとして議論を構築している。笠井は、評論家の川本三郎を発端に、加藤らによって精緻化された「ゴジラ＝戦死者の亡霊」説は説得力があると評価する。その上で、映画の中でゴジラが踏みつぶしたのは、戦後復興がほぼ完了した時点で日本人が選択した対米従属の「平和と繁栄」、それによる戦死者の忘却だと述べ、そうであるがゆえに、「怨霊・御霊《ごりょう》」としてのゴジラに、観客は戦慄したのではないかと笠井は考える（笠井 2012: 28）。かくして、笠井と加藤の「ゴジラ」観は、かなり近似なものと言えよう。

しかしながら、ゴジラ＝「戦死者、とりわけ被爆犠牲者の亡霊」の側からの想像上の「祈念のかたち」に寄り添い、それに背かないための「原子力の平和利用」の歯止めとして核燃料サイクル＝「潜在的核保有」の廃棄という結論に至る加藤の立論を笠井は否定する。笠井は、そもそも核の「軍事利用」と「平和利用」は明確に分離できるか疑問視するのである。

その理由として、「二一世紀の世界内戦では正体不明の仮想敵が、日本の原発を兵器として、日本を壊滅させるために使用する可能性もある」（笠井 2012: 165）などの懸念材料を挙げる。

そのため笠井は、広島や長崎の原爆被ばく者が「原子力の平和利用」に夢を託したであろうとする加藤による被ばく者の「祈念のかたち」は一種の虚構だと指摘する（笠井 2012: 164–165）。そして、「『ゴジラ』と化して日本列島を襲った戦争犠牲者たちに、真に向きあうための唯一の道」（笠井 2012: 217）は、原発そのものの即時拒否の他ないとして、それによる戦後日本の政治、経済、社会の根本変革が必要だと結論する。

笠井による中沢と加藤への批判の背景には、人文社会系知識人の言説は、シンボルと記号を用いつつ、それらの差異の構築による象徴闘争により自説の正統性を主張することに力点が置かれやすい事情があろう。前述したように、笠井、中沢、加藤は同世代であり、その言論活動領域や考察対象も重なることが多い。むろん、皆、3・11後に反原発を唱える点も共通していることから一種の同族とも言える。

だが一方で、同族同士であるがゆえに、それぞれが自説を展開する際、差異的言説を構築するために、互いの言葉が参照されるとともに、時に批判対象ともなりうる。結果として、それらの言説は、原発推進派への敵対よりも(それがどの程度自覚的かどうかは別にして)、同じく反原発を唱える者への敵対が前景化する。ゴジラなどの文化的メタファーを用い、「日本」などのシンボルをめぐって展開される人文社会系知識人の象徴闘争は、マスメディアはむろんのこと、科学者、フリージャーナリストたちのそれらとも相当に異なるものであろう。

4 「戦後民主主義」の進度――小熊英二

次に取り上げる社会学者の小熊英二(一九六二―)は、『〈民主〉と〈愛国〉――戦後日本のナショナリズムと公共性』(2002)や『1968』(2009)その他数多くの著作で知られている。3・11後の人文社会系知識人の反原発を考える上で、小熊は重要な存在だが、ここで取り上げた中沢、加藤、笠井のいずれとも似ていない。反原発市民運動への参加という点では、中沢や柄谷行人との共通点があるが、小熊の市民運動へのコミットメントの深さは、彼らより顕著なものがある。また、後述するように、小熊は反原発デモのドキュメンタリー映画をも監督している。こうしたことから、小熊は3・11後に反原発を唱える人文社会系知識人の典型ではない。

「個の自律」と「戦後民主主義」

結論を先取りするならば、小熊の関心は、市民の「個の自律」とそれによる「戦後民主主義」の成熟のありように特化している。小熊にとって、原発の存在は戦後日本の負の遺産の象徴であり、3・11後の反原発の市民意識の高まりは「個の自律」の拡がりを示すため、戦後のマイナス面の消除による「戦後民主主義」の進度のメルクマールとされる。それゆえに、自らも反原発デモに参加し、それを記録すること自体が「戦後民主主義」の成熟への貢献を示すことを意味することとなる。

小熊は、「私の意見では、原発はまさに二〇世紀の象徴です。高度成長期の日本のTVコマーシャルで、『大きいことはいいことだ』というのがありましたが、そういうものでしょう。完全に時代遅れですね。（中略）『原発がある未来が考えられるのか』と問うべきです」（小熊 2017：51）と述べる。こうしたことから小熊は、原発の「再稼働反対」は、「政官財の古い癒着構造に対する『改革』運動である」（小熊 2013：291）と考える。加えて、3・11後の世論調査などで脱原発の世論が過半数であることを踏まえ、原発の稼働停止を民意とみなすため、小熊の議論は、民意としての原発撤廃とそれに反する政策（原発の（再）稼働）という対立構図となる。

小熊は福島原発事故後の反原発運動、とりわけ首相官邸前で繰り広げられてきた抗議活動に注目し、その理由として、まずそれが一九六八年の全共闘運動以来の大きな運動で、規模においても全共闘を凌駕する大きなもので、世界的にみてもこれほどのものは見当たらないからだとする（小熊 2017: 8）。

小熊は、全共闘運動における、一九六八年一一月の東大安田講堂前の集会が二万人規模だったが、二〇一二年の首相官邸前での反原発デモは二〇万人が集まった点に注目する。加えて、その運動が

「日本社会の変化を示していると同時に、世界と共通の現象が起きている」（小熊 2017: 30）と小熊は述べる。ここでいう「世界と共通の現象」とは、小熊によれば、二〇一一年九月からアメリカ・ニューヨークで起きたオキュパイ・ウォールストリート、二〇一四年九月から香港で始まった民主化要求運動（「雨傘革命」）のことである（小熊 2017：30）。

また、主に労働組合や学生自治会などが動員するスタイルだった一九六〇年の日米安保反対闘争、もう少し自由参加型になるが学生が主体だった六〇年代後半の全共闘運動と、3・11後の反原発運動は、性質が異なると小熊は言う。3・11後の首相官邸前のデモ参加者の中心者は、デザイン、IT、音楽などの知的サービス産業の専門職や非正規労働者が多いこと、そして数十人くらいのネットワーク型の小グループがSNSなどで情報を拡散し、デモに集まることに小熊は注目する（小熊 2017: 31）。反原発デモにおけるこうした変化を、小熊は、日本が「普通の先進国になりつつある」（小熊 2012: 21）兆候、（対決型・革命型から）対話型・参加型の民主主義に変化する兆候と捉え、「戦後民主主義」の成熟の象徴的な証と考えるのである。

小熊は、首相官邸前に毎週金曜日の夜に集まる多くの市民デモに積極的に参加しながら、それについてのドキュメンタリー映画『首相官邸の前で』（2015）まで監督、製作した。

映画の中では、デモに参加する小熊自身の姿や、野田佳彦首相（当時）に陳情に訪れる市民グループに同席する自身の姿も映し出している。メンバーの野田との面会は、菅直人元首相と面

識のあった小熊の仲介によって実現したものであった(7)。小熊は映画製作の動機について、もともと「映画作りに関心を持ったこともなかった」が、「自分は歴史家であり、社会学者だ。いま自分がやるべきことは何かといえば、これを記録し、後世に残すことだと思った」（小熊 2017: 4）、「それを記録しておけば、もっと〔日本社会の〕状況が悪くなったときに、足場にできる記憶が残りますから」（小熊 2017: 25）と述べている。

鶴見俊輔と「べ平連」を意識

小熊のスタンスは、国民主権、平和主義、基本的人権などの尊重を最重視する「戦後民主主義」の思想の延長線上にあるのは明白である。小熊が、言論と行動の両方を強く意識するのは、「戦後民主主義」に重きを置く「進歩的文化人」の代表格の一人で、「行動する知識人」として知られた哲学者の鶴見俊輔と相通じるものがある。というよりも小熊は、鶴見本人と鶴見がベトナム戦争時に結成した市民団体「ベトナムに平和を！市民連合」（「べ平連」）を強く意識しているように見受けられるのである。実際、小熊は自著『〈民主〉と〈愛国〉――戦後日本のナショナリズムと公共性』の中で、丸山眞男、大塚久雄、竹内好《よしみ》、吉本隆明、江藤淳ら戦後を代表する数々の知識人を論ずる中で、（小田実《まこと》とともに）とりわけ鶴見への共感を示していた。そこでも鶴見と市民運動とのかかわりが焦点であった。

一九二二年生まれの鶴見は特に戦死者の多い世代に属し、戦中は戦地のジャワ島で捕虜の死を黙認した悔恨を持っていた（小熊 2002: 746）。鶴見は「戦争反対のための何らの行動もおこすことはしなかった」（鶴見 2012: 184）戦中の自分を問い、政府の命令にそむく「行動の起動力となる精神のバネが欠けていた」(鶴見 2012: 185)自分のあり方を戦後考え続けた。結果として鶴見は、安保闘争、らい予防法廃止運動、ベトナム戦争の脱走兵支援、韓国の詩人の金芝河《キムジハ》支援運動、米同時多発テロ後の反戦運動、さらに晩年の福島原発事故後は、大江健三郎、鎌田慧らとともに「さようなら原発一千万人アクション」の呼びかけ人になるなど、広範な活動を展開した。ベトナム戦争に際して、代表に作家の小田実を迎えて、一九六五年に「べ平連」を結成したことは、最もよく知られる鶴見の活動である。

小熊が、鶴見と「べ平連」に注目するのは、小熊が、市民の「個の自律」を「戦後民主主義」の進度の最大のメルクマールとみなすからである。「個の自律」「個の確立」は、丸山眞男や大塚久雄などの「進歩的文化人」によって、日本の民主主義に不可欠なものとして、戦後、盛んに唱えられた。小熊は、思想と行動の両立を目指す鶴見の思想と、彼の結成した「べ平連」が無党派の反戦運動であり、「来る者は拒まず・去る者は追わず」の自由意思による参加が原則だったことを、「個の自律」による「戦後民主主義」の最良の姿だと考える。

「べ平連」などが一九六九年六月に主催したベトナム反戦の最大のデモの参加者が七万人であるのに比し、首相官邸前の反原発デモ参加者が二〇一二年七月には二〇万人にのぼったこと(小熊 2017: 65)、「べ平連」が学生、主婦、知識人が中心だったのに比し、反原発デモでは「老若男女あらゆる人々」(小熊 2017: 31)が集まると、比較して述べることから分かるように、小熊は「べ平連」を市民運動の基準軸とみている。そして、この首相官邸前のデモについて、「ほとんどの活動情報はネットや口コミで流れるが、参加するかは当人の自由である。これらは六〇年代のべ平連が体現していた特性が、最も進んだものといえよう」と述べる。小熊は、「べ平連」を無党派的な市民運動の原点だとし、その最も進化した形態が３・11後の反原発デモだとして高く評価するのである。

「戦後民主主義」の進度の争点化

このように小熊の議論は、「戦後民主主義」の進度を争点とする枠組みで一貫しているが、その反面、原発をめぐる多様な議題を包摂的に捉えているか疑問であることも指摘せざるを得ない。まず、小熊の原発の議論は、日本での核開発はありえないことだとあらかじめ前提化し、潜在的核保有や核兵器の現前の問題に踏み込まない（小熊 2017：54）。この点は、加藤や笠井がこの問題で丁寧な議論をしていることを考えれば、もの足りなく思われる。

また、小熊の議論では、原発の放射能リスクや、気候変動、地球温暖化なども同時に議論されないため、それらの点からも原発をめぐる包摂的な視点が見えてこない。これは小熊が、「戦後民主主義」の進度を唯一のメルクマールとして、市民運動の動向だけを争点化することが必然的に伴う盲点、欠落点と言えるかもしれない。小熊の関心は、「個の自律」による「戦後民主主義」の成熟に集中しているが、それによって包摂的視点、相関的視点から離れてしまうように思われるのは皮肉なことではある。

キャロル・グラックは、「現在の日本は、民主主義も、平和も、繁栄も、すべて『戦後』にその起源をもち、真正さを負っている」とし、「『戦後』というのは、それを捨て去ると、システム全体が問いかけにさらされることになる、魔除けのお札」だと述べている（Gluck 1993＝2002: 195–196）。小熊は、戦後日本の歪みへの強い批判意識から、その歪みの修正を真摯に行おうとするものの、その際、民主主義の進度のみが焦点となるため、「戦後」への疑念は「戦後」への信仰と重なり、「システム全体」を補強するパラドクスに陥りかねないとみるのは、穿った見方だろうか。

小熊の立場をあえて分類するならば、加藤、笠井と同じく反日本近代的内省主義に分類するのも無理なことではない。政治や組織の力が強力なため、個人の力が脆弱であり続けた「戦後」の民主主義を成熟させることを原発の問題と接続することで、小熊は、日本の「戦後」をクリティカルに問うているからである。「戦後」を議題化し、その軌道修正を求める点で、小熊は、加藤、笠井と共通点があり、方向性は大きく異なるものの中沢とも重なるものがある。そして、これらの人文社会系知識人の間では、皆それぞれ「戦後」および日本近代の思想的課題として原発が捉えられるのも、ある程度共通している。

その一方で、原発に関わるリスクの問題は後景化する。これらの点で、第2章で論じた科学者たちの反原発論とは議論の位相が大きく異なっていよう。

厳しいメディア批判

一方で興味深いのは、小熊のマスメディアに対する厳しい批判である。この点で小熊は、加藤とともに、すでに論じた広瀬や小出らの議論に通じるものがある。小熊は、マスメディアの「古い枠組みが、二一世紀の現実と合っていないという点では、政治の機能不全と同じ」(小熊 2017: 51)だと断罪する。そしてドキュメンタリー映画を監督した動機も、日本のメディアがやるべき仕事を果たさないために自分がやらざるを得ないことを強調している。

テレビ局とかが作ってくれていたら、やる必要はなかったんです。嫌味に聞こえるかもしれないけれど、「何で俺がこんなことをやらなきゃいけないんだろうな」と思っていました。

（小熊 2017：65）

映画で使った映像に、二〇万人が官邸前に集まったときの空撮があります。あれは当時、独立メディアが募金でヘリコプターを飛ばして撮影したものです。あれがなかったら、後世の歴史では、〔デモが〕なかったことになっていたかもしれません。日本のマスメディアがその役割を担わなかったことに対しては、「恥を知れ」の一言ですね。

（小熊 2017: 87）

マスメディアに対する「恥を知れ」などの激しい言葉は、広瀬隆の、「〔日本のテレビが〕まともなジャーナリズムになろうと心を入れ替えないと、まったく信用されないね。私は、日本人であることが恥ずかしいですよ」（広瀬・明石 2011: 61）と述べる言葉と重なろう。また、「日本のマスメディアは腐っていると思います。（中略）期待することはできません」（小出 2012: 101）と述べる小出裕章とも共通する。これらのことは、人文社会系知識人、科学者、フリーランス・ジャーナリストの反原発論の位相はそれぞれ相当に異なりながらも、新聞やテレビなどの主流メディアに対する激しい敵対と嫌悪については共有していることを物語っていよう。

5　知識人のユニークな自己批判――安冨歩

原発と「東大話法」

次に取り上げる経済学者の安冨歩（一九六三―　）の議論は、おそらく3・11以降の人文社会系知識人の反原発論の中で最も個性的なものである。事故の翌年の二〇一二年に出版された著書『原発危機と東大話法――傍観者の論理・欺瞞の言語』は、他に類似のものが見当たらない挑発的な内容のため、話題になった。この本は、原発の放射能リスク等でなく、原発推進派が原発を語る言説の話法そのものを問題化し、安冨が言うところの「東大話法」、すなわち、東京大学に代表されるエリート、知識人の言説スタイル、言説文化を批判対象とする。安冨自身が東京大学の著名教授であるため、この本は、エリート知識人によるユニークな自己批判、自分の属する社会的圏域の人間の欺瞞とされるものに対する一種の内部告発的な内容と言っても良い。

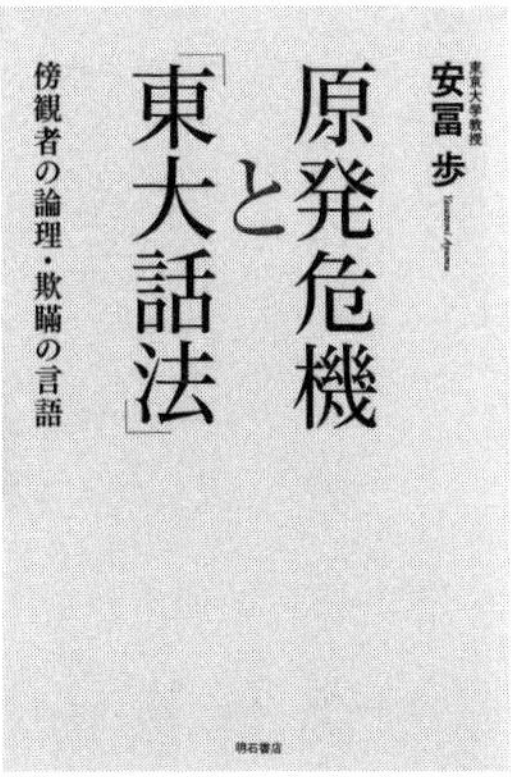

安冨は、この一風変わった自説の立論に至る経緯を最初に述べている。安冨は、ここ数年、「魂の脱植民地化」という研究を展開してきたという。安冨は、一九八六年に京都大学経済学部を卒業して二年間、大手都市銀行に勤務した経験がある。安冨は、バブル期の真っ只中の都銀の杜撰な経営とそれへの社員の服従への強要は、「人間を型にはめるシステム」

ゆえに思考停止を招くため、「魂の植民地化」とでもいうべきもので、それが嫌で銀行を辞めたと述懐する（安冨 2012: 7）。その後、大学院で経済学を学んだ安冨は、多くの学問分野にも「魂の植民地化」があることに気づいたという。安冨は、以下のように述べる。

多くの学問分野は、何らかの矛盾の上に成り立っていますが、そこが盲点となって隠蔽されつつ共有されることで、分野が成立しています。それゆえ「専門家」は「専門用語」を必要とするのです。そうすることで「専門外」の人々を排除して、「盲点」が露呈しないようにするためです。かくして「専門家」は、全く頼りにならない、利権を漁る集団と化します。（安冨 2012: 13）

このような問題意識から、3・11後の原発問題をめぐる様々な言説に接していくうちに、「思いがけずも浮上してきたのが、『東大話法』という概念でした」（安冨 2012: 15）と述べる。なぜならば、原発事故をめぐって、政治家、官僚などの「数多くの東京大学卒業生・関係者が登場し、その多くが、揃いも揃って、同じパターンの欺瞞的な言葉の使い方をしていることに気づいたから」だとし、それは、東京大学教授として、自分が見聞してきた「奇妙な言動と、幅広い一致」があると安冨は述べる（安冨 2012: 15）。

安冨が「東大話法規則」と名付けるものは、二〇ある。たとえば、規則一「自分の信念ではなく、自分の立場に合わせた思考を採用する」、規則二「自分の立場の都合のよいように相手の話を解釈する」、規則五「どんなにいい加減でつじつまの合わないことでも自信満々で話す」、規則六「自分の問題を隠すために、同種の問題を持つ人を、力いっぱい批判する」、規則九「『誤解を恐れずに言えば』と言って、嘘をつく」など、痛烈な言葉が並ぶ（安冨 2012：24–25）。安冨は、これら「東大話法」は、むろん東京大学のみに見られるものではなく、知識人やエリートを中心に日本社会全般に蔓延していると主張する。安冨は、原子力発電所というものはこのような話法によって生まれた産物であり、それゆえ事故につながったとして厳しく批判するのである。

私たち東大関係者は、この話法を用いて人々を自分の都合のよいように巧みに操作していますが、同時に、私たちこそがこの「東大話法」によって、最も厳しく呪縛されているのです。私が本書を書くことにしたのは、私たち自らが「東大話法」の最大の被害者であり、それゆえにこそ他者を加害している、という辛い事実と向き合うべきだと信ずるからです。（中略）

言うならば、原子力発電所という恐るべきシステムは、この話法によって出現し、この話法によって暴走し、この話法によって爆発したのです。それゆえ私は、東京大学を「東大話法」の呪縛から解放することが、東京大学で禄を食む者としての使命であり、それによって原発事故をはじめとする構造的困難に直面する日本社会に貢献する道にほかならない、と思うのです。

（安冨 2012: 16–17）

激しい賛否

批判の矛先を、原発というシステムを生み出したとする言説の話法に向け、それを「東大話法」と名付けた安冨の議論は反響を呼ぶとともに、激しい賛否両論を引き起こした。好意的な評価を行ったのは、3・11後、脱原発を社論とした主要新聞である。『毎日新聞』は、「東大話法のトリック」と題した記事で安冨の議論を取り上げ、支持を表明した(『毎日新聞』二〇一二年三月二三日(夕刊))。『河北新報』も、「『東大話法』を疑え：判断力奪う欺瞞的言語」と題して、原発推進派の言葉を厳しく批判した(『河北新報』二〇一二年三月一日)。

最も注目すべきは、『東京新聞』が「東大話法」について、見開き二ページにわたる大特集を掲載したことである。『東京新聞』は、「思考奪う偽りの言葉　高慢で無責任な傍観者」と題して、安冨の議論への共感を示しながら、原発推進派の姿勢を厳しく批判した(『東京新聞』二〇一二年二月二五日)。

一方で、安冨の議論への批判も、特に原発推進派を中心に、少なからずみられた。経済学者の池田信夫は、「彼のいう『東大話法』なるものは、自分と意見の違う人に『原子力を推進する人』などと嘘のレッテルを貼る党派的レトリックに過ぎない」[8]と一刀両断している。

安冨の議論の是非はともあれ、「東大話法」の議論は反原発論にとどまらず、「魂の脱植民地化」と安冨が呼ぶテーマと節合されることで、原発を論じながらも争点は原発とは別のものになる。そのため、議論の中で安冨は、原発の放射能リスクなどを特段、議題化しない[9]。

また安冨は、気候変動について、「二酸化炭素の悪影響は、温暖化効果という非常に間接的なものです。それがどういう影響を地球全体に対して持つかは、非常に不確か」だとして、原発をエコロジカルとする考えは、「最大級の欺瞞」(安冨 2012: 251)だと批判している。この考えは、加藤や第2章で論じた広瀬にやや近い。なお、安冨は、潜在的核保有性の問題についても特段、議題化しない。

安冨の議論は個性的かつ挑発的ではあるが、もしも分類するならば、日本に固有の問題だとする「人間を型にはめるシステム」とエリートの話法の文化を問うているため、加藤、笠井、小熊と同じく、反日本近代的内省主義に近接すると言えよう。

安冨は、原発推進派に代表される知的エリートの言葉の欺瞞性を「東大話法」と名付け、そうした日本の因習的な文化からの脱却を「魂の脱植民地化」という思想課題に発展させた。議論の位相差は少なからず大きいものの、安冨の「魂の脱植民地化」は、中沢の「リムランド文明」の創造、加藤による戦死者の「祈念のかたち」の尊重、笠井の「ニッポン・イデオロギー」からの脱却、小熊の「戦後民主主義」の深化など、原発には直接関係しないマクロな思想的課題である点で共通している。そして、何がしか「日本」が争点となる点も、本章で論じた五人すべてに共通する。

6 「日本」と知識人

もしもピエール・ブルデューの「界」概念の観点から、3・11後の日本の人文社会系知識人の言説を眺めるならば、彼らの「界」は、相当に特徴のあるものだと言うことが出来る。3・11の巨大カタストロフィを契機に、人文社会系知識人「界」の行為者たちは、日本の反原発の歴史の「新規参入者」として多種多様な言説を発信してきた。

たしかに、3・11後の人文社会系知識人の議論の功績は小さくないものがある。代表的なものとして、加藤や笠井のように、以前は語られる機会の乏しかった潜在的核保有の問題を俎上に載せ、核の

「平和利用」と「軍事利用」が表裏一体であることを正面から議題化したことが挙げられよう。3・11のカタストロフィが知識人に、重要度の高いもののタブーに近い政治的議題を語らしめ、可視化させたことは、反核と反原発の思想と運動が切り離されてきた日本の歴史的事情を変化させる契機になりうるかもしれない。

「反近代」の思想的超克課題——二つの立場

一方で、彼らの多くは、「日本」や「戦後」を共通のシンボルとしつつ、何がしかの反近代を志向する思想的超克課題に跳躍し、互いの主張の差異をめぐる象徴闘争を展開してきた。その際、中沢のような反西洋近代的日本主義の議論は、想像上の「日本」とその伝統、文化、歴史を持ち出すこととなる。それは、戦時中の、主に人文社会系知識人らによる「近代の超克」の議論、関東大震災後の「天譴論」(特に生田長江の議論)との相同性を認めることができる。

一方で、加藤、笠井、小熊、安冨のような反日本近代的内省主義は、反西洋近代的日本主義とは逆に、「日本」への疑念を根底に据え、原発事故の背後には、日本のモダニティ、戦後そのものが不完全で矛盾に満ちたものであり続けた事情があるとして厳しく批判する。ここでは、「失われた未完の日本のモダニティ」の構想がそれぞれによって夢見られることとなる。

これら二つの立場は違えども、抽象度の高いマクロな思想的課題が人文社会科学系知識人の「界」の固有の争点となる点では相同的である。笠井の中沢への批判にみられるように、巨大カタストロフィは知識人の言葉を、何がしかモダニティへの疑念を志向しつつマクロに跳躍させ、反日本近代的内省主義と反西洋近代的日本主義の間の象徴闘争の活性化をもたらす。同時に、笠井の加藤への批判や、笠井、加藤、小熊、安冨それぞれ独自の議論構築から分かるように、反日本近代的内省主義に分類できる立場の中でも、活発な象徴闘争が行われる。これらのすべてに、「日本」をめぐる闘争と言うべき共通項を認めることが出来よう。

しかしながら、それぞれの論者によって、「日本」から文化や伝統の混淆の堆積の複雑な歴史性が取り除かれ、「日本」が固定的なイメージで捉えられがちな点で、議論自体がいくぶんの虚構性を孕みうる。ハルトゥーニアンは、加藤の「敗戦後論」が、和辻哲郎、折口信夫、丸山眞男ら過去の思想家と同様の罠に陥っており、皆、共通に、「固定的、不変的で、なおかつ回収が可能な資質の存在を求めるがために、歴史に対する明らかな否認がある」(Harootunian 2006: 111)と述べている。このことは、本章で俎上に載せてきた議論にもいくぶんはあてはまるかもしれない。

本章は、３・11のような巨大カタストロフィに直面した時、日本の人文社会系知識人が象徴闘争を活性化させるとともに、そのありようは、「失われた日本」であれ「失われた未完の日本のモダニティ」であれ、「日本」をシンボルおよび結節点とする言説編制であること、そして、知識人「界」内部の相互作用も行いながら、固有の争点文化を形成していることを議論した。

メディア批判が意味するもの

だが、新聞やテレビなどの主流メディアへの批判と敵対という点で、加藤と小熊ら人文社会系知識人と、第2章で取り上げた、特に小出、広瀬、鎌田ら科学者、フリージャーナリストには相同性がみられる。これには二重の意味を認めることが出来る。一つには、これまで原発を議題化してこなかった主流メディアの姿勢に対する疑念がいかに強固なものであるか、そのためにそれは「界」如何にかかわらず、反原発論は反メディア論を伴いうることを示唆している。

二つ目は、人文社会系知識人、科学者、フリージャーナリストらに共通する主流メディア批判の背後には、彼らの言論を世に送る書籍や雑誌などの出版メディア媒体の「界」による、新聞やテレビなど主流メディア「界」へのクリティカルな視線があることである。やや乱暴な言い方が許されるならば、それは、出版メディア「界」の、知識人、科学者を媒介にした一種の「代理戦争」の性格を伴っていると見られなくもない。

そして、その「代理戦争」にも二つの意味が認められる。一つには、原発に懐疑的なリベラル系出版メディア「界」の、知識人、科学者の媒介を通しての反原発の言論戦である。もう一つには、出版メディア「界」の、知識人、科学者の媒介を通してのテレビ、新聞などのメディア批判である。ブルデューが言うように、ジャーナリズムの世界は分裂しており、激しい「争い、競争、敵対」(Bourdieu 1996 = 2000: 35)が存在する。それは主流メディア組織とフリージャーナリストの間だけのものではない。

一般に、大型資本、メディア・コングロマリット(複合企業)形態でマス・オーディエンスを対象とする新聞やテレビと、(全てではないが)出版メディアは業態やオーディエンスの規模が異なる。ましてや、知識人、科学者の言論を掲載する学術的な教養雑誌や書籍のマーケット規模は、新聞やテレビのそれらとは桁がいくつも違う程の差異があろう。そのため、質量ともに、新聞、テレビの主流メディア「界」と出版メディア「界」には差異が存在する。

3・11のような巨大カタストロフィ後の文化を「界」間のダイナミズムとして捉えるならば、人文社会系知識人、科学者などの言論の活性化、彼らの言葉を媒介するメディア産業の活性化と同時に、そうした知識人、科学者を主なプレーヤーとする出版メディア「界」の、新聞やテレビなどの「界」へのクリティカルな敵対と闘争を目撃することとなる。そうした事情は、二〇二〇年に始まったコロナ禍においてもある程度あてはまるものかもしれない。

(1)　一九八八年七月二九日放送のこのテレビ番組での反原発派の主な出演者は、広瀬隆(作家)、室田武(一橋大学経済学部教授)、槌田敦(理化学研究所研究員)、暉峻淑子(埼玉大学教授)、平井孝治(九州大学工学部助手)、石沢善成(青森県常盤村農協組合長)、大島渚(映画監督)、小原良子(大分県主婦)、小中陽太郎(評論家)、中嶌哲演(福井県明通寺副住職)など。一〇月二八日放送の番組での反原発派の主な出演者は、高木仁三郎(原子力資料情報室代表)、槌田敦(理化学研究所研究員)、室田武(一橋大学教授)、西尾漠(原子力資料情報室)、暉峻淑子(埼玉大学教授)、山本コウタロー(歌手・キャスター)、生越忠(地質学者)、久保晴一(青森県核燃阻止農業者実行委員会)など。
(2)　そもそも主要総合雑誌(『世界』『中央公論』など)は、二〇〇〇年代には原発事故を取り上げることはあまりなかった。数少ない例は以下の通り。二〇〇二年八月の東京電力等原子炉損傷隠蔽事件が起きた際、『世界』(一一月号)が科学ジャーナリストの田中三彦による記事「原子力　東電のデータ隠蔽事件はなぜ起きたか」を掲載した。『中央公論』(一二月号)は、この問題に触れた電力中央研究所顧問の中村政雄による記事「原子力発電　日本が世界に後れをとる」を掲載した(ただし、これは隠蔽事件によってプルサーマル実施計画が延期を余儀なくされることの懸念を述べた内容であった)。その後の二〇〇〇年代の事故では、『世界』『中央公論』ともに、記事や特集を掲載していない。

（3）『世界』の主な特集：「放射能汚染時代」（二〇一一年九月号）、「再生可能エネルギー」（二〇一一年一一月号）、「原発　全面停止への道」（二〇一二年一月号）、「悲しもう…　東日本大震災・原発災害一年」（二〇一二年四月号）、「脱原発・非核の新たな構想」（二〇一二年八月号）、「『さようなら原発』17万人集会の記録」（二〇一二年九月号）など。

（4）『朝日新聞』記事（二〇一二年二月一四日、二〇一二年七月二九日、二〇一二年一一月二七日）ほかに活動が載っている。

（5）加藤は、池田清彦、中尾ハジメなどの地球温暖化の懐疑論や、温暖化を言い訳にした原発推進論への批判からいろいろ教えられたと述べている。加藤が挙げるそれらの例として、池田（2006）、中尾（2011）など。

（6）主なものとして、明日香ほか（2009）。

（7）小熊はメンバーから相談を受け、面識のある菅直人元首相に働きかけることで、野田との面会を実現させたという（『朝日新聞』二〇一二年九月一日）。

（8）http://ikedanobuo.livedoor.biz/archives/51767689.html　アクセス日：二〇二〇年三月三日。池田は、「東大話法」の原発推進派だとして名指しで安冨から批判されたため、安冨への反論をこのブログなどで行った。

（9）安冨の著書の中で放射能についての記述が無いわけではない。放射能の内部被ばくについて触れた箇所もあるが、短い一般的な説明に限られ（安冨 2012: 249–250）、それを通して反原発のリスクについて、さらに踏み込んだ議論がなされるわけではない。

第４章

反メディア、市民運動と民主主義

――ドキュメンタリー映画――

原発事故を生きのびた或る馬を追ったドキュメンタリー『祭の馬』より．提供：松林要樹

ドキュメンタリー映画と反原発

二〇一一年のある日、瀬戸内海に浮かぶ祝島（山口県上関町）で、画期的な試みが始まった。それは、「祝島自然エネルギー100%プロジェクト」というもので、島の恵まれた自然を生かし、太陽光や風力などの発電でエネルギー自給率一〇〇%を目指すものである。

祝島でこのプロジェクトがスタートした背景は、三〇年以上前に遡る。一九八二年に、祝島と向き合う長島・田ノ浦に中国電力による原子力発電所の建設計画が持ち上がった。多くの島民が漁業で生計を立てていることから、原発の建設による環境破壊、風評被害は、死活問題である。島民は総額一〇億円を超える漁業補償金を中国電力から提示されるが受け取りを拒否し、原発建設の反対運動を続けてきた。二〇〇九年には中国電力が原発建設予定地の海面埋め立て工事に着手した際も、島民の反対運動で中断し、その後も島民の漁船団が海上で工事作業船を監視し、抗議行動を続けているほどであるから、島民の抵抗の激しさが窺い知れよう(1)。

上関に原発を建てさせないという島民たちの強い意志が二〇一一年の「祝島自然エネルギー100%プロジェクト」につながったのであるが、いささか驚かされるのは、このプロジェクトが、二〇一一年ではあっても三月一一日の東北の大地震、福島の事故後ではなく、その二カ月前の一月にスタートしたことである。つまり、3・11の経験が後押ししたのではない。このプロジェクトを生むきっかけになったのは、その前年に作られた一本のドキュメンタリー映画であった。

映画『ミツバチの羽音と地球の回転』(2010)は、祝島の反対運動を、監督の鎌仲ひとみが参与観察的に密着取材するとともに、自然エネルギー政策を積極的に推進するスウェーデンの事情を現地ロケとともに紹介している。「祝島自然エネルギー１００％プロジェクト」は、島民の九割が参加する「上関原発を建てさせない祝島島民の会」を中心にして始まったのだが、監督の鎌仲ひとみがこれの賛同人として名を連ねていることから分かるように、作り手自身が運動にコミットしている。

島民たちは映画の取材を受ける中で、鎌仲の話やスウェーデンの事情に啓発されながら、自然エネルギーという代替エネルギーの可能性があることを学びとっていったのである。映画『ミツバチの羽音と地球の回転』は象徴的な例であるが、実際、日本の反原発史において、ドキュメンタリー映画とその自主上映活動が果たしてきた役割は小さくない。

ドキュメンタリー映画とは何か

そもそもドキュメンタリー映画とは、いかなるメディア・ジャンルなのだろうか。それは、劇映画といかなる相違があるのだろうか。こうした問いに答えるのは意外に難しい(Bordwell and Thompson 1990: 23)。アメリカのドキュメンタリー映画理論の第一人者ビル・ニコルズは、フィクションとドキュメンタリーの間の明確な境界線を設けるのは難しいと述べている(Nichols 1991: 6)。ドキュメンタリーは架空の人物でなく、実在の社会的人物に関心を示し、物語の創造でなく、議論を提示することに関心を示す傾向があるため(Nichols 1991: 5)、フィクションと比して、創作上いくぶんの制約があるのは確かである。だが、ドキュメンタリー映画の作り手は、自分の思想やメッセージを映画に持ち込むことや、説得力ある議論を構成することを目的に、レトリックを多用することができる(Nichols 1991: 136)。

この点において、ドキュメンタリー映画は、日々の社会的出来事を報道的に伝える「本記」と呼ばれる新聞記事やテレビニュースとは異なる。さらにそれは、テレビ・ドキュメンタリー番組ともいささか異なる。一般的にテレビ・ドキュメンタリー番組は、NHKや民放(あるいは関連プロダクション)に所属するディレクターが企画・制作し、放送局内のプロデューサーなどのチェックを経て、その放送局の番組として放送される。

一方でドキュメンタリー映画の多くは、中小の制作会社や自主制作で作られることが多く、監督もフリーの立場で企画・制作し、その監督作品として世に出る。また、テレビ・ドキュメンタリー番組が放送によって多数の視聴者の眼に触れるのに対し、ドキュメンタリー映画は、ミニシアター、自主上映会などの形で上映されるため、オーディエンスの数、視聴のあり方も大きく異なる。そのことは、作品の内容、制作のありようをめぐる差異にも通じよう。そのため、ドキュメンタリー映画「界」は、主流メディア「界」とは相当に異なる。

日本のドキュメンタリー映画は、独自の歴史的展開を遂げてきた。そのことも日本のドキュメンタリー映画の「界」としての固有の特徴を物語る。日本のドキュメンタリー映画は、戦前は戦争プロパガンダ中心であったが、戦後は主に産業映画、教育文化映画などとして形を変えながら生き続けてきた。これらの映画、とりわけ産業映画は大企業や政府、自治体がスポンサーであることが多いため、自ずとPR映画の性格が強くなる(実際、原発PR映画も数多くつくられた(2))。

しかしながら、一九六〇年代以降、ドキュメンタリー映画の自主制作が活発になった。佐藤忠男が言うように、自主制作映画は、「作者個人の主張と責任をはっきり表にうち出せることによって、作者の立場があいまいな大企業や役所がスポンサーである大がかりな映画よりむしろ強いものであり得る」(佐藤忠男 2009: 59)。

加えて、一九七〇年後半から一九八〇年代以降、ドキュメンタリー映画を上映するミニシアターが各地でつくられるようになり、市民が上映会を組織する機会も増えてゆく。元々ドキュメンタリーは、一九三〇年代にイギリスの映画作家が「ドキュメンタリー映画運動(The Documentary Film Movement)」と名づけたように、単なる制作ではなく、「市民運動」が意識されていた。そのため、ビデオ作家の佐藤博昭がいみじくも言うように、「現在考えられるドキュメンタリーというジャンルは、多くの映画作家によって緩やかに熟成されてきた『運動体』として把握するべき」(佐藤博昭 2009: 170)側面がある。

こうしたことを背景に、監督、プロデューサー、制作会社などの作り手と、市民(団体)、主婦などの上映会活動の担い手との間の密接な社会関係資本が機能する点も、ドキュメンタリー映画「界」と、テレビ・ドキュメンタリーを制作する主流メディア「界」との違いである。そして「運動体」としての性格が大なり小なりあるため、映画の作り手と上映会活動の担い手、さらには上映会参加者の間で、作品を介した独自の結びつきや利害が生成し、時には現実の政治、政策への抗議や介入が意図されることもある。

本章の冒頭で述べた、「祝島自然エネルギー１００％プロジェクト」の発足にあたっての、鎌仲ひとみ監督のドキュメンタリー映画『ミツバチの羽音と地球の回転』の制作、祝島でのロケ、上映会活動、市民団体の存在、および市民団体への監督の鎌仲のコミットメントなどは、その象徴的な例であろう。

原発問題を扱った3・11以前の作品

前述したように、戦後日本のドキュメンタリー映画では、原発PR映画の系譜はあるものの、3・11以前は、反原発を議題化した作品は多くはない。原発が正面から問題化されたのは、一九八一年の敦賀原発の放射能漏えい事故をきっかけにつくられた『原発切抜帖』(1982)がおそらく最初のものと思われる。水俣病問題に関する一七本の連作映画などで知られる土本典昭監督によってこの映画はつくられた。『原発切抜帖』は、広島・長崎の原爆に始まり、一九五四年のビキニの原水爆実験、一九七四年の原子力船「むつ」の放射能漏れ事故、一九七九年の米スリーマイル島の原発事故などについての二〇〇の新聞記事の接写映像と、俳優・小沢昭一によるナレーションのみで構成された異色の作品である。監修に高木仁三郎が関わったこの映画は、シンプルな構成ながらも、一九八〇年代前半という時代に原発と核を同軸上で捉え、その危険性、問題点を鋭く抉り出していたことで注目される。

一九八六年のチェルノブイリ事故後は、これを題材にした本橋成一監督による一九九〇年代と二〇〇〇年代の二つの作品『ナージャの村』(1997)と『アレクセイと泉』(2002)が重要である。『ナージャの村』は、チェルノブイリ原発事故後も強制移住を拒み、放射能高汚染地域に住み続けるベラルーシのある村の人々を追った内容である。『アレクセイと泉』は、森も田畑も汚染されるが、村の中心に湧き出る泉だけ放射能が全く検出されない不思議な村とそこに生きる人々を描いた作品であった。

土本の『原発切抜帖』、本橋の『ナージャの村』、『アレクセイと泉』はそれぞれ優れた作品ではあるが、3・11以前は反原発についての目立ったドキュメンタリー映画は数少ない。だが、3・11後、状況は一変する。福島の事故、福島原発周辺地域、原発の是非などを題材に、関連のドキュメンタリー映画が数多く作られており、現在も制作中のものも含めて、夥しい数に上るため、その全てを取り上げることは物理的に困難である。本章では、批評空間で高い評価を得た作品、上映会活動などで反響を呼んだ作品とその監督などに絞って考察の対象とする。

1　民主主義のエクササイズ――鎌仲ひとみ

映画制作と自主上映運動

本章の冒頭で紹介した映画『ミツバチの羽音と地球の回転』を監督した鎌仲ひとみ（一九五八―　）は、3・11以前も以降も関連の映画を作り続けている数少ない人物である。鎌仲の特徴は、映画制作とそれを通しての反原発活動の地域などへの直接的なコミットメント、そして自主上映運動による「運動論」として、ドキュメンタリー映画制作が捉えられていることである。

鎌仲は、早稲田大学第二文学部卒業後、岩波映画などでの助監督、自主制作作品の監督を経て、カナダ国立映画製作所に渡り、北米で仕事をした。一九九五年に帰国して以来、ドキュメンタリー映画作家として活躍を続けている。鎌仲の名声を決定づけたのは、二〇〇四年に公開された映画『ヒバク

シャ　世界の終わりに』であった。この映画は、湾岸戦争で使われた劣化ウラン弾の影響で白血病に苦しむ子供、広島で被ばくした医師、アメリカのプルトニウム工場近くでガンに侵された農民など様々な立場の人々を取り上げている。

　重要なことは、映画『ヒバクシャ　世界の終わりに』では、原爆、核実験、原発などの核や放射能による各国の被害者をすべて「被ばく者」と呼んでいることである。この映画は、原爆、核とエネルギーとしての原発の連続性を意識的に強調することで、通時的な歴史的問題と共時的かつグローバルな社会問題として核の問題を捉えていた。

　映画『六ヶ所村ラプソディー』(2006)は、青森県六ヶ所村の核燃料再処理施設を問題化することで、より直接、原発の問題を扱っている[3]。この映画の自主上映活動は主に主婦ら女性たちの手で行われた。鎌仲自身も、「地味な私の映画を支えてくれたのは圧倒的に女性たちでした。全国各地でさまざまな障害をものともせず上映会を開き、地域を耕す仕事を継続してくれたのは彼女たちだった」(鎌仲 2012: 195)と述べている。

　『六ヶ所村ラプソディー』では、鎌仲自身が上映会運動の先頭に立ち、映画の制作過程を公開するビデオレターを上映権付で販売して上映のプロモーションのツールとして活用するという独自の戦略を実施した(小泉 2009: 159)。そのため、映画を一般市民、主婦らの眼に届かせることになり、二〇〇〇年代という反原発の気運がやや衰えていた時代に、独自の反原発空間を形成したのである。

鎌仲のこうした戦略は、二〇一〇年の次作『ミツバチの羽音と地球の回転』で引き継がれ、「運動論」として大きな成果を収めた。映画『ミツバチの羽音と地球の回転』は、二〇一〇年の完成以来、全国各地で盛んに自主上映された。前作の『六ヶ所村ラプソディー』同様、上映会の運営者、組織の多くは主婦などの女性たちであり、年齢的にも一九八〇年代の「脱原発ニューウェーブ」を経験してきた世代が目立った。例えば、二〇一〇年六月五日の名古屋市内の上映会を呼びかけたのは、住基ネット反対などの市民運動にかかわってきた七〇代の女性であり、上映会の協力者を募ったところ、七人全員が女性だったという（『朝日新聞』二〇一〇年六月二日、名古屋版）。

自主上映会は、映画完成後の二〇一〇年五月から全国で開催され、[4] 映画を観た市民の中には、祝島を応援するために駆けつける者も多数出てくるなどの反響を呼んだという（鎌仲 2012: 143）。

驚いたことに、福島の事故前日の二〇一一年三月一〇日の一八時三〇分から、福島県内（南会津町）で自主上映会が開かれている。そして、震災後は脱原発の世論が一気に高まり、この映画と監督の鎌仲は各地で引っ張りだこになる。こうした事情は、第2章で議論した、3・11後の小出裕章、広瀬隆などの事情を想起させよう。だが、映画『ミツバチの羽音と地球の回転』は、福島の事故以前に公開された当初は、メディアや批評空間でほとんど注目されなかった。[5] それどころか、祝島の島民や映画を観た全国の市民は、祝島の反対運動をマスメディアに取材してくれるよう必死に懇願したが、鎌仲によれば、彼らは再三「無視」し、「まったく報道しようとしない」姿勢だったという（鎌仲 2012: 144）。

「内部被ばく」の争点化

鎌仲は、3・11から一年後の二〇一二年春に映画『内部被ばくを生き抜く』を完成させた。この映画は、福島県二本松市で幼稚園を運営する僧侶の取り組みなどの現地ロケを通じて、子どもたちを事故後の放射能から守る方策を探るとともに、事故後に拡散した放射性物質による内部被ばくについて四人の医師にインタビューを行っている(6)。

映画『内部被ばくを生き抜く』は、三つの点で注目される。一つには、この映画が放射性物質を人間の体内にとりこみ、長時間にわたって身体の内側から放射線を浴びる「内部被ばく」に特化して焦点化している点である。この点は、福島原発事故後の新聞やテレビの主流メディアでは希薄であった。鎌仲は、3・11以前から、「体内に潜んで弱い放射線を出す微粒子が、たとえ数億粒あろうと、それを外部から測る機械はどこにもまだ存在しない、体内に入って測ることももちろんできない」(鎌仲 2005: 163)ことを問題化してきた。そのため、放射能の人体への危険度の「しきい値」そのものの存在を疑問視するのである。

二つ目は、そうした「内部被ばく」の争点化を、物理学者などの放射能の専門家ではなく、放射能の人体への影響に接してきた現場の医師の議論との接続によって行うことである。この映画が、放射能を浴びた患者を実際に診てきた医療現場の医師たちに長いインタビュー(ロケシーンよりも長い)を行うのはそのためである。この点においても、主に物理学の専門家を取材対象としてきた主流メディアの視点といささか異なる。

第三に、取材対象の四人の医師が、福島のみならず、広島の原爆被ばく者、チェルノブイリ事故やイラク戦争被ばく者の治療にあたってきた医師であるため、歴史的な視点とグローバルな視点が交錯し、複合的な視座から、放射能が問題系として立ちあがってくることである。

これら三つの点は、鎌仲が二〇〇三年の映画『ヒバクシャ　世界の終わりに』から一貫して持ち続けてきた視点と重なる。前述したように、鎌仲は、原爆、核実験、戦争、原発事故などによる各国の被害者をすべて「被ばく者」と呼んできた。そして、世界的な規模での「内部被ばく」者の数は一〇〇〇万人に達するとも言われることや、「内部被ばく」の人体への影響は科学的にまだわからないことが多いため、一部の放射能汚染地域の人たちだけではなく、「ある意味で私たち人類全員、生きとし生ける全てが、被ばく者になろうとしている」(鎌仲 2005: 167)ことを鎌仲は問題視する。

二〇一一年三月に起きた東北大震災によって原発が四つも爆発してしまった、その後の世界に私たちは生きている。大量の放射性物質が放出され、広範囲に拡散したことは解っているが、ではどれだけ出たのか実は正確な情報がない。放射性物質は環境に溶け込み、生態系に入り込んだ。呼吸や汚染された水・食品を通じて引き起こされる内部被ばくは、この時代に生きる私たち全員の問題となった。これからいったい何が起きるのか、正確に予測できる人は実はいない。ただできることはありとあらゆる情報と可能性を吟味して、「命」を守る努力をするということだ。放射能は様々な局面で「命」の脅威となりえる。私たちは生き抜かねばならない、そのためのささやかな助けとなればとこの作品を作った。(7)

こうして被ばくを「私たち全員の問題」として考える鎌仲の一貫した視点は、ドキュメンタリー映画制作が単なる作品制作ではなく、上映会活動を磁場にした社会的な「運動論」とする考えに接続される。鎌仲は、自作の上映運動を「民主主義のエクササイズ」(鎌仲 2012: 165)と名付け、市民が自らの命を守るための生活観、エネルギー観の自覚と変革を、自作映画の名にちなんで「ミツバチ革命」と呼んでいる。実際、上映会で映画を鑑賞した女性から後に連絡があり、東京都の区議選に立候補する決意をし、三人が当選している。また、鎌仲の映画の上映会を組織した一部の市民は、3・11後、熊本の阿蘇に移住し、太陽熱温水器と太陽光パネルなどによるエコヴィレッジをつくる試みを始めている(鎌仲 2012: 189)。

鎌仲は、二〇一五年には福島原発事故の放射能汚染から子供を守ろうとする母親たちの動きを三年半にわたって取材したドキュメンタリー映画『小さき声のカノン 選択する人々』を完成させた。ここでも放射能が主議題となり、通学路の除染活動や食べ物の放射性物質の検査をする福島県内の母親らの取り組みや不安を描いている。加えて、チェルノブイリ事故後に放射能の影響が少ない地域で子供たちを過ごさせ、病気の予防や緩和を目指すベラルーシの「保養」と呼ばれる取り組みを紹介し、福島の事故後の被災地のありようを相対的に考える視座を提供している。

鎌仲の「運動論」的な取り組みは独特なものだが、『原発切抜帖』を監督した土本典昭が水俣病問題でそうであったように、あるいは『三里塚シリーズ』の七作を監督した小川紳介が成田空港の建設反対運動でそうであったように、映画制作と社会問題への主体的コミットメントが地続きであるのは、むしろ戦後日本のドキュメンタリー映画の王道と言ってもよいかもしれない。鎌仲の活動は、大きな社会問題やカタストロフィが実作と運動を接続しつつ活性化させることが、ドキュメンタリー映画の「界」としての顕著なメディア的特徴であることを象徴的に物語っている。

2　3・11後の表現論的可能性――船橋淳と想田和弘

次に取り上げる船橋《ふなはし》淳《あつし》（一九七四―　）と想田《そうだ》和弘《かずひろ》（一九七〇―　）は、鎌仲とは別の意味で3・11後のドキュメンタリー映画を代表している。この二人の特徴は、メディアとしてのドキュメンタリー映画の表現論的可能性に極めて自覚的であろうとしていることである。

(1)　避難所から見た民主主義――船橋淳

船橋淳監督の『フタバから遠く離れて』(2012)は、批評的に高く評価された作品の一つである。[8] 船橋は、フランス文学者で映画批評家としても著名な蓮實重彦が映画を講じていた一九九〇年代に東京大学教養学部表象文化論分科で学び、在学中に、映画『阿賀に生きる』などで知られるドキュメンタリー映画作家・佐藤真に「師事」した。船橋は、大学卒業後に映画作りを学ぶためにアメリカに渡り、ニューヨークのスクール・オブ・ビジュアルアーツで映画制作を学んでいる。こうした経歴からも窺えるように、映画表現のありよう

と可能性の探究は、船橋の映画制作において常に自覚的に捉えられるテーマである。(9)

船橋が監督した映画『フタバから遠く離れて』は、一筋縄ではいかない映画である。この映画は福島原発事故を題材にしているものの、主な取材対象は福島県内の放射能汚染地域ではない。この映画は、町の全域に避難指示が出され、一四〇〇人が二五〇キロメートル離れた埼玉県の廃校となった高校校舎(旧騎西高校)へ地域社会ごと移転した福島県双葉町の人々の、埼玉での避難生活に焦点をあてている。

「小宇宙」と「反テレビ」

なぜ船橋は、福島県外の埼玉の廃校での避難生活にこだわったか。まず船橋は、明治維新以降の日本が広範囲にわたって焦土化するカタストロフィは、関東大震災、第二次世界大戦末期、阪神・淡路大震災と東日本大震災・福島原発事故の四度しかなく、中でも福島の事故後の福島県の人々は、「家や郷土を奪われただけではなく、被災者はその被害を受けた場所に戻ることも許されない」点で「際だっている」(船橋 2012: 39)と考える。

そして船橋は、「NHKなどテレビ各社は福島県内のすべての避難所、飯舘村、南相馬市、そして警戒区域内で、マンパワーを生かした強力な取材体制を敷くだろうから、それに太刀打ちはできない自分は、逆にキャメラの焦点を避難所に限定し、そこの小宇宙から見えてくる普遍的なテーマを拾い上げてゆく方が、実効性を伴っていると考えたため」(船橋 2012: 13)、埼玉での避難所に視点を絞ったという。

「ＮＨＫなどテレビ各社」とは異なる題材と手法を選び取るのは、ドキュメンタリー映画「界」ならではの制作のあり方だが、船橋の場合、主流メディアであるテレビとドキュメンタリー映画の相違がより本質的なものとして自覚されている。そのため、「反テレビ」「反ジャーナリズム」とでも言うべき、独自のメディア論として、ドキュメンタリー映画の探究が目指されることとなる。船橋は「小宇宙」という言葉を繰り返し使うが、そこには、ドキュメンタリーとジャーナリズム、またドキュメンタリー映画とテレビ番組は決定的に異質な、「真逆のアプローチ」のものであると考える船橋の思想が関係している。

言語情報でまとめられないドキュメンタリー映画

船橋は、影響を受けた佐藤真のドキュメンタリー論に立脚して、ジャーナリズムは言語情報として要約できるが、一方、ドキュメンタリー映画は、言語情報でまとめられないものだと述べる。

> 事実の同時代的報道価値を重んじるジャーナリズムと、報道上の価値よりも映像が持つ複層的な魅力を十全に活かし、「映像に映り込んだ、妖しい魅力を発つアウラをかき集め、考えあぐね、再構成する」ドキュメンタリー（佐藤）は、真逆のアプローチであり、それを両極としてみると、映画も、テレビも、ネット映像も、見通しがよくなる。見渡してみると、ドキュメンタリーと銘打つものでもジャーナリズムであることが多く、それは世界的に見ても多数派のアプローチである。しかし、私はそれに追従したいとは思わなかった。（船橋　2012: 132）

このように、ジャーナリズム、テレビ番組とは「真逆」「両極」と呼ぶほど、ドキュメンタリー映画を対照的に舩橋は捉えている。そのため、アメリカを代表するドキュメンタリー映画作家フレデリック・ワイズマンの、ナレーションがなく、テロップ(字幕)がなく、インタビューがなく、音楽がない「四無い主義」によって「冷徹に現実をそのまま差し出す」アプローチを参考に制作することが目指される。舩橋は、いわゆる「震災ものとしてルポ的な問題提起型ドキュメンタリーは避けたかった。作品の賞味期限があるからである。それよりも、数年後、数十年後見ても耐えうるものを作りたいと考えた」(舩橋 2012: 99)ため、埼玉県の高校での避難生活という「小宇宙」が長期間にわたって観測されることになる。

ドキュメンタリーは「知識・先入観を覆し、言語で要約しきれない不条理や感情」を炙り出し、それがゆえに「現実に対する批判装置となる」との恩師・佐藤真の思想に沿った舩橋による長期間の「小宇宙」の映像的詳察は、除染が進まない限り、町に戻れないとされた双葉町民が、失われた「ふるさと」に対する賠償をいまだ得ることもなく、あてのない避難所生活を続ける様を淡々と映し出す。政府は、二〇一一年一二月福島第一原発が冷温停止状態に達し事故は収束したと発表したが、そうしたことと変化の兆しが見えない避難所の「小宇宙」との間の落差が映画を観る者に重く突き刺さる。

映画では、二〇一一年八月四日、東京で開かれた全原協(全国原子力発電所所在市町村協議会)の総会のシーンがある。ここでは、細野豪志原発担当相(当時)が挨拶に立ち、今のところ子供たちに、被ばくで症状が出る事態はすぐには見られないと答え、「公務」ということで、全国の市町村長が集まる中、対話もせず、即座に退席する様子をカメラは映している。この映画がベルリン国際映画祭で上映されたとき、ベルリンの観客にはこうした政治家の姿が滑稽に映り、爆笑の渦が起きたという（『朝日新聞』二〇一二年四月七日）。

その「滑稽さ」も、簡単に言語で要約しきれない「小宇宙」の現実描写の積み重ねがあればこそ浮かび上がってくるものであろう。この映画は、福島原発から二五〇キロメートル離れた土地の避難生活を描きながら、ユニークな方法で現実の政治の矛盾を鋭く可視化させることに成功している。

民主主義の自覚——舩橋と鎌仲・小熊との相同性

ルポ的な問題提起型ドキュメンタリーを避け、作品の賞味期限が無く、数十年後見ても耐えうる作品化をめざす舩橋の作家としてのあり方は、鎌仲ひとみのようにドキュメンタリー映画の自主上映を通じての「運動論」をめざす姿勢とは相当異なるが、二人の間には、重要な相同性も存在する。一つには、舩橋が「批判の刃を自分を含む国民に向けたい」（舩橋 2012: 166）と述べるように、原発の問題は国民皆が当事者であるとして内省的に捉えていることである。これは、原発を「私たち全員の問題」と考える鎌仲と重なる。舩橋が映画のみならず、映画と同名の書籍まで出版し[10]、双葉町民のデモ活動などに寄り添って「避難所から見た民主主義」を唱え、政策提言を行っていることも、鎌仲の「民主主義のエクササイズ」の思想との相同性が見られる。

その相同性は、第3章で議論した小熊英二の活動にもいくぶんあてはまろう。小熊は社会学者であるが、「個の自律」による「戦後民主主義」の成熟の証しとして、テレビなどが取り上げない首相官邸前の反原発デモをドキュメンタリー映画の形で記録することを試みた。鎌仲、船橋、小熊。彼らのタイプとポジションは相当異なるものの、それらの仕事は、ドキュメンタリー映画が、反主流メディア、民主主義、市民運動との親和性が高く、カタストロフィ後においては、ドキュメンタリー映画「界」は、それらを糾合する希少な磁場となることを示している。

(2) 「政治的無関心」の記録——想田和弘

次に取り上げる想田和弘は、米ニューヨークに在住し、「観察映画」と自身が名付けるコンセプトで映画を作り続けている。想田は、市議会の補欠選挙に出馬した大学の同窓生の選挙活動を追った映画『選挙』(2007)や、精神科診療所の患者と医師を観察した『精神』(2008)などの作品で知られている。福島の事故から二年後の想田の映画『選挙2』(2013)は、『選挙』の主人公が福島の事故一カ月後の統一地方選挙に、脱原発をスローガンに出馬した神奈川県川崎市での選挙活動を追っている。

想田が目指す「観察映画」

想田が「観察映画」をモットーとするのは、テレビ・ドキュメンタリー番組の制作スタイルへの反発が基底にある。想田は、テレビ・ドキュメンタリー番組には、ロケ前に既に台本が存在し、それにもとづきロケ、構成、編集を行うことを「台本至上主義」だとし、「反知性主義的な予定調和に陥っていく」(想田 2015: 248)と批判している。そうした傾向は、福島の事故後の被災地を取材する番組にもよく見られるため、自分はあえて別の題材とアプローチを選んだと述べている。(11) こうした姿勢は、前述した船橋による、テレビなどとは「真逆のアプローチ」を目指す姿勢と重なるものがあろう。想田が船橋と同じくフレデリック・ワイズマンの影響を受けていると語っていることからもそれは明白である。[12]

事前の台本や構成による「予定調和」を拒絶した映画『選挙2』は、主人公の候補者が選挙ポスターを貼ったり、はがきを郵送したりするなどの地味な活動を淡々と観察していく内容である。ストーリー展開の起伏の乏しい場面が一五〇分続く長尺の映画であるため、観る者によっては退屈を感じかねないであろう作品でもある。

3・11直後の首都圏住宅地の風景が意味するもの

注目されるのは、福島の事故の直後という時期にもかかわらず、選挙区の一四人の候補者のうち、脱原発を掲げる候補はこの人物しかいないこと、そして彼が原発の危険性を訴える演説の観衆がほぼ皆無である事実を映像は映し出していることである。想田は、「皆が事故の影響を受けているのに、口に出して語らないことに驚いた。(中略)事故以前と全く変わらないことがシュール過ぎて、よく理解できなかった[13]」と述べている。

そのため想田は、このロケを終えた後、自分が撮影した映像記録をどう意味づけてよいか分からず、編集をしないまま一年半放置したという。ところが二〇一二年一二月に行われた総選

挙で、脱原発を支持する世論が高いながらも、原発容認姿勢の自民党が二九四人当選の地滑り的勝利を収めた結果に接して、想田は自分がカメラでとらえた事故直後の選挙中の首都圏の住宅地の緩慢な日常的風景の意味が読めたという。

〔3・11後も〕ほとんど何も変わらない日常がずっと続いていて、選挙風景もまったく変わらない。これは何なんだろうって、僕にはずっと意味がわからなかった。ところが、昨年一二月の衆院選の結果を見ながら、急にピンと来るものがありました。見たものに対する視点のようなものが急に湧いてきたというか。撮影以来一度も撮った映像素材を観てなかったのですが、「僕があのとき観たものは、もしかしたらこういうことだったのかな」という予感が生まれて、編集に取りかかりました。(14)

想田が言わんとするのは、3・11後に世論調査などで原発の是非を問われた市民のマジョリティは、原発に懐疑的な回答をするものの、それはあくまでも消極的な考えに過ぎず、ほとんどが何らかのアクションを起こすわけでもない政治的無関心の人々ではなかろうかということを、選挙結果で気づかされたということであろう。想田は、自著の中で、「投票に行かない」「何もしない」ことは、「熱狂なきファシズム」に加担すると述べているが（想田 2013: 53）、この言葉は、そうした問題意識と通底しているように思われる。

この映画は、巨大原発事故直後、メディアで過剰に、饒舌に語られたクライシスのありようと現実の市民意識の見えない落差を、やや粗削りながらも記録映像の力で可視化させることに成功している。オーディエンスによっては、原発周辺地域と首都圏地域の間の温度差として受け止めることも出来るかもしれない。映画評論家の北小路隆志が、この映画を「原発問題や民主主義の危機への主張をも鮮やかに表明してみせる、すばらしき〝政治映画〟」(『朝日新聞』二〇一三年七月五日(夕刊))と評しているように、この映画は、一風変わった切り口で、原発と政治、民主主義の問題を考える素材を提供している。

想田の『選挙2』は、船橋の『フタバから遠く離れて』とは全く異なる題材を取り上げていながら、作品コンセプト、および作品の視聴を通して多くのオーディエンスが感じとれるであろう質感は、かなり似ている。想田も船橋と同様、あらかじめ構成を立てずに定点観測的なロケを行うなど、ドキュメンタリー映画という媒体と表現のあり方に極めて自覚的である。二人の作品は、巨大原発事故後の原発周辺地域でない地域(埼玉県と神奈川県)を被写体に、テレビなどの議題から零れ落ちる現実を可視化させ、3・11後の日本の影の目撃者たろうとした点で、図らずもメディア論、テレビ論の性格を備えている。

海外での制作経験――鎌仲・想田・船橋を結ぶもの

最後に触れておきたいのは、鎌仲、想田、船橋の三人には、海外での生活経験と映画制作歴があるなど、グローバルな志向性の点で共通項が確認できることである。鎌仲は岩波映画などでの助監督、自主制作作品の監督を経て、カナダ国立映画製作所に渡り、一九九五年に帰国するまでは北米で仕事をしている。想田と船橋も大学卒業後、アメリカにわたり、ニューヨークのスクール・オブ・ビジュアルアーツで映画制作を学び、その後はアメリカで映画を制作した経験があり、想田は、今もニューヨークを拠点に活動している。

船橋の「避難所から見た民主主義」と鎌仲の「民主主義のエクササイズ」の相同性は、冷戦構造崩壊後、グローバル化に突入した一九九〇年代に、欧米文化圏で映画人として暮らした経験が無関係ではないと思われる。想田の映画で日本人の政治的アパシーが浮かび上がってくるのも「観察映画」のコンセプトゆえであり、「観察」を一種のエスノグラフィー的手法と考えるならば、やはり同様のキャリア的バックグラウンドが関係しているとみるのは、あながち穿った見方ではなかろう。

包摂性の観点から船橋と想田の映画と活動を眺めるならば、それらは日本の政治と民主主義の関係のありうべき十全性からの「欠損」を、言葉でなく、身体的に、観る者に感受せしめる点で特徴的と考えられる。それはテレビや新聞などの主流メディアとはむろん異なるが、記事や書籍などをフィールドとするフリージャーナリストの仕事とも異なる。また、科学者や人文社会系知識人とも異なるため、ドキュメンタリー映画「界」固有の特徴とみることが出来よう。

3　メディアの相対化——森達也と三人の作り手たち

3・11後にいちはやく現地に向かったのは、映画監督・作家の森達也と三人の作り手(綿井健陽・松林要樹《ようじゅ》・安岡卓治《たかはる》)たちであった。四人は、震災から半月後の三月二六日から被災地を取材して、映画

『311』をつくっている。映画のタイトルが三月一一日を示す『311』とあるように，福島原発のみならず，震災被災地も訪れるため，トリプル・ディザスターとしてこのカタストロフィが作り手たちによって捉えられている。本節で彼らの映画を取り上げるのは，彼ら，とりわけ森達也が最も著名な現役のドキュメンタリー映画作家の一人であることに加えて，この映画がその内容をめぐって激しい賛否の渦を巻き起こしたからである。

森達也（一九五六―　）は，オウム真理教信者の生活を描いた映画『A』(1997)，『A2』(2001)，ゴーストライター騒動で注目を集めた佐村河内守《さむらごうち》を追った映画『FAKE』(2016)などで知られる。とりわけ『A』『A2』の二つの映画は，事件後に団体の内部，信者の内面からオウム真理教の姿を克明に記録したもので大きな話題を呼んだ。綿井健陽（一九七一―　）は，イラク戦争など海外の戦争や紛争報道で知られる映像ジャーナリストである。松林要樹（一九七九―　）は，戦後も日本に帰らなかった未帰還兵を描いたドキュメンタリー映画『花と兵隊』(2009)などで知られる若手の映画監督である。安岡卓治（一九五四―　）は，原一男監督の映画『ゆきゆきて，神軍』(1987)で助監督をつとめた後，前述の森，綿井，松林らのドキュメンタリー映画などを製作してきた映画プロデューサーである。

3・11直後の「現認」記録

この映画は，事故直後に安岡が運転するミニバンに他の三人が乗り込んで，東北自動車道を北上するところから始まり，福島，宮城，岩手を縦走しながら，車窓からの景色や，様々な場所に立ち寄っては見聞きしたことをそのままカメラに収めるという，即興的な取材・撮影に基づいた映画である。

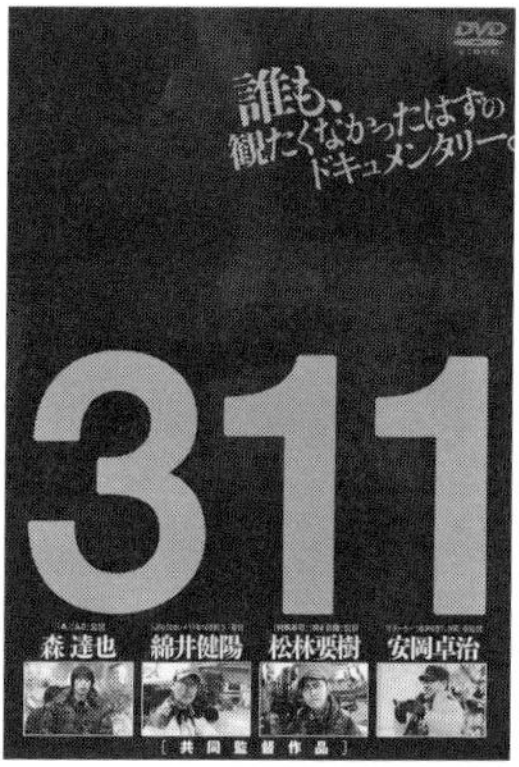

森が「車に乗る四人の吐息や呻きも、まったく加工しないままに残されている」と語っているように、震災直後の男四人のほとんど場当たり的といっても良い見聞録がそのまま収められている。いささか驚かされるが、宿泊先で四人がビールとスルメイカを無造作に口にするような様子まで記録されている。映画評論家の柳下毅一郎は彼らのロケを「ほとんどコメディーのような珍道中」、上島春彦は「物見遊山的な軽挙」(『朝日新聞』二〇一二年三月二日(夕刊))と評している。

確かにこの映画は、彼ら四人のカメラ日記のような性格を備えている。例えば映画の前半は、福島原発と周辺の放射能の状況を調べるために、各地で測定器を用いて放射能を測りながら、車は福島原発を目指していく様子が描かれる。防護服で身を固めた彼らが原発に近付くにつれて測定器の数値が上がっていく。ところが、福島第一原発まで直線距離で八キロメートルまで近づいたところで、ミニバンの左前輪がパンクしてしまう。そして映画の画面では、テロップで、「曖昧な取材姿勢、不十分な装備。福島取材を断念し、津波の被災地に向かった」と表示される。つまり、この不測の事態に遭遇後、四人は原発ロケのための態勢を立て直せず、予定を変更して車を北上して、津波などの震災被災地を目指すのである。

このように、場当たり的ともいえる彼らの撮影紀行なのであるが、作り手としてのねらいが無いわけではない。映画の冒頭で、この映画の「目的はただ現認すること。だれも映画制作を意図していなかった」とテロップで表示される。「現認」とは、『広辞苑』によれば、「事態をその場にいて目撃すること。現場での確認」とある。したがって、彼ら四人は、制作による作り込みを目指しはしないが、「現認」によって場に立ち会い、そこでの目撃者であろうとしたことが分かる。だが、これには言葉の奥にもう少しクリティカルな意味合いもある。それは、テレビや新聞などの主流メディア、報道ジャーナリズムへの一種の違和感とそれへのオルタナティブな表現の可能性への視点である。

安岡は、この映画のために東北行きを決意した理由を、綿井とのやりとりの中で以下のように述べている。

映画『A』のときと似ているかもしれないね。あのときもオウム真理教報道をテレビで観ていて、何かちゃんと知らされるべきことが、ごっそり抜け落ちているような気がしていた。違和感があった。ドキュメンタリーを作ってきている人間として、その現場にいなくていいのかという苛立《いらだ》ちをテレビ観ていて感じたのが、『A』のときと似ている。これは行かないと行かんなあという感じかな。

（綿井 2012: 47–48）

このように、安岡は自身が製作、撮影した『A』を引き合いに、制作の動機を語っている。そして森も、３・11後のマスメディア、報道ジャーナリズムによる「がんばろうニッポン」のスローガン的な調和的言説・表象のありようを忌避し、マスメディアの表現の客観性や中立性の「幻想」を、以下のように厳しく批判している。

テレビ（もしくはマスメディア全般）のジャーナリズムが抱える最も大きな欠陥は、客観や中立が無理なことは承知しながら、客観や中立を錦の御旗として掲げ、擬似的な公平性を体現できていると思い込んでいることなのだ。擬似はダメだ。実質がないのにその気になる。どうせ人を傷つけるなら、傷つけていることをしっかりと自覚するべきだ。世の中のためとか正義のためとか真実のためとか、そんなフレーズに逃げるべきではない。少なくとも僕は、そんなフレーズは使わない。メディア関係者が覚悟すべきは、人を傷つけない覚悟ではなく（だってそんなことは不可能だ）、人を傷つける覚悟だ。

（森 2012: 23）

映像メディアの加害性

こうして「人を傷つける覚悟」に立って被災地を撮影するため、いわゆる「自制」を行わず対象にカメラを向けることになり、映画は、搬送される遺体さえも映し出す。映画のラスト近くで、遺族から「撮るな」と怒鳴られ、木片を投げられ、それでも謝りながら撮影を続ける彼らの様子を映している。これについて綿井は、震災で大勢の人が亡くなっているのにマスメディアが「自発的に」遺体を映し出すことを避けてきたことに、「どうしても納得ができなかった」（綿井 2012: 65）ことが背景にあると述べている。

松林も、「なぜ天災の津波の場合は、遺体を撮ることはできないのかと思った。戦場などの現場では死体の写真を見たことがあるが、それは人災だから撮ってもいいのだろうか。死者の尊厳という観点も、撮られた『遺体に口なし』であいまいだ」(松林 2012: 90)と述べていることから、この点は、四人の間で共有された問題意識であったことが窺われる。

森は、こうしたことを含め、制作姿勢について自らの心情を隠すことなく率直に明らかにしている。

メディア(もちろん僕も)は人の不幸を撮るためにここにいる。
　事件や事故、そして災害は、すべて「人の不幸」が前提だ。愛を訴えるとか絆を確認するとか後世の教訓にするとか、そんな綺麗ごとで自分や誰かをごまかしたくない。状況が悲惨であればあるほど、記事や映像は価値を持つ。だって人は人の不幸を見たいのだ。そして僕たちは、人のその卑しい本能の代理人だ。つまり鬼畜。謙遜でも開き直りでも比喩でもなく、鬼畜のような行状を仕事に選んだのだ。(森 2012: 29)

映画『311』への激しい賛否の嵐

「人のその卑しい本能の代理人」「鬼畜」を自認し、被災地で男たち四人の行状を記録した彼らの映画『311』は、二〇一一年一〇月の山形国際ドキュメンタリー映画祭で上映された際、会場からは激しい賛否両論が沸き起こった。その後もオーディエンスからは、絶賛か否定の両極端に分かれ、中間がなかったというが、否定の方が多かったという。安岡は、「長年の盟友からは、『監督不在』と切り捨てられたし、『被災者の現実がとらえられていない』『テレビやネットにも及ばない』等々批判が相次いだ。『こんなもの、作品以前、映画じゃない！』という罵声も聞こえてきた」(安岡 2012: ix)と述べている。

一方、批評空間においては一定の評価が成されたが、その評価は、ドキュメンタリー作品の完成度の高さや内容そのものではなく、作り手の森達也本人がいみじくも「被災者たちを後景にしてセルフ・ドキュメントを撮るようなもの」と述べているように、映像を通じて映し出され、露わになった彼らの姿に対してのものであった。例えば映画批評家の前田有一は、「森監督が勇気があるのは、そうしたみっともない自分たちの姿を堂々と記録し公開したこと。そのある種自虐的な行動は、映画作家としてはなかなか誠実で勇気のあること(15)」と述べている。

むろんのこと、こうした「セルフ・ドキュメント」的性格は、映画評論家の千浦僚が言うように、「自己言及的メディア論的要素はややうるさい」(『毎日新聞』二〇一一年一一月三〇日)と思わせる点もなくはないが、この映画の存在意義はまさしくその「自己言及性」にある。そのため、彼らの「自己言及性」を受け入れられないか、もしくはそれに気づかされることがないならば、この映画に価値を見出すことは困難になろう。

そしてその「自己言及性」とは、取りも直さず、ドキュメンタリー映画作家であることは何かということ、大災害を目の前にして映像メディアの作り手は何を被写体とするのか、またしないかの自問である。そのため、彼らの「自己言及性」は、平時は潜伏していた広い意味でメディアに関わる問題系を浮き彫りにすることになる。例えば、遺体をメディア作品の中で使わないことについても、佐藤忠男が言うように、そもそも「誰かがきめたことなのか、当然の常識なのか」あるいは「暗黙のルール」(佐藤 2012: 163)なのか、誰が正確に答えることが出来ようか。

実は、かつて人間の遺体は、テレビの世界で今ほどタブー視されていなかった。例えば、ベトナム戦争を描いた一九六五年のテレビ・ドキュメンタリー番組では、南ベトナム政府軍兵士がベトコンのスパイ容疑で捕らえられた少年たちを拷問の末に首を切り落とし、その首をぶらさげて歩く場面があった。森はかつてこの番組について言及し、「戦争の狂気を伝えることをテーマとする番組ならば、その狂気を加工しては意味がない。少なくともかつては、生首や死体の映像はテーマによっては放送できたことを、メディア関係者は覚えておいたほうがいい」（森 2005: 43）と述べたことがある。

メディアの相対化と「自己言及性」

社会学者の遠藤薫は、震災後の数々のテレビ・ドキュメンタリー番組を検証し、「ほとんど見られなかったのは、メディア自身を相対化する視線である」（遠藤 2012: 221）と述べ、メディアに反省すべき点は無いのか検証する必要性を訴えている。森らの試みは、まさしくそうしたメディアのありようの相対化の一つの姿として見ることができる。森らは、巨大地震と原発事故を前にして、メディアが特大級に扱わざるを得ない社会的重要性と、それがゆえに被写体となる現実の被災者に対する増幅する加害性との緊張、拮抗を問題化する。

そのため、それは自ずとメディアのありようについての内省と相対化の作業を避けて通らざるを得ないことになる。そして、「『後ろめたさ』や『負い目』を持続できるのなら、きっとそれは悪くない。声高に『誇り』やら『品格』などを叫ぶよりは絶対にいい」（森 2011: 89）と森が語る時、「がんばろうニッポン」的な主流メディアの調和言説・表象に不協和音を差し込み、観る者はクリティカルな亀裂を覗きこむことになろう。

森が「後ろめたさ」や「負い目」「加害性」を持ちながら撮影する自分たちを「鬼畜」と呼ぶとき、先に引用したように、森が自らを「人のその卑しい本能の代理人」と呼んでいることにも注意を払う必要がある。この言葉は、「鬼畜」であることは単にドキュメンタリー作家という職業的な属性ゆえでなく、それを消費するオーディエンス、一般人も同様であることを意味する。そして、「加害性」のあるメディアを消費し、欲望する「卑しい本能」のオーディエンス、すなわち一般人の「代理人」として、森らは「セルフ・ドキュメント」を撮っていることになるだろう。

そのため、彼らの「セルフ・ドキュメント」は、二一世紀初頭に生きる私たちの自画像として受けとめることも出来る。この点で、彼らが遺体を撮影するのは不謹慎だなどと、他人事のように批判して終わるわけにはいかない。彼らの「自己言及性」は、メディアを消費する私たちおのれの「自己言及性」として捉えなければならないからである。

森と二人の共同制作者への反発——松林要樹と『祭の馬』

だが、映画制作時において四人が一枚岩であったわけではない。四人の中で最も年少で、当時三〇代初めの松林は、いささか偶発的にこれらの「オーゴショ（大御所）」たちに同行することになったと述べている（松林 2012: 76–77）。そして、遺体の撮影時に木片を投げられて口論になったとき、「私自身の身の置き所がなく恥ずかしかった」とし、抗弁している森らの姿は、「スタッフといえど、共感できるものではなかった」（松林 2012: 98）と述べている。そして、この「居心地の悪さ。この感覚はきっと一生忘れることはできない」（松林 2012: 100）と述べるように感情的な強いしこりとして残り、松林は遺体のシーンを映画で使うことに納得しなかった。

撮影から一カ月後、ラッシュ映像の試写の後、四人で東京・渋谷の居酒屋で飲んだ際、松林は泥酔状態になり、年齢の離れた「オーゴショ」たちの前で本音を吐く。

「こんな森さんの自傷映画、誰が楽しむんだよ！　スタッフばっかりが目立って、まったく被災地の外に意識が向かわない。こんなの見る必要のない映画だよ！　楽屋落ちのくそ映画じゃねえかよ！　うんこだよ」。（松林 2012: 74）

映画『３１１』の取材は、「消化不良」（松林 2012: 112）だとして納得できなかった松林は、この映画のロケ直後の二〇一一年四月、再び自分で被災地を訪れ、福島県南相馬市を舞台にしたドキュメンタリー映画『相馬看花　第一部　奪われた土地の記憶』を撮った。この映画は、映画『３１１』と同じくこの年一〇月の山形国際ドキュメンタリー映画祭で上映された。松林は、さらに二〇一三年、避難指示が出された原発半径二〇キロ圏内の南相馬市の厩舎の中に取り残され、その後、避難所に移された馬たちを描いた映画『祭の馬』を制作する。

映画『祭の馬』は、南相馬の数々の馬の様子を一年間追い続けるが、馬の放射能被ばくや原発の問題を正面に据えるわけではない。興味深いことに、この映画は、一旦避難指示後二週間の間、放置され痩せ衰えた馬たちが避難所で次第に活気を取り戻し、みずみずしい筋肉質の体に力を漲らせる馬の身体性、生命力そのものが主要なテーマなのである。このことを松林は否定しない。松林は福島の地で出会った馬たちが飢えて死んだことを聞き、「無念というか申し訳ない思いになり」、馬たちにカメラを向け続ける過程で、馬が寝返りを打って感情表現をするなど、馬が人間と変わらず個々の個性を持ち、信じがたいほど豊かな感情を備えていることを発見し、馬に惹きつけられたことが制作の動機だと述べている[16]。

とりわけ興味深いのは、映画『祭の馬』では、原発事故後に局部（ペニス）が真っ赤に腫れ上がってしまったミラーズクエストという名の元競走馬が登場し、主人公的な役割で繰り返し描かれることである。だがミラーズクエストの局部が腫れ上がった理由は、（はっきりしないのだが）必ずしも放射能被ばくと関係があるというわけでなく、震災で津波にのまれた際に負ったけがの後遺症によるらしいものである。

馬の身体運動と生命力の逆説

この映画が、馬たちの躍動感あふれる艶やかな肉体による身体運動を繰り返し描くことから、前述した松林による豊かな感情を持つとする馬への関心が、それらの身体運動に向けられていることは確かである。だが、赤く腫れ上がって巨大化する馬のペニスに執着することで、馬の身体運動への注目の奥にセクシュアリティへの秘かな関心と欲望があることが窺われる。

実際、映画の後半、赤く腫れたペニスが勃起したかのように、空高くそびえる「威容」が映し出され、その後、その映像が上下に反転して、それが勃起していたのではなく、単に重力ゆえに地面に向けて垂れ下がっていただけであることを示す象徴的なカットがある。ここでは、ペニスの傷、すなわち生が性と生殖に結び付けられる。このペニスは、原爆のキノコ雲にも似ているのだが、実際、松林自身もミラーズクエストの「腫れ上がったオチンチンを見た時、僕の中では（福島原発）三号機のキノコ雲のイメージと完全に重なりました」とし、それが「他人事じゃない」[17]と述べている。

この映画は、反原発をストレートに叫ぶことはしないが、作り手が馬の身体、生命の豊穣さに魅せられながら馬に迫り、傷ついた赤いペニスの多義性にも吸引されることで、原発や放射能の問題が無境界的、透過的性格を備え、それが私たち全ての生けるものの身体にも関係しているであろうことをメタフォリカルに示唆している。

『祭の馬』は、批評空間でも高く評価された。森達也はこの作品を観て、「松林の吐息、怒りの歯軋りが聞こえる」と述べ、「本作は『311』への松林の回答なのだ」（森 2013: 71）と記している。映画評論家の梁木靖弘は、「八方破れのユーモアに監督の心意気がうかがえる。しかし、最後に腫れたチンチンは去勢されてしまう。勝つことなく負け続けるこの馬は、フクシマ以降の私たちの自画像ではないか」（『朝日新聞』二〇一四年三月一八日）と述べている。映画評論家の北小路隆志は、「原発の建設や事故は人間の勝手であり、馬の関与する余地のない出来事である。だから馬の視線は抗議を表明するわけではなく、しかしだからこそ、人間の勝手の帰結を無言のうちに突きつける」（『朝日新聞』二〇一三年一二月一三日（夕刊））と評した。

松林のアプローチは、『ナージャの村』『アレクセイと泉』を撮った本橋成一のそれに近いかもしれない。反原発そのものをテーマ化するのではなく、原発や放射能汚染を問題化するのではなく、むしろ地域に生きとし生ける者の日常性から豊穣な生命力を見出し、その生命力の漲りが強すぎるために、その背後にあるはずの原発や放射能の気配を逆説的にではあるが残酷に感じさせる内容である点で相同性がある。3・11後の作品では、松林のアプローチは、『フタバから遠く離れて』を撮った舩橋淳のそれに一番近いかもしれない。『祭の馬』が、馬をめぐる「小宇宙」に長期間、定点観測的にカメラを向け、言語情報に容易に還元されない世界を浮き彫りにした点で、『フタバから遠く離れて』との間に親和性を認められるからである。

松林の映画は、森達也たち先輩との共同制作の経験の煩悶と反発から生まれたものだが、とはいえ、その松林と森の間にも平行性を認めることができる。森にとって『311』は「うしろめたさ」が出発点であったが、松林も、馬の死に接しての「申し訳なさ」が馬にカメラを向ける出発点であった。森の場合、人々の「代理人」としてその「うしろめたさ」を徹底的にさらすことで「加害性」の自覚の極北に至るのだが、松林の場合、人間の都合で殺処分をするなど、馬の運命を操る人間の業を見据える点で、やはり「うしろめたさ」と「加害性」を観る者に突きつけるのである。その点で、図らずも松林は、反発しようとした、「オーゴショ(大御所)」と呼ぶ先輩の森と類似の問題意識を引き受け、かつ作品化したと言えるかもしれない。

4 その他の主なドキュメンタリー映画

以上、主な映画作家とその作品をみてきたが、3・11後のドキュメンタリー映画は膨大な数にのぼる。その中から、他の主な作品について簡潔に触れておきたい。

二人の弁護士による映画制作——河合弘之・海渡雄一

3・11後、最も継続的にドキュメンタリー映画を通して原発問題に真正面から取り組んできた人物として、河合弘之（一九四四— ）と海渡《かいど》雄一（一九五五— ）の二人の名を挙げなければならない。河合と海渡は映画監督ではなく、ともに弁護士を本業としており、そうした事情と映画の中身とは密接な関係がみられる。河合が監督と製作、海渡が構成と監修を担当し、これまで三本のドキュメンタリー映画を世に送り出してきた。河合と海渡は、原発差し止め訴訟に弁護士として関わってきた経験がある。

だが弁護士がなぜドキュメンタリー映画をつくるのか。これについて河合は、「私が弁護士を務めながら脱原発の活動に参加するのは、もし、もう一度過酷な原発事故が発生したら、私たちの国が消滅してしまうかもしれないと恐れているからです(18)」と述べている。そして、以下のように述べる。

裁判を一生懸命やっても、一般市民にはなかなか原発の危険性が伝わらないんです。裁判って訴えを提起したときと、判決が出たときしか報道にならないから。じゃあどうしたらいいかなと考えたとき、それを見れば原発のことも自分がするべきこともわかるような映画を作ろうと思いました(19)。

河合の言葉は二つのことを物語る。一つにはマスメディアは起訴と判決時のみ原発訴訟を議題化する傾向があることと、二つ目は、河合が原発の危険性の社会への啓蒙を、映画を通して目指していることである。

最初の映画『日本と原発　私たちは原発で幸せですか?』(2014)では、河合と海渡による多くの関係者、有識者へのインタビュー取材とともに、二人が弁護士として関わる、避難者らの訴訟の行方を丹念に追っている。二作目の『日本と原発　4年後』(2015)は、冒頭の字幕で「この映画は、原発についての報道・広報・広告の紹介、参照・論評をも目的としています」と示されるように、啓蒙活動としての制作目的がより顕著にみられる。事故シミュレーション、東京電力の責任、原子力ムラ、原発テロ、原発訴訟、汚染水問題、使用済み核燃料、原発のコスト、チェルノブイリをはじめ、多領域の解説を行うため、反原発をめぐる一種のカタログ的な網羅を通して啓蒙に努めようとしていることが窺える。

この二作品は計二〇〇〇回の自主上映が行われ、一五万人が来場した後、二〇一八年六月に河合らは、『日本と原発　4年後』をYouTubeで無料公開することに踏み切った[20]。本書を執筆している二〇二〇年一〇月時点で、約一四万人が視聴している。河合は、「上映運動そのものが、脱原発運動なんです」[21]と述べているが、この点で河合と海渡のスタンスは鎌仲ひとみに近い。

河合の三作目となる二〇一七年の映画『日本と再生　光と風のギガワット作戦』は、国内外の自然エネルギーの取り組みを精力的に取材した作品である。前二作の上映運動を通して、原発の代替エネルギーをどうするのかとのオーディエンスからの問いが少なからずあり、それに答えるためにこの作品が作られたという。[22] これは、上映運動という、一種の市民交流の場における作り手とオーディエンスの相互作用が、関連議題を俎上に載せるよう仕向け、結果として包摂性を伴う取り組みへと導いた点で、興味深いものである。

インタビューで迫る作品群――岩井俊二ほか

原発を問題化するドキュメンタリー映画の中には、数多くの関係者へのインタビューによって構成されたものが少なくない。岩井俊二（一九六三―　）の映画『friends after 3.11』(2012)は、その代表的なものである。岩井は、『Love Letter』(1995)、『スワロウテイル』(1996)、『リリイ・シュシュのすべて』(2001)などの劇映画で、日本のみならず海外でも知られる著名監督であるとともに、3・11以前から原発問題に関心を示してきた数少ない劇映画の監督の一人でもある。[23]

岩井の『friends after 3.11』は、一部の被災地ロケなどを除けば、反原発派の人物一七人への岩井自身のインタビューのみで構成されている。インタビュー対象の顔ぶれも多彩で、医師、実業家、環境活動家、映画監督、音楽プロデューサーから俳優、アイドルタレント、また本書で取り上げた鎌仲ひとみや小出裕章もインタビューの対象となっている。[24]

　この映画は、インタビューを受ける者が、なぜ、どのように自分が反原発を考えるようになったのかを語るだけのシンプルな構成であるため、捻りの効いたオリジナル企画で物語を創造してき

た岩井の他の劇映画とは相当異なる。それについて岩井は、戦後の日本映画が『ゴジラ』や『風の谷のナウシカ』のような反核を根底に据えた映画の系譜がありながらも、それが「エンターテインメントの波に飲み込まれてしまって、(中略)本来の要素が薄まってしまってきた(25)」とし、以下のように述べている。

ですから僕らの世代では、「核戦争後の未来」などをひとつの場面設定として利用しているだけで、前提である本来のメッセージを忘れて作っているのではないかと、3・11以降に自分の中で反省が生まれたんです。こういう状況になったときに、そうした場面設定を利用して映画を作ってきた立場として、沈黙してしまえば「ただ利用してきただけ」というスタンスになってしまう。こんなときだからこそ、誤魔化さずストレートに、自分の思っていることを言うべきなのではないかと考えたんです(26)。

岩井本人が語るように、言葉の積み重ねだけの「ストレート(27)」な構成ながらも、この映画は、批評家の小沼純一が「自らのうちで言葉が交差する機会が持てる映画」と述べるように、批評空間でも好意的に受け止められた。

石田朝也《ともや》監督の映画『無知の知』(2014)は、福島の事故後、自分が原発について「無知」であることに気づいたという監督自身が、一年をかけて被災地の人々、専門家、政治家などにインタビューを重ねる内容である。事故当時の首相だった菅直人、内閣官房長官だった枝野幸男、さらには細川護熙、鳩山由紀夫、村山富市ら歴代首相がカメラの前で答えている。映画の中では、取材対象から時には呆れられながらも突撃取材をあきらめない監督の姿も映し出している。この映画が東京都内のミニシアターで上映された時のトークイベントでは、元首相の菅直人が監督の石田とともに登壇した(28)。

土井敏邦監督の『福島は語る』(2019)は、二時間五〇分、一四人のインタビューがひたすら語る構成の映画だが、それを元にした『福島は語る　完全版』(2020)はさらに長く、五時間二〇分、二七人が語るという異例の作品である。この映画は、二〇一三年前後から四年をかけて、主に福島県内の被災者にインタビューを繰り返し行い、事故から時間が経過しても生活や状況が好転しない現実が、彼らの声と表情の積み重ねで、重い質感とともにオーディエンスに伝えられる。

ドキュメンタリー映画には、ホロコースト関係者の証言をもとにした、クロード・ランズマン監督の九時間三〇分のフランス映画『ショア』(1985)のように、長尺のインタビュー構成型の映画の系譜がある。『福島は語る　完全版』のように、五時間を超える大作映画が作られたこと自体が、3・11の歴史的重要性を物語ろう。

原発周辺地域の苦悩と試み

福島原発周辺地域へのロケ取材作品も数多くある。映画『立入禁止区域・双葉　されど、我が故郷』(2012)は、地元出身の佐藤武光監督が、立入禁止区域となった福島県双葉郡に事故直後に入り、避難のため人がいなくなった故郷の様子をカメラに収めた貴重な作品である。四ノ宮浩監督の『わすれない　ふくしま』(2013)は、福島県飯舘村の避難者、警戒地域で牛を飼い続ける酪農家や借金苦に自殺した酪農家をフォーカスしていた。

豊田直巳と野田雅也の二人の監督による『遺言　原発さえなければ』(2014)も、飯舘村の避難者、酪農家などの日常を事故直後から八〇〇日間記録した三時間四五分の労作である。タイトルの「原発さえなければ」の言葉は、自殺した酪農家が壁に書き残した遺言である。豊田と野田は、続編映画『サマショール　遺言　第6章』を二〇二〇年に完成させている。この映画は、避難指示が解除された飯舘村の元酪農家が帰村すべきか迷って、チェルノブイリに旅する姿を追い、現地の様子を通して数十年後の福島原発周辺地域のありようを静かに、しかし重く暗示している。

最後に、特徴ある作品として二つ挙げておきたい。渡辺智史監督の『おだやかな革命』(2018)は、原子力に依存しない自然エネルギーの会社を立ち上げた福島県内や全国各地の試みに焦点をあて、持続可能な社会を模索している。この映画は完成後、一年半の間に二〇〇カ所で自主上映会が催された。これを受けて、監督の渡辺は「おだやかな革命サミット」と名付ける参加者との交流会を立ち上げ、これは「映画を出発点としたソーシャルアクション」[29]だと述べている。渡辺の試みは、鎌仲の『ミツバチの羽音と地球の回転』で示されたテーマの、3・11以降の新しい形を示しているように思われる。

坂田雅子監督の映画『モルゲン、明日』(2018)は、二〇二二年までに国内の原発全てを停止することを決めたドイツを取材し、なぜ脱原発へと方針転換できたのかを探る内容である。この映画は、脱原発の決定が単に福島の事故後の政策ではなく、第二次世界大戦のナチスドイツ時代にまで遡及する現在のドイツ国民の内省の歴史的過程であることを示す点で、対比的に日本の状況を考えさせる内容となっている。

ドキュメンタリー映画の三つの特徴

本章で論じてきた映画作家とその作品は一括りに出来ないが、3・11後のドキュメンタリー映画は、大別するならば三つの特徴に分類できる。一つには、鎌仲ひとみに代表されるような、地域への具体的なコミットメントと自主上映による市民運動との密接な接点である。二つ目は、船橋淳、想田和弘に代表されるような、ドキュメンタリー映画という媒体を強く意識し、もしくは活用する表現論的可能性の探求。三つ目は、森達也、松林要樹に代表される視覚メディアのあり方への本質的かつ自己言及的な議題化。

これらは、いずれもがドキュメンタリー映画の系譜的特徴に根差したものだが、巨大原発事故というカタストロフィが、それらを目に見える形で増幅、拡大させた。その位相や方向性は、テレビや新聞などの主流メディアとは大きく異なり、作り手が意識的であるか否かにかかわらず、反メディア論の性格を備えている。ブルデューは、社会運動を推進するにはメディアへの批判が必要であると主張した(Bourdieu 1996＝2000)。この点において、ドキュメンタリー映画「界」は、その表現が反メディアの性格を備えることに加えて、主流メディアとはオーディエンスのアクセスが全く異なり、多くは自主上映運動という実践が主体であるため、二重の意味で反メディア的性格を備えていると見ることが出来る。

反メディアという点では、フリーランス・ジャーナリストと重なる特徴もあるが、紙媒体を主とするフリージャーナリストとは活動の位相が異なる。そのこともあってか、鎌仲らの上映運動と、第2

章で論じた広瀬隆、鎌田慧らの反原発運動とは特段、接続されているわけではない。また、ドキュメンタリー映画には、反原発の科学者が登場することは少なからずあるもの(30)の、人文社会系知識人の姿はあまり見られない。このように、ドキュメンタリー映画「界」は、原発問題に関しては独自のポジションに位置しながら、表現と運動を展開してきた。

包摂性の観点から、ドキュメンタリー映画の特徴を考えるならば、多様な作品群があるものの、主に以下の二点が挙げられる。一つには、自主上映会運動のアプローチからの草の根民主主義の拡充、もう一つにはドキュメンタリー映画という媒体独自の表象と位相による原発問題の気づきの空間とでも言うべきものの構築であろう。

5 補論――劇映画における福島の事故と原発

本章はドキュメンタリー映画を論じてきたが、いわゆる劇映画を俎上に載せなかった。それは一つには、フィクションのナラティブを他のメディア・ジャンル、言説と同列に論じることの難しさもあるが、加えて、地震、津波とあわせて少しでも3・11に関連する作品群は膨大だからでもある。

映画の冒頭で人との出会い、映画の終わりで人との別れの啓示として東日本大震災がモチーフとなる濱口竜介監督『寝ても覚めても』(2018)、映画のラストが二〇一一年三月一一日の暗示で終わる白石一文原作、荒井晴彦監督『火口の二人』(2019)のような二一世紀を代表する日本映画に数えられる作品。ホテルの部屋番号三一一を引喩的に用いる廣木隆一監督『さよなら歌舞伎町』(2015)。

あるいは、俳優の奥田瑛二が監督し、宮城県南三陸町の被災地ロケを敢行し、奥田の娘の女優・安藤サクラに、同棲相手の死体を浴室で血まみれになりながら切り刻む役を演じさせるなど、憑かれたような情熱でつくられたものの批評的には黙殺された、知られざる傑作『今日子と修一の場合』(2013)……。３・11にわずかでも関係する劇映画はじつに枚挙に暇がない。日本映画には、３・11以前と以降を隔てる明白な差異の刻印を至るところに認めることが出来る。それらを論じたい衝動も少なからずあるが、それは本書のコンセプトからずれてしまうだろう。

とはいえ、３・11という地震、津波、原発事故のトリプル・ディザスターにおける原発事故によって争点化された「反原発」をテーマとする本書の立ち位置から、ここでは福島原発事故および原発を扱った劇映画に限って、短くともせめて触れておきたい。これも膨大な作品があるが、その中で福島の事故から一〇年近くが経つ今、振り返って眺める時、巨大原発事故のカタストロフィに直面した作り手たちの創作的反応としての同時代のドキュメントの性格が濃厚に感じられるものがある。それらについて簡潔ではあるが記しておきたい。

３・11直後の劇映画――『希望の国』『おだやかな日常』『朝日のあたる家』

園子温監督の『希望の国』(2012)は、３・11が映画の作り手にいかなる衝撃を与えたか、事故直後の作り手の心の震えを最もリアルに伝える作品である。人気監督の園のもとには当時、作品オファーが数多くあったが、園が原発の映画をやりたいというと制作会社は「クモの子を散らすように消えてしまった」(『朝日新聞』二〇一三年一月三〇日)という。

二〇ＸＸ年、架空の県（長島県）の大地震で原子力発電所が事故を起こし、半径二〇キロ圏内が警戒区域に指定された。道路一つを隔てて強制避難させられる家族と、二〇キロ圏外のため残る家族と運命が分かれる。この映画は、意表を突くラストに至るまでマーラーの交響曲（第10番）が大音量で延々と流れるなど、いささか大仰な身振りで絶望感を描くディストピア映画だが、もし後世の人が福島の事故直後のこの国の空気を伝える映画を観ようとするならば、（作品の好悪は分かれようが）最初に観てよい映画かもしれない。

内田伸輝監督の『おだやかな日常』（2012）は、福島の事故直後の東京の二人の主婦を描いている。一人は幼稚園に通う娘の被ばくを人一倍心配するあまり、「ママ友」など幼稚園コミュニティから孤立してしまう。もう一人は事故当日に夫から一方的に離婚を告げられる。この映画は、事故直後の首都圏の空気、すなわち原発立地地域の当事者ではないが事故と無縁でもない都市の人々の間に生じうる固有の温度差、軋轢、心情の軋みなどを地域と家族の観点からデリケートに描いていた。その意味で、現在進行中のコロナ禍での同調圧力、自粛警察などの問題系と地続きなものを見いだすことも出来よう。

太田隆文監督『朝日のあたる家』（2013）は、３・11の後、静岡県で大地震が起き、地元の原発が事故を起こして避難する家族らを描く。地震が起きるのが３・11と同じ午後二時四六分であること、原発の名前（山岡原発）が浜岡原発を暗示していることなどから、この映画は、福島の出来事を、南海トラフ地震などの地震で日本のどこにでも今後起こりうる問題として提示していることは明白である。映画の中で避難者は皆、福島の事故後の報道情報を思い出して語り合うが、その後に同じことが実際に自分たちにも降りかかる残酷な状況を、この映画は意識的に物語化している。低予算映画だが、手作りの雰囲気が逆にリアリティを感じさせる作品となっていた。

二つの大作映画――『天空の蜂』『シン・ゴジラ』

３・11からしばらく時間が経って、二つの超大作映画がつくられた。堤幸彦監督『天空の蜂』(2015)と庵野秀明総監督、樋口真嗣監督『シン・ゴジラ』(2016)である。

『天空の蜂』は、東野圭吾の一九九五年の同名小説の映画化。子供を乗せた軍用ヘリコプターが遠隔操作でハイジャックされ、原発の真上で静止する。犯人は全国の原発の破棄を要求し、従わない場合は爆発物を積んだそのヘリを原子炉に墜落させると脅迫する。ヘリと原発は同一の大企業の製造という皮肉なども交え、映画は原発安全神話の虚構性、使用済み核燃料プールの脆弱性など、福島の事故後に浮かび上がった問題を提示している。東野自身は原作小説について、「本当に自信作だった。だがまるで無反応だった。明らかにわざと黙殺された」(『朝日新聞』二〇一五年八月六日)と感じたため、二〇年後の映画化は想像できなかったという。

福島の事故の衝撃が映画化に至らしめたのは明らかだが、とはいえ、映画ジャーナリストの大高宏雄が「近年最高の邦画娯楽大作。(中略)(映画の面白さは)ハラハラドキドキだ」、『毎日新聞』記者の鈴木隆が「社会派、それともエンタメ？(中略)いったい何を見せたいのか？　豪華俳優陣のファンにはお薦め[31]」と述べるように、超大作映画としてあからさまに原発を扱うことが、原発問題の議題化というより、エンターテインメントとしての性格を強めている。

『シン・ゴジラ』は、関連する映画の中で最も有名な作品であるのみならず、二〇一〇年代を代表する日本映画の一つであろう。累計観客動員五五一万人、累計興収八〇億円を超えるこの映画に[32]、3・11のアナロジーが満載なのは間違いないが、これまでに語られ過ぎた。「現実(ニッポン)対虚構(ゴジラ)」を宣伝コピーとするこの映画は、あらゆる人々を饒舌にさせてしまう。

批評空間、ソーシャル・メディアなどのネット空間には、『シン・ゴジラ』を熱く語る無数の夥しい言葉を見つけられよう。カフェや居酒屋でこの映画を語る人たちもたびたび目にしてきた。また、第3章で扱った加藤典洋、笠井潔はじめ数多くの知識人も『シン・ゴジラ』を論じてきた[33]。

政界ですらそうである。安倍晋三首相(当時)は、映画公開中、自衛隊幹部との懇親会でこの映画を引き合いに出して激励した[34]。また安倍は、麻生太郎副総理兼財務相、自民党の二階俊博幹事長らと銀座でステーキを食べながら、この映画を批評して盛り上がったという(『毎日新聞』二〇一六年一〇月九日)。一方、安倍の政治ライバルの石破茂元防衛相はブログでこの映画を論じたが、それに対し石破自身が「困惑」するほど本人へのメディア取材が殺到した[35]。

かようにあらゆる人々を饒舌にさせるこの作品について、新たに何かを語る陣列に加わることには躊躇がある。ここでは、以下のことだけを指摘しておきたい。それは、日本人によって「戦後」の争点化がなされるとき、六〇年以上の長きの間、しばしばゴジラに仮託することで行われ、それが3・11後も不変であること。今もゴジラは日本人が「戦後」を内省するための特別な再帰的磁場であり続けていること。

デヴィッド・スノーとロバート・ベンフォードは、メディアのフレームにおける「ナラティブの迫真性(narrative fidelity)」という概念を提出し、メディアのフレームは、その国の文化的ヘリテージと言えるような、物語、神話、民話と共鳴する「語り」と親和的な傾向があり、それがゆえに迫真性を備えると述べている(Snow and Benford 1988)。文化アイコンのゴジラこそ、今も日本人が「戦後」を語るメディアのフレームの真実性を担保する格好の装置なのだろう。

一方で、この映画の海外での受け止め方は賛否あるとともに、クールな受け止め方が目立った[36]。米ニューヨークのプレミア試写会に立ち会った映画批評家ジョン・デサンティスは、欠陥のある映画なのになぜ日本で受けたのかじつに不思議だと述べている[37]。

では『シン・ゴジラ』を観て饒舌になる私たち日本人は何者なのか。いつになれば私たちはゴジラを語らなくなるのか。別言するならば、いつ私たちはゴジラに仮託せずに「戦後」を語るようになるのか。作品としての『シン・ゴジラ』の記号的解読を競うよりも、むしろそれに夢中になる私たち日本人の所作と国民的饒舌さは何を意味するかの解読の方が、これからの時代は意味があるかもしれない。

リアルを追求――『太陽の蓋』『彼女の人生は間違いじゃない』『STOP』

『シン・ゴジラ』と同じ時期に公開された佐藤太監督『太陽の蓋』(2016)は、事故直後五日間の首相官邸、福島原発、東電、新聞社などの動きを描いた作品である。この映画が注目されるのは、当時の

菅直人首相、枝野幸男官房長官、福山哲郎副官房長官ほか政治家を実名のまま俳優に演じさせるなど、リアルな再現を試みていることである。菅、枝野、福山らに直接取材をしたうえで脚本が書かれたというが[38]、そのためか彼らの思惑の微妙な差異も描写しているのは興味深い。脚本を書いた長谷川隆は、この映画では「誰の味方も批判もしない」(『毎日新聞』二〇一六年七月一六日(夕刊))ことを心がけたという。

『シン・ゴジラ』が「動」「過剰」「多弁」の映画とすれば、『太陽の蓋』は「静」「抑制」「寡黙」の映画である。前者では、矢継ぎ早にセリフが飛び交うのと対照的に、後者の登場人物らは、皆、沈痛な面持ちで驚くほど寡黙である。東電と原発現場の連絡網がある一方で、官邸は取り残されて面子を潰されるが、皆、苦虫を噛み潰したように押し黙る。三田村邦彦演じる菅首相も成すすべもなく顔をしかめ、終始、沈黙している。また、映画の主人公は新聞記者ではあるものの、その記者たちもパソコンを前にカップ麺をすするような膠着状態に置かれ、何か派手な活躍をするわけでもない。

この映画は、責任能力のある当事者の不在とそのシュールな光景、すなわち巨大原発事故が起きても、決してだれもコントロール出来ない不能感と、そこから来る一種の薄気味悪さを観る者に感じさせる異色作である。終始流れる無機質な電子音楽(ミッキー吉野)も効果的に使われていた。

先に触れた『さよなら歌舞伎町』の福島県出身の廣木隆一監督は、他にも『RIVER』(2012)、『海辺の町で』(2013)など故郷を舞台にした作品を3・11後に撮り続けているが、中でも『彼女の人生は間違いじゃない』(2017) は高い批評的評価を得た(39)。事故後の仮設住宅で暮らす若い女性主人公は平日は市役所職員として働き、週末は高速バスで東京へ赴きデリヘルの仕事をしている。二人暮らしの父は原発事故で農地を奪われ、補償金で酒とパチンコに溺れている。主人公がなぜデリヘル勤めのために東京通いをするのか映画は理由を示さない。

監督の廣木は、「被災者は可哀想だというのは違うと思っていました。撮影を手伝ってくれた地元の人たちが試写を見て『リアルだった』と言ってくれたのがうれしかった(40)」と述べている。この映画は原発事故や避難の現実の問題化を意識的に避け、避難者を他の人々と等質なものとして描写するが、こうした内容が映画化され、批評的評価も獲得するのは、3・11からある程度の時差(二〇一七年の公開)あってゆえと思われる。

『うつせみ』(2004)、『嘆きのピエタ』(2012) などで世界的に著名な韓国の監督キム・ギドクが福島でロケした『ＳＴＯＰ』(2015) は、内容の過激さから当初、日本上映は困難と危惧された映画だが、触れないわけにはいかない。福島原発から五キロ圏内に居住する妊娠中の妻と夫の主人公は、3・11後に東京に移住するが、妻はお腹の子どもの放射能の影響に不安を抱え、次第に正気を失っていく。謎の政府の役人が現れて彼女に中絶するよう促す一方、夫は妻を安心させるために福島の状況を一人で確かめに戻るが、そこで驚愕すべきものを目撃してしまう。この映画が視覚的に抉り出すおぞましさは、他に比肩すべきものがちょっと見当たらない。監督のキムは、「これは韓国人だとか日本人だとか、そういったことは関係なくて、人類の安全の問題だと思っています。(中略) 原発の問題は終わっていません。終わっていないどころか、これからも、どんどん深刻なことになっていくかもしれません」[41]と述べる。この映画は、生命をもつものの、可能性としての被ばくの極限を凝縮して提示し、原発の問題を普遍的なものとして世界で共有しようとする啓蒙的試みに思われる。

大作映画と低予算映画の違い

以上、補論として劇映画について短く触れてきた。劇場で公開される劇映画の多くは多メディアで宣伝されるため、福島の事故や原発を扱う題材の場合、3・11の忘却への抗いとしての波及効果は、決して小さくなかろう。

だが、本書の「界」の視点から言えば、劇映画をひと括りにはできない。シネコンで上映される大作商業映画と、ミニシアター、自主上映などがメインの低予算映画を制作する作り手や配給の「界」はいささか異なるからである。製作費が巨額になればそれに見合った集客を見込む必要から、娯楽性を高めるため政治性は後景化する。日本の大作映画の多くは、映画会社、放送局、新聞社、広告代理店などが出資する「製作委員会」方式でつくられる。そのため、製作体制自体が「政官産学メディア」の構造的力学と近接するため、そもそも原発を真正面から問題化すること自体が考えにくい。前述の大作映画『天空の蜂』[42]が、例えば映画評論家の増當竜也が「原発賛成派にも反対派にも組せずに魅せるエンタメ」と評するような受容のされ方になるのは、そのためであろう。

一方、低予算映画の場合、そうした構造的力学からの距離があることに加えて、マス層でなく一部の層をターゲットとするため、原発への懐疑を鮮明に示す意図など政治性を前景化させやすい。予算・集客規模と政治性というのは、特に原発のような題材の場合、(一概には言えないが)一種のトレードオフの関係にあると言ってよいかもしれない。鎌仲や想田らの映画は、3・11への関心の高さから、海外の映画祭、上映会でたびたび上映され、注目を浴びた。

そのため、ここで述べた大作映画（『天空の蜂』『シン・ゴジラ』など）とそれ以外の映画は製作事情も含め、同位相のものではない。低予算の劇映画の場合、ドキュメンタリー映画と同じように、市民などの自主上映活動が目指されることもある。例えば、前述の『太陽の蓋』は、この映画に魅せられた一般市民が「太陽の蓋自主上映プロジェクト」と名付けて、公開から四年を経た今も、全国各地で自主上映活動を続けている。[43] したがって、これらの映画は草の根民主主義と親和性がみられ、ドキュメンタリー映画と類似の「界」の性格があると言えよう。

3・11から時間が経過していく中で、原発を扱う劇映画は次第に少なくなりつつある。本書を書いている時点で最新の劇映画は、事故発生後も福島第一原発にとどまり対応業務に従事した作業員たちの活動を描いた、門田隆将原作、若松節朗監督の大作『Fukushima 50』(2020)である。だが、映画評論家の川口敦子が、「責任の所在をうやむやにしたまま満開の桜に涙する、まさに戦後日本への道をなぞり、迷いなく美化するような展開に呆然とした」と述べるように、事故を問題化する視点が希薄な一種の英雄譚と受け止められ、映画評では厳しい批評が目立った。[44]

こうした評価の妥当性を判別するのは本書の目的ではない。ただ一つだけ言えるのは、本節の最初に述べた、3・11直後の園子温監督の『希望の国』の尋常ではない重々しさ、痛切さと比すならば、『Fukushima 50』の温度差、落差の大きさはただごとではなかろうことである。風化というのは、こういう形で進行するのかもしれない。『Fukushima 50』はコロナ禍が起こりつつあった二〇二〇年三月に公開されたが、今後しばらく、社会の関心がコロナに集中するであろうことを思えば、福島の事故や原発を扱う劇映画自体がまた3・11以前のように、つくられなくなっていくかもしれない。

（1）「祝島自然エネルギー100%プロジェクト」、および祝島島民の抗議活動については、岩崎(2011)に詳しく、本書もそれを参考にしている。
（2）主なドキュメンタリー映画として、『原子力発電の夜明け』（一九六六年・東京シネマ）、『黎明　福島原子力発電所建設記録　調査篇』（一九六七年・日映科学映画製作所）、『福島の原子力』（一九七七年・日映科学映画製作所）ほか。
（3）この映画は、キネマ旬報二〇〇六年度文化映画ベストテン第四位にランクインした。
（4）この映画は、二〇一〇年九月から一一月にかけて一般劇場での上映も行われた。
（5）例えば、雑誌『キネマ旬報』でも短い新作紹介記事があるだけであった（『キネマ旬報』二〇一一年三月上旬号）。
（6）四人の医師とは、広島の被ばく者を診察し続けてきた医師の肥田舜太郎、チェルノブイリやイラクで医療支援を続ける鎌田實（諏訪中央病院名誉院長）、福島で除染に取り組む児玉龍彦（東京大アイソトープ総合センター長）、チェルノブイリの小児科医師スモルニコワ・バレンチナである。
（7）『内部被ばくを生き抜く』ホームページ https://www.naibuhibaku-ikinuku.com/　アクセス日：二〇一四年八月二五日。
（8）二〇一二年度の『キネマ旬報』文化映画ベストテン第七位に選出されたほか、各国の映画祭で招待上映された。
（9）舩橋は、二〇一三年に、茨木県日立市を舞台に男女を描いた劇映画『桜並木の満開の下に』を監督するなど、ドキュメンタリー映画のみならず、劇映画の監督も行っている。
（10）舩橋(2012)の中で、映画の製作背景、意図、裏話などを舩橋は細かく述べている。

（11）『Realtokyo』ホームページ　http://archive.realtokyo.co.jp/docs/ja/column/interview/bn/interview_087/　アクセス日：二〇二〇年五月四日。
（12）『東京大学新聞オンライン』ホームページ http://www.todaishimbun.org/soda150930/　アクセス日：二〇二〇年五月一四日。
（13）二〇一四年二月二一日に、ニューヨーク近代美術館で行われた映画『選挙2』上映会後の質疑応答での想田の言葉（オリジナルは英語）から。
（14）『Realtokyo』ホームページ http://archive.realtokyo.co.jp/docs/ja/column/interview/bn/interview_087/　アクセス日：二〇二〇年五月四日。
（15）前田有一のホームページ『超映画批評』http://movie.maeda-y.com/movie/01647.htm　アクセス日：二〇一四年一月八日。
（16）二〇一四年一月一一日の第七藝術劇場（大阪・十三）での映画『祭の馬』上映後の、監督・松林本人による舞台挨拶での言葉から。
（17）映画『祭の馬』パンフレットにおける監督インタビューから。
（18）『弁護士　河合弘之』ホームページ http://lawyer-kawai.com/denuclear　アクセス日：二〇二〇年五月一日。
（19）『立憲民主党』ホームページ https://cdp-japan.jp/interview/52　アクセス日：二〇二〇年五月一日。
（20）『河合弘之監督　映画サイト』ホームページ http://www.nihontogenpatsu.com/news/4yearslater_freerelease.html　アクセス日：二〇二〇年五月二日。
（21）『河合弘之監督　映画サイト』ホームページ http://www.nihontogenpatsu.com/news/4yearslater_freerelease.html　アクセス日：二〇二〇年五月二日。
（22）『KOKOCARA』ホームページ https://kokocara.pal-system.co.jp/2017/03/06/renewable-energy-hiroyuki-kawai/　アクセス日：二〇二〇年五月二日。
（23）岩井は、福島の事故以前から書き続け、「放射能ディストピア小説」と名付けた小説『番犬は庭を守る』を事故の翌年に完成させた。内容は、一種の近未来SFで、原子力発電所が爆発し、臨界事故が続発する世界で、放射能汚染が人々に与える影響を描いたものであった。

(24) 岩井は、福島の事故後、「僕自身、知りたい、教えてほしいという要求が大きかった」ために、「震災後に知り合った人、情報をもらっていた人たち」からインタビューの人選をしたと述べている(『朝日新聞』二〇一二年六月六日、福島県版)。以下がその顔触れである(職業・肩書きは当時)。藤波心(脱原発アイドル)、後藤政志(元原子力プラント設計技術者)、鎌仲ひとみ(映画監督)、田中優(環境活動家)、山本太郎(俳優、現政治家)、上杉隆(社団法人自由報道協会代表)、武田邦彦(中部大学総合工学研究所教授)、飯田哲也(認定NPO法人・環境エネルギー政策研究所所長)、小林武史(音楽プロデューサー)、北川悦吏子(脚本家)、岩上安身(ジャーナリスト)、吉原毅(城南信用金庫理事長)、中島義童(医師)、清水康之(NPO法人・自殺対策支援センター「ライフリンク」代表)、タン・チュイムイ(映画監督)、Frying Dutchman(ミュージシャン)、小出裕章(京都大学原子炉実験所助教)。

(25) 『CINRA.NET』ホームページ https://www.cinra.net/interview/2011/12/30/000000 アクセス日:二〇二〇年五月六日。

(26) 『CINRA.NET』ホームページ https://www.cinra.net/interview/2011/12/30/000000 アクセス日:二〇二〇年五月六日。

(27) 『キネマ旬報』二〇一二年四月上旬号、一一三頁。

(28) 『シネマトゥデイ』ホームページ https://www.cinematoday.jp/news/N0067809 アクセス日:二〇二〇年五月四日。

(29) 『greenz』ホームページ https://greenz.jp/2019/08/08/odayaka_kakumei_summit/ アクセス日:二〇二〇年五月六日。

(30) 本文で述べたように、岩井俊二の『friends after 3.11』には、小出裕章がインタビュイーとして出演していた。また、豊田直巳と野田雅也の『遺言 原発さえなければ』は、小出の京都大学の同僚の今中哲二が飯舘村の放射能汚染調査を行う姿をロケしていた。

（31）　大高、鈴木の言葉は、それぞれ『毎日新聞』二〇一五年九月一八日（夕刊）での映画評、および映画評座談会から。

（32）　『シネマトゥデイ』https://www.cinematoday.jp/news/N0087623　アクセス日：二〇二〇年九月二一日。

（33）　代表例として、加藤（2016）、笠井（2016）、藤田（2016）ほか。

（34）　安倍は二〇一六年九月一二日夜、官邸で行われた自衛隊幹部との懇親会で挨拶した際、公開中の『シン・ゴジラ』を引き合いに出して激励した。安倍は「自衛隊の皆さんがかっこよく描かれていると聞いている。自衛隊への国民の揺るぎない支持が背景にあると思う」と述べた（『毎日新聞』二〇一六年九月一三日）。

（35）　石破は自身のブログで以下のように述べている。「現在ヒット中の映画『シン・ゴジラ』についてのコメントを求める取材がここのところやたらと多くて、やや困惑しています。先回の当欄で『いかに圧倒的な破壊力を持つゴジラとはいえ、あくまでも天変地異的な現象に対して、国または国に準ずる組織を対象とする防衛出動が自衛隊に下令されることには違和感を覚える』と書いただけなのですが、これがこんなに反響を呼ぶとは思いませんでした」http://ishiba-shigeru.cocolog-nifty.com/blog/2016/08/post-d891.html　アクセス日：二〇二〇年八月四日。

（36）　『The Inquisitr』https://www.inquisitr.com/3606021/shin-godzilla-breaks-1-million-at-us-box-office-despite-limited-release-critics-give-mixed-reviews/　アクセス日：二〇二〇年九月二一日。

（37）　『SciFi Japan』http://www.scifijapan.com/articles/2016/10/09/shin-godzilla-new-york-premiere-coverage-and-review/　アクセス日：二〇二〇年九月二一日。

（38）　『FILMERS』http://filmers.jp/articles/2016/09/23/post_93/　アクセス日：二〇二〇年九月三日。

（39）　『キネマ旬報』誌の二〇一七年に公開された日本映画の評論家選出のベストテンで第七位、『映画芸術』誌のベストテンで第四位に選ばれた。

（40）　廣木はこの映画の元となる同名の小説（河出書房新社、二〇一五年刊行）を映画化の二年前に執筆している。それも含めた創作の動機などを新聞のインタビューで答えている（『朝日新聞』二〇一七年七月一四日（夕刊））。

（41）　『cinefil』https://cinefil.tokyo/_ct/17074260　アクセス日：二〇二〇年九月三日。

（42）『cinemasPLUS』https://cinema.ne.jp/friday/tanku2020030618/2/　アクセス日：二〇二〇年九月一五日。

（43）『太陽の蓋自主上映プロジェクト』https://taiyounofuta.jp/procedure　アクセス日：二〇二〇年九月二〇日。

（44）この川口の言葉は、雑誌『キネマ旬報』のネットのレビュー・ページから。ここでは、三人の評論家全員（川口敦子、佐野亨、福間健二）が五段階評価の一つ星しかこの映画には与えていないが、これはかなり異例のことである。http://www.kinenote.com/main/feature/review/vol119/　アクセス日：二〇二〇年九月五日。

終章

カタストロフィとレジリエンスの交錯

——3・11とコロナ禍から考える「戦後」後——

1 「反原発」の多層化と多位相化

本書は、新聞、テレビ、科学者、人文社会系知識人、フリーランス・ジャーナリスト、ドキュメンタリー映画における3・11以降の「反原発」のありようを横断的に検証してきた。それぞれの原発への懐疑の議論や表象はいかなるもので、何を達成し、残してきたか。それらは、日本の民主主義の(議論の)成熟、深まりにいかなる痕跡を残してきただろうか。本書の考察で浮かび上がってきた重要なポイントは主に以下の六点に整理できる。

各「界」特性の増幅を伴う「反原発」の多層化と多位相化

第一に、3・11後は、各「界」特性の増幅を伴う「反原発」の多層化と多位相化がみられた。それまでは、一部の科学者、フリージャーナリスト、市民などによって主に担われていた「反原発」が、3・11後は、人文社会系知識人、一部の新聞、テレビの主流メディア、ドキュメンタリー映画、そして各政党、一般市民他に広がることで、かつてなく多層化していった。

重要なことは、これら多様な「界」がそれぞれの「界」固有の規範、価値観、ハビトゥス、ルーティン、競争・対抗原理などに基づき、巨大カタストロフィを機に各「界」に関連深い争点、シンボル、記号、ナラティブからの議論や表象を活性化、闘争化させることで、各「界」の特性をより増幅していった痕跡が認められることである。それぞれの「界」特性は異なるため、結果として「反原発」は多層化とともに、それら「界」特性の伸長と増幅によって、唱えられる「反原発」の位相的差異が広がり、多位相化も顕著にみられるようになった。

「反原発」が伴う反「主流メディア」論

第二に、多様な「界」からの発信のため、「反原発」は多層的、多位相的になりながらもそれらの多くは反「主流メディア」論を伴うこと。それとともに、新聞、テレビなどの主流メディア「界」の桎梏がいかに強くあり続けているかを本書は明らかにした。

本書で繰り返し見てきたのは、小出裕章、広瀬隆、鎌田慧、加藤典洋、小熊英二、船橋淳、森達也ほか異なる「界」のじつに多くの人物らによる激しい主流メディア批判である。3・11後すらも批判が溢れていたことは、日本の原発推進における「政官産学メディア」の構造的力学がその後も不変であることの証左ではなかろうか。

確かに、主流メディアの間でも、新聞の主要三紙が3・11後に社論として「脱原発」を表明するなど、原発への懐疑は横溢した。ただ一方で、それらは主流メディアの一部に過ぎないとともに、新聞、テレビそれぞれのメディア特性とも関連する問題点や3・11の風化も重なり、3・11から一〇年を迎える今、原発は既に主要なメディア議題ではなくなっている。日本がもし本当に原発を撤廃するとすれば、主流メディアの構造的な改革は不可避と言えるかもしれない。

なお、メディア論的に俯瞰するならば、多様な立ち位置の論者が出版物、インターネット、ドキュメンタリー映画、市民運動、集会などのメディア媒体や場を通して、テレビや新聞の主流メディアを批判することは、各論者とそれらメディア発信媒体による、支配層（主流メディア）に対する、広義のメディア「界」内における地位逆転の転覆戦略の一種として捉えることもできなくはない。そもそもメディア「界」内部は分裂しており、競争と敵対が存在するが（Bourdieu 1996＝2000: 71–73）、巨大カタストロフィは、主に左派リベラル系メディア、また被支配的な非商業的メディアによる支配的商業メディアへの象徴闘争をより活性化させたとみることもできる。

「反核」と「反原発」の接続の困難

第三に、3・11後の「反原発」は、いくぶんタブー視されがちであった「原子力の平和利用」の背後にある潜在的核保有、「軍事利用」の問題を争点化させることで、反核と反原発が相互に関連付けられず分離してきた日本で、二つを結びつける萌芽を見せたものの、また元の状態に戻っていったように思われることである。

加藤典洋、笠井潔など主に人文社会系知識人の間で、潜在的核保有の問題を原発問題と絡めて正面から問おうとした動きがみられた。

一方で、主流メディアの動向は異なった。新聞各紙の多くは3・11から数年程度の間、広島、長崎の原爆の日のアニバーサリー的な社説で、核とともに原発に触れる程度で、それもその後、みられなくなった。テレビでも3・11の後、原発と核を結びつける視点の番組が時折みられたが、その後数年経つと特段みられなくなった。そのため、「核の平和利用」が内包する潜在的核保有の問題を議題化し、原発の存在の二重性の可視化と議題化の萌芽の痕跡はあるものの、3・11から一〇年を迎える現在からみるならば、この萌芽が成長したとは言えない。3・11以前の状況に戻っていったと言わざるを得ないだろう。

こうした事情は、日本に固有の「戦後」の暗黙知とでもいうべきものとその根深さを改めて私たちに突き付ける。江藤淳は、戦後から四半世紀を経た一九七〇年に、評論「『ごっこ』の世界が終ったとき」(江藤 1970[2015])を発表した。この中で江藤は、(被ばく国の歴史的背景があるにもかかわらず)戦後日本がアメリカとその核の傘に依存して国家の安定や平和を仮託してきたという対米従属的な枠組に、右も左も目をつむってきたと述べた。そしてそのために、全共闘運動、三島由紀夫が結成した「楯の会」の自主防衛的な活動など、政治的左右にかかわらず、当時のいずれの運動も「ごっこ」、つまり現実に対峙しない虚構の遊びに過ぎないと主張した(江藤 1970[2015])。

江藤は、鬼ごっこを例に挙げ、鬼ごっこは本物の鬼ではなく虚構の鬼をめぐるゆえに「ごっこ」＝遊びだが、戦後日本も対米従属による主体性の欠落という基本構造そのものを正面から問わないゆえに「ごっこ」に過ぎないと批判した。だが、仮に主体性が欠如しているにせよ「ごっこ」の方が日本の安定、秩序維持、セキュリティ上は良いかもしれない、それでもよいという感覚や心情的態度が日本人の多くにあるとすれば、それには暗黙知に近似的なものを認めうることとなろう。

キャロル・グラックによれば、自国の歴史を語る際に「戦後」という言葉が使われるのは、ほとんどの国では一九五〇年代後半までのことで、それ以降は「現代」の扱いになるが、日本では「戦後」が現在に至るまで言説空間を占め、「長い戦後」が続いてきた(Gluck 1993＝2002)。なぜそうなるのか。

第3章でも触れたが、グラックは、「現在の日本は、民主主義も、平和も、繁栄も、すべて『戦後』にその起源をもち、真正さを負っている」とし、「『戦後』というのは、それを捨て去ると、システム全体が問いかけにさらされることになる、魔除けのお札」だからだと述べる(Gluck 1993＝2002: 195–196)。「戦後」が「魔除けのお札」であるとすれば、それには、見たくないものは見ずに、見たいものだけを見ることで済まされるようにとの認知的な整合化への集合的な祈念の存在が背後に窺われる。

3・11ほどの巨大カタストロフィを経験しても、「原子力の平和利用」と「軍事利用」の二分法が結局のところ、揺らぐことが無かったのは、日本人にとっての「戦後」が今もいかに強固なものであり続けているかを物語っている。

科学者による包摂的な議論構築

第四に、多層的、多位相的な「反原発」がありながらも、民主主義の包摂性、メタ政治的正義の視点の上で、最も十全な議論を展開したのは、3・11以前から「反原発」を唱えてきた科学者「界」の言説であることである。本書で俎上に載せた武谷三男、高木仁三郎、小出裕章らは、科学的専門知を基盤としながら、原子力への問題意識を社会政治的現実と相関的に検討するため、同時代の最先端の社会科学知をはじめ自身の専門を超えた知との知的交渉、複雑な知的格闘を行った痕跡が顕著にみられた。それと関連するが、核、気候変動なども常に念頭に置き、それぞれ固有のスタンスが確認された。

武谷の場合、マルクス主義から出発し、後にそれへの懐疑から再定義を行いつつ、社会科学との接点を模索し、リスク社会論が台頭する以前の一九五〇年代、六〇年代に「許容量」「がまん量」など原子力から受ける恩恵と被害の相関リスク概念を提出した。高木の場合、フランクフルト学派のホルクハイマー、ハバーマスらの道具的理性批判、ラブロックらのガイア理論、三里塚闘争など一九六〇年代、七〇年代前後の思想と運動、および宮沢賢治の思想との密なる交錯がみられた。小出の場合、従属理論を先導したアミン、フランクらの第三世界論や構造的暴力論など一九七〇年代、八〇年代前後の思想の明確な影響がみられた。

重要なことは、彼らのメタ相関的な包摂性は、専門科学者として専門知に忠実な仕事の延長線からではなく、むしろ専門知と他の知、とりわけ社会科学知との絶えざる架橋と交錯の帰結であることである。そうした相関的、複眼的な知的架橋は、主流メディアはむろんのこと、人文社会系知識人によってもほとんどなされてこなかった。

では、科学者「界」のメインストリームがそれをなしたのかと言えばそうとは言えない。武谷、高木、小出らは、科学者「界」を出発点としながらも、知的格闘を通してそこから越境し、より分節化された、「反原発の科学者『界』」とでも呼びうるサブ「界」域に生きた人々である。逆説的に言うならば、そうしたサブ「界」域に転位しなければ、メタ相関的な包摂性を充足させうるような思想的帰結を導き出すことは困難なことを意味するかもしれない。武谷と高木は既に故人であるが、このことの意味を、3・11から一〇年を迎えるにあたって、重く受け止めねばならないだろう。

人文社会系知識人の「日本」への問い、への跳躍

第五に、3・11後の人文社会系知識人は、何がしか反近代を志向しつつ、「日本」をめぐる闘争と言うべきマクロ議題へと跳躍することである。中沢新一のように反西洋近代的日本主義の議論、一方で、加藤典洋、笠井潔、小熊英二、安冨歩のような反日本近代的内省主義の議論は、方向性は逆である。だが、前者は「日本」を称揚しつつ「失われた日本」を求め、後者は「日本」への疑念を根底に「失われた未完の日本のモダニティ」を求めるため、いずれもが「日本」をめぐる象徴闘争となる点で共通していた。その意味から、近現代日本のポスト・カタストロフィの思潮として「反原発」を眺めるならば、人文社会系知識人のそれは、戦時中の「近代の超克」の議論、関東大震災後の「天譴論」(特に生田長江の議論)などとの相同性を認めることができた。

米コロンビア大学の文化人類学者マリリン・アイヴィーは、モダニティが進展すればするほど、日本人は前近代の伝統と遺産に呪縛され、それらの完全なる消失を拒絶し、消えゆく「ヴィンテージ・ジャパン」として呼び起こす傾向がみられると述べている(Ivy 1995)。原発のようなモダン・テクノロジーの象徴物が巨大事故という形でモダニティの不完全さを露呈させるとき、想像上の「失われた日本」がより強く呼び起こされると見ることが出来る。カタストロフィによる国家と社会の破局が、日本のモダニティについての振幅のある膨大な記憶の集積を召還し、「日本」への呪縛を露わにしつつ意味闘争を活性化させると言えよう。

ポスト・カタストロフィの日本の近現代思潮の通奏低音として流れる「『日本』の召還と『日本』への問い」。これらは思想的可能性としては興味深いものだが、一方でマクロ言説へと跳躍し、原発

やエネルギーのような現実的な政策論議に馴染みにくいことも指摘せねばならないだろう。
もしもカテゴライズが許されるならば、3・11後の人文社会科学系知識人の議論は、戦中の「近代の超克」などの議論とともに、政治的ロマン主義の性格を持つ言説領域とみなすことが出来る。カール・シュミットは、政治的ロマン主義の言説は、「より高い第三のもの」「真の高い実在」を示すために無限にメタ化すると述べた。シュミットによれば、政治的ロマン主義者は、「可能性をより高いカテゴリーとして設定」し、「決して完結することのない可能性を、彼らは具体的現実の制約性よりも好ましいとする」と述べた(Schmitt 1919＝1982: 80)。これは3・11後の人文社会系知識人の「反原発」の議論にもある程度該当しよう。彼らは、「反原発」を唱える時、それぞれの専門領域の知や関心と節合しながら、「より高い第三のもの」「真の高い実在」、時として「決して完結することのない可能性」を論じた。

ハリー・ハルトゥーニアンや橋川文三も、戦前の「近代の超克」座談会や日本浪漫派の言説の中に、シュミットが言うような政治的ロマン主義をそれぞれ見いだし、クリティカルに位置づけた(Harootunian 2000＝2007; 橋川 1960)。その際、ハルトゥーニアンと橋川は、「近代の超克」座談会や日本浪漫派の政治言説に奇妙な非政治的性格を見いだしもした。なぜならそれらは、シュミットが言う「友＝敵関係」を構成する政治理念とは異質な、時に幻想性、虚構性をともなう一種の美意識(に過ぎないもの)と二人は捉えたからである。この点においても、3・11後の人文社会系知識人の反原発論といくぶんの相同性が認められよう。これらは巨大カタストロフィが日本の知的言説にもたらす屈曲、屈折のありようの一種の通性なのかもしれない。

論点の分散化の課題

第六に、3・11後の「反原発」が多層化と多位相化を伴うことは、同時に論点の分散化を招いたこと、およびそれらを接続することの課題が挙げられる。

「界」と「包摂性」の民主主義という本書の補助線から見るならば、3・11後の「反原発」は、多くの「界」の特性が伸長しつつ多様な位相の「反原発」を生み、議題を拡張することで「包摂性」を積み上げていったと見ることも出来る。それは日本の民主主義を考える上で少なからぬ意味があろう。だが一方で、多位相化は論点の分散化にも関係するため、それらを意識的に結びつけなければ、政策的な実効性を持たせることはむつかしい。

科学者たちの議論は放射能リスクを最大争点化しつつ、社会科学知などとの複合的な知的交渉を経て、多様な議題を相関的に視野に入れる包摂性がみられた。しかしながら、他は必ずしもそうとは言えない。主流メディアや人文社会系知識人の多くにとりわけ希薄なのは、(内部)被ばくの議題化とそれを他の媒介変数と相関的に捉える視点である。

これは科学知を専門とする立場(科学者「界」)が人文社会科学知、その他の知との接続による学際知はありえても、それ以外の知の立場(人文社会系知識人「界」、ジャーナリスト「界」など)が科学知と接続することのハードルがいかに高いかを物語っていよう。3・11のようなカタストロフィは、「知」をめぐる「界」の差異が「知」をつなぐより断片化させるというパラドキシカルな課題を生みうることが本書の考察結果からも読み取れる。このことは、後述するように世界的なパンデミックを起こしたコロナ禍とも無縁ではないため、最後に改めて考えたい。

2　なぜ「脱原発」は日本で政策実現しないのか――ドイツとの比較

3・11の後、原発に対する世論は急変し、各種世論調査でも軒並み反原発もしくは脱原発を支持する声が過半数を占めるようになり、それは、3・11から一〇年を迎える今でもほぼ変化はない。本書で議論したように、原発に懐疑的な言説は、メディアなどを通して無数に発信されもしてきた。だがなぜ、脱原発は政策的に実現しないのか。ここでは、3・11から四カ月後に、国内すべての原発を廃止する法律を議会で可決したドイツとの比較から考えてみたい。

3・11後のドイツのメディア報道

福島原発事故直後のテレビ報道について、日本、アメリカ、ドイツ、中国、韓国の五カ国のテレビ放送を比較調査した林と鄭によれば、事故の報道価値のあり方は、日本との距離的遠近に関係がなかったという。とりわけドイツのテレビは、報道時間、報道の優先順位のいずれにおいても群を抜き、報道内容においても他国と鋭いコントラストを示したという（林・鄭 2013）。

また、事故の当事国である日本のテレビは、福島の問題を「事件」「事故」報道として取り上げたが、ドイツのテレビは、自国のエネルギー政策への影響を取り上げ、自国政治家の発言も多く紹介する点で、「政治報道」「政局報道」の性格が強かったと指摘している（林・鄭 2013）。これは興味深い調査結果だが、ではなぜ、ドイツの場合は「政治報道」「政局報道」が中心になされ、しかも脱原発の政策決定がなされたのだろうか。

国論を二分してきたドイツの原発議題

それを考えるには、まず日本とかなり異なる制度的、歴史的な背景がドイツに存在することを指摘せねばならない。ドイツの原子力施設立地手続きの特徴[1]は、第一に立地手続きが分権的構造であること、第二に立地計画に対する（国ではなく）電力会社の裁量が大きいこと、第三に原発立地手続きが多段階であることの三つが挙げられる（本田 2012: 78-81）。これら三つはすべて、日本の原発立地の手続きと相当異なる。

また、ドイツは、一九七〇年代から原子力について国論は二分し、賛否が拮抗してきた歴史的経緯がある。注目すべきは、ドイツでは、一九七〇年代から反原発が多様な運動と密接に結びつけられてきたことである。一九七八年に、五〇〇〇人の代議員が集まって、反原発を掲げる政党（「多色のリスト」（BLW：Bunte-Liste wehrt Euch））を結成するが、それには反原発運動だけでなく、女性運動、学生運動、環境保護運動、同性愛者、徴兵忌避者の団体など、二〇〇以上の市民イニシアティブがサポートした（西田 2012: 129）。また、翌一九七九年に緑の党が設立されるが、これにも反原発運動、エコロジー運動としての「緑」と、新左翼や元社会民主党などの「赤」の連合が党の母体となっている（西田 2012: 146）。

「等価性の連鎖」の重要性

これらのドイツの原子力をめぐる歴史的動向が重要なのは、反原発をめぐる「等価性の連鎖(a chain of equivalences)」が顕著に見られるからである。ある言説を通してヘゲモニーが構成される時、多様な社会的アイデンティティは節合実践(articulation)で結びつけられる(=連鎖する)ため、「同じである」という等価性を獲得し、それぞれの社会的アイデンティティの差異が消滅することとなる。ラクラウとムフは、この過程の中で「等価性は第二の意味を創出し、それは第一の意味に寄生することで、後者を転覆する」(Laclau and Mouffe 1985＝1992: 203)ことになると述べる。換言すれば、もともとは別種の社会的アイデンティティが連鎖、連結し、それぞれの差異を互いに相殺し合い、元の意味を転覆し、それによって得られた等価性が新たな意味、一つの統合的な意味を獲得するのである。

本来、反原発と女性運動、学生運動、環境保護運動、同性愛者の運動、徴兵忌避の運動はそれぞれ別種のものだが、「等価性の連鎖」によって、一つの統合された社会的アイデンティティを獲得することとなる。かかる変容は、強力な政治力を発揮しうる。なぜなら、「敵対性は第三項を認めない」(Laclau and Mouffe 1985＝1992: 206)ため、「等価性の連鎖」は言説空間を二極の陣営に分割し、もう一方のアイデンティティと対峙するからである。この場合は、そもそも反原発という一つの社会的アイデンティティに過ぎないものが、他の多様な社会的アイデンティティと結びつくことで、一つの統合的な力となり、それ以外の勢力に対し有利に対峙しうる。

端的に言えば、反原発派だけが原発推進派と対立するのでなく、反原発をめぐる「等価性の連鎖」で集合した勢力が原発推進派と対峙することになる。こうした事情から、ドイツは以前から、反原発派が原発推進派と拮抗する力を持っており、福島原発事故が起きた時、そもそも日本とは状況がかなり異なっていたのである。

ドイツにおける二つの委員会の助言

福島の事故直後、ドイツのメルケル首相は二つの委員会に原子力政策のあり方についての助言を求めた。一つは原子力専門家から構成される常設の原子炉安全委員会で、この委員会はドイツの原発の高い耐久性を謳った報告書、すなわち、引き続き原発を是とする報告書を提出した。

だが、もう一つの委員会、すなわち原発問題倫理委員会(以下、倫理委員会)の議論は異なった。原発のリスク、放射性廃棄物の問題などから、原子力は「倫理」的でなく、他のエネルギーに転換すべきとし、二〇二一年までに原発を全廃すべきとする提言を倫理委員会は行ったのである。倫理委員会は、福島の事故後につくられたもので、一七人の委員に原子力の専門家は一人もおらず、委員長のクラウス・テプファーは国連環境計画(UNEP)の元事務局長で、チェルノブイリ事故後の環境大臣であった。委員は政治学者、社会学者(リスク社会論で知られるウルリッヒ・ベック)、哲学者、消費者問題研究者、宗教関係者らであった。

この提言を受けて、メルケル首相は脱原発を決断したため、原子力の専門家らによる常設の委員会の意見でなく、上記のような原子力以外の各界の専門家らによる臨時の委員会の「倫理」にもとづく提言をドイツは選択したということになる。だが、事故リスクの大きさを目の当たりにして、従来の専門家による技術的なリスク分析だけでは決められないとの、メルケル首相の政治判断もあったであろう。それには、3・11以前から、反原発をめぐる「等価性の連鎖」の長い歴史的蓄積がドイツには存在し、既に原発推進派と拮抗する力と民意が醸成されていたことが背景にあることに留意する必要があろう。

日本の課題

では、3・11後の日本で、当時の政権（菅直人政権）がドイツと類似の委員会をつくり、そしてその委員会が（ドイツの倫理委員会のように）二カ月の短期間の審議で原発全廃の提言を行い、しかもそれを受けて、政権が脱原発の政策を決定することはありえただろうか。

それはそう容易なことではなかったであろう。先述したドイツと異なり、日本では原発が中央集権的な「国策」の性格が濃厚で、本書でも触れてきたように、それに伴う強固な「政官産学メディア」の構造的力学が存在し続けてきた。加えて、福島の事故以前、日本ではドイツのように反原発派が原発推進派と国論を二分するような力を持たないマイノリティであったため、事故直後に脱原発の政策実現の可能性を具体的に視野に入れたその種の委員会の立ち上げや聞き取りを行うこと自体がそもそも考えにくい。また、当時のドイツでは、電力に占める再生可能エネルギーの比率が二〇％に達していたが、日本では僅か三・五％に過ぎなかった(2)。

そうした事情は別にして、政治コミュニケーション、メディア・言説研究の本書の視点から考えた時、3・11後の反原発の多層化と多位相化にみられるように、議論の位相的差異が大きい事情も考慮せねばなるまい。それぞれの立場の違いを乗り越えて現実的な方向付けのための「等価性の連鎖」を行うことは、少なくとも当時の、そして現在でも日本では相当にハードルが高く思われるのである。

実際、3・11後の日本の反原発の議論で、ドイツのような倫理委員会の創設を喫緊の課題として求める言葉はどの界からも出てこなかったようだ。また、3・11後の反原発運動、デモは未曽有の盛り上がりをみせたものの、市民運動型デモ、サウンドデモ、それらの混淆型デモに大別され、それらはデモのタイプ、年齢構成、文化基盤などから「根本的に異なる性格を持つ」(伊藤昌亮 2012: 129)ため、一枚岩的なものではない。本書で俎上に載せた人物たちが参加する運動やデモも同じものではない。政界でも、主要政党の大半が原発ゼロ、もしくは脱原発依存のスタンスで、自民党すらも原発再稼働を進めながらも原発依存度の低減を方針としているが、原発は選挙の争点からは既に外れている。

3・11以降、反原発、脱原発の世論が過半数を占めながらも政策実現しないのは、政治だけの問題ではなく、反原発を唱える多様な立場からの、「等価性の連鎖」を念頭に置いた政治コミュニケーション、および現実的コミットメントが不足しているなどの事情にもよるのではないか。

3　3・11とコロナ禍を結ぶもの

「ただちに影響はない」と「瀬戸際」

位相は異なるものの、3・11後の政治コミュニケーションをめぐる問題は、二〇二〇年現在進行中の新型コロナウイルスの感染拡大をめぐるそれとも無関係ではない。否、それらの間には相同的な問題系が横たわっているように思われる。

まず、国や当事者から語られる言葉に、合理的判断の具体的な基準や境界が見えにくいことが挙げられる。福島原発事故の直後、放射線が検出されたものの、政府、東電、専門家は「ただちに健康に影響を与えるレベルではない」「ただちに人体に影響を及ぼす数値ではない」との言葉を繰り返した。

一方、二〇二〇年春からの新型コロナウイルス感染拡大において、政府や専門家が繰り返し用いた言葉は、「急速に拡大するか、収束できるかの瀬戸際」「まさにこの一、二週間が瀬戸際」との言葉、すなわち「瀬戸際」であった。だが、この「瀬戸際」の言葉が繰り返されることで、いつまでが山場か見えない状況が続いた。二〇二〇年三月五日、「瀬戸際がずれてきているようだが……」と記者会見で問われた菅官房長官(当時)は、「それは初めての課題でありますし……」と返答に窮した(『朝日新聞』二〇二〇年三月六日)。

言説として眺めるならば、「ただちに影響はない」と「瀬戸際」には、相同的性格が二つある。一つにはそれらはいずれも、危機の可能性を示唆しつつも、喫緊の差し迫った実害を否定し、影響の大きさを希釈することである。二つ目は、それらが何を基準や準拠軸にするか、また、その基準や準拠軸の何を逸脱すれば一線を越えるのか、不明瞭なことである。したがって、それらはいずれもグレーゾーンと言ってよいものであろう。

だが一方で、そうした言葉とは齟齬が見受けられる政策もみられた。安倍首相(当時)は、二〇二〇年二月二七日に、小中高校などの全国一斉の臨時休校を要請した。だが、これは、緊急事態宣言がまだ出されず、政府や専門家会議が「今は瀬戸際」の言葉を繰り返していた最中のことであった。首相は、専門家の意見を聞かずに自分一人で決断したと述べ、専門家会議のメンバーも一斉休校は諮問されておらず、提言もしていないと述べた(『朝日新聞』二月二九日、三月三日ほか)。

むろん、専門家の判断に従わないのが一概に悪いとは言えない。科学技術社会論では、専門家の科学的合理性と、公共の判断の社会的合理性と大別して二つの合理性があり、コロナ禍の対策のような難しい局面では、最終的には政治判断が重要である。安倍首相が一人で決めたことに対し、専門家の間にも可とする意見はある。(3) だが、それでも問題は少なくとも二つ挙げられる。一つには、全国の小中高を一斉に臨時休校にするという判断を安倍首相が一人で行った経緯とその判断根拠を示さなかったこと。もう一つは、そのことを問題化したメディア報道がみられなかったことである。

専門家会議と原子力規制委員会

コロナ禍についてのこうした政治とメディアの問題は、その後も、引き続きみられた。政府は二〇二〇年二月一四日、専門家会議を設置したが、四月の緊急事態宣言も含めてその後の感染拡大対策の判断は、政府や首相よりもむしろ専門家会議が主導した。専門家会議は二月から五月までの四カ月間で一〇回にわたって見解(分析・提言など)を示した。

また、政府や首相は、ことあるごとに「専門家の見解」「専門家の意見を聞いて判断する」と発言するなど、専門家会議の存在感と影響力は非常に大きいものがあった。だが、この組織に法的根拠は無く、その位置づけは不明瞭なため、危うさも伴っていた。もう一つの問題は、六月になるまで、これらのことが新聞やテレビなどのメディアなどから自覚的に捉えられ、問題化されることは特段無かったことである。(4)

また、専門家会議では議事録を作成していないことが五月末に発覚した。そのため、何がどのように会議の場で議論されたかの検証は出来ないという看過できない事態が生じた。

意思決定のプロセスや根拠などが不明瞭なのは、福島原発事故後の状況と重なるものがあろう。枝野官房長官(当時)らは「ただちに健康に影響はない」と記者会見で繰り返した。だが一方、福島第一原発の最前線で事故収束作業の指揮にあたった吉田昌郎所長(当時)は、事故から八カ月後、事故直後の状況を述懐し、「メルトダウンがどんどん進んでコントロール不能になり、終わりかなと感じた」「死ぬだろうと思った」と述べている(日隅・木野 2012: 191)。東電や保安院が毎日行う記者会見に出席を続けた木野龍逸と日隅一雄は、「いつものように外で遊び、被曝を余儀なくされた福島の子どもたちは、将来、この二つの矛盾する言葉をどのように受け止めるのだろうか」と問いかける(日隅・木野 2012: 191)。

さらなる問題は、コロナ対策の専門家会議の委員の専門性である。計一二人の顔ぶれは、弁護士、公共政策の専門家を除き、他の一〇人は感染症、公衆衛生の医師らすべて医学関係の専門家であった。政府は七月に入ると専門家会議を廃止し、新型コロナ対応の特別措置法に基づく新たな分科会を設置した。ここでの一八人の顔ぶれは専門家会議から移った八人と新たな一〇人で、県知事、経済学者、シンクタンク関係者、メディア組織幹部、労働組合幹部などが加わったものの、なぜこれらの分野の顔ぶれなのかの具体的な説明は政府からなされなかった。

例えば、教育学者、学校関係者、社会学者、科学技術社会論の専門家、リスクコミュニケーション、社会福祉の専門家ほか、考えられうる関連の専門領域は少なくないはずだが、委員には含まれていない。またメディアや知的言説からも、他の分野の委員候補者の可能性を問う議論も見当たらない。これも小さくない問題である。

福島原発事故後も、二〇一二年九月に、内閣からの独立性の高い組織をつくるため、国家行政組織法第三条に基づく行政委員会として、原子力規制委員会が設けられた。ただ委員五人のうち原子力工学の専門家が三人、放射線医学、地質学の専門家が各一人であったため、原子力工学への集中がみられた(5)。そうした専門領域の狭さゆえ、住民避難などの重要事項に委員会は沈黙したままという問題も生じた(6)。また、行政学者の新藤宗幸は、委員の中に日本原子力学会会長などを歴任した、「いわゆる『原子力ムラ』の重鎮」が含まれたこと、さらには、「原発の再稼働に慎重だった初期の委員の一人は再任されずに任期満了で退任」させられたことなどを問題視する。そして委員会の人選は、「原発を『安全』に使い続けることが大前提になっているのではないでしょうか」と新藤は問う(『朝日新聞』二〇二〇年八月二二日)。

意思決定、プロセス、情報開示

コロナ禍と3・11後についてのこれら共通する事情を端的に言うならば、意思決定の主体、プロセス、情報開示などが不明瞭で、政策の決定や判断が一種のブラックボックスで行われ、不可視化されがちなことである。

原発事故や新型コロナ禍のような科学技術が関連する議題には、専門家の科学的合理性のみならず、公共空間での社会的合理性の両方をすり合わせて、慎重な政治的判断が求められる。藤垣裕子は、社会的合理性が担保されるためには、以下が必要だと述べる。

> まず第一に、意思決定の主体の多様性が保証されていなくてはならない。このなかには、利害関係者の「参加」が含まれる。第二に、その意思決定に必要な情報の開示、選択肢の多様性の保証がなされていなくてはならない。第三に、意思決定のプロセス、合意形成のプロセスの透明性、公開性が担保され、その手続きルールが明確化されていなくてはならない。この三点、つまり意思決定主体、意思決定のための情報および選択肢、決定プロセスの三つが保証されてこそ、社会的合理性が担保されたといえるのだろう。（藤垣 2003: 160–161）

「意思決定主体、意思決定のための情報および選択肢、決定プロセスの三つ」は、福島原発事故後、および新型コロナ感染拡大のいずれの状況においても、担保されたとは言いがたい。

だがここで重要なことは、こうした社会的合理性は、科学的合理性との二項的な関係性から政治が判断し、政治の責任にのみ帰属するというわけではないことである。アルベルト・メルッチが言うように、一九世紀的な支配者層vs被支配者層、加害者vs被害者というステレオタイプな対立図式の時代は終わり、現代では多様な分野や行為者が関係している(Melucci 1988)。したがって、単に政治家や専門家の責任を追及するだけでは済まされない。

対話型専門知

こうした問題の解決は容易なことではないが、ではジャーナリストや人文社会系知識人は何が出来るのだろうか。これらの問題は高度な科学的専門知が関係するとともに、本書が補助線としてきたメタ政治的正義の視点、すなわち「だれ」「なに」「いかに」の媒介変数の相関にも関係するため、型にはまらない向き合い方が求められよう。ヒントになるのは、ケネス・ボールディングが提唱した「媒介の専門家」のような概念である(Boulding 1968)。ボールディングは、主に科学者と一般市民の媒介を念頭に置きつつ、異なる専門の間を媒介することを専門とするプロフェッショナルの必要性を述べた。

ボールディングの「媒介の専門家」概念は五〇年以上前に提唱されたものだが、近年、科学技術社会論の立場から、より分節化した概念が提出されている。例えば、ハリー・コリンズとロバート・エヴァンズは、これまで見過ごされてきたものとして、「対話型専門知」に注目する。コリンズとエヴァンズによれば、非専門家や素人がその分野の専門家と同じ専門知を備えることは出来ないが、その専門領域の言語を習得することは可能で、それは専門家との会話を通して達成できると述べ、「対話型専門知(interactional expertise)」と名付けた(Collins and Evans 2007＝2020)。

「対話型専門知」は、人文社会科学系知識人、ジャーナリストと特にかかわりが深いものである。なぜなら、コリンズらは、参与観察を行う社会学者、民族学者、社会人類学者、専門性の獲得を目指すジャーナリストにとって「対話型専門知」は重要なもので、獲得が可能だと述べるからである。とりわけ原発事故、新型コロナなどの感染病のように、問題解決のために科学的専門知への接近が求められる政治議題では、ジャーナリストや人文社会科学系知識人の「対話型専門知」の獲得は少なからぬ重要性があろう。

4　今後のために——多元的な知の展観と接続

多元的な知の展観と接続

では、ジャーナリストや人文社会系知識人は、いかにして「対話型専門知」を獲得しうるか、またその知を最大化、最適化するにはいかなるアプローチが有効だろうか。本書が提案したいのは、3・11やコロナ禍などのポスト・カタストロフィのジャーナリストや人文社会系知識人にこそできうる仕事として、「多元的な知の展観と接続」とでもいうべき作業である。

前述したドイツの箇所で触れたが、等価性の連鎖のための努力は、政治議題に取り組む際、一層求められる時代を迎えている。なぜなら、新自由主義の進展などによる政治不信と政治離れの問題は深刻さを増し(Hay 2007＝2012: 206; Brown 2015＝2017: 240)、それは、「脱政治化」(Maeseele 2015: 393–394)、「政治的無力化」(Carvalho and Peterson 2012: 7)などの形で現れ、例えば気候変動のような重要な事柄の政治議題化を妨げているからである。

こうした中でも、政治的に有効な力として機能してきたのは、繰り返し述べるが、等価性の連鎖のための現実的な努力なのである。ナオミ・クラインは、気候変動危機が、経済的公正さを求める運動、人種主義、ミソジニー(女性蔑視)に抵抗する運動など多様なものを結びつけたと述べている(Klein

2017＝2018)。また、ドイツでは再生可能エネルギー革命の道筋をつけたのは反原発運動の力であった。これらはいずれも等価性の連鎖によるものである。

もしも人文社会系知識人、ジャーナリストらが、それぞれの領域の知や経験とともに、科学的専門知に関わる「対話型専門知」へのアクセスを試みるならば、それは位相の異なる知の析出と可視化、および相互の接続につながりうる。「多元的な知の展観と接続」と名付けるのは、そうした事情ゆえである。それは、各々の立ち位置から、時として自分の領域と直接は関連が薄いかもしれない領域への越境的な渉猟によって、意識的に等価性の連鎖の可能性を探索する作業とも言える。人文社会系知識人、ジャーナリストが「対話型専門知」などの(一つでなく複数もありうる)科学的専門知にもアプローチを試みるならば、多元的な知の対話と融合を行い、異分野、異位相のものとの等価性の連鎖の可能性につながりえよう。

武谷三男が問うたもの

第2章で俎上に載せた武谷三男、高木仁三郎、小出裕章ら科学者の実践には、「多元的な知の展観と接続」といくぶん近似的なものが認められる。彼らは科学的専門知を基盤としながら、同時代の社会科学知など科学以外の知との相関的な知的交渉、複雑な知的格闘を行った。

とりわけ年長の武谷は戦前、戦後の激動の時代を理論物理学者として生きながら、長く社会政治的現実と向き合った。戦前は湯川秀樹、坂田昌一らと原子核、素粒子論の共同研究を行う一方で、中井正一、久野収らとともに反ファシズムの雑誌に関わったため、二度検挙される経験をしている。戦後も研究を続けながら、鶴見俊輔らと『思想の科学』を創刊し、思想の科学研究会のメンバーとしても活躍した。

理論物理学者と政治社会運動・問題の論客のいうなれば「二足のわらじ」的な活動の中で、「原子力の平和利用」の論理の構築や「自主・民主・公開」の三原則の提唱を行いながらも、その後、それらが現実の日本の政治の中で必ずしも守られず虚構性を増していくのを武谷は間近に見てきた。言い換えれば、自らの当初の意図から次第に離れて暗黙的な社会知にすり替わり、浸透していく様を武谷は目撃してきた。それゆえ、「許容量」「がまん量」などの科学専門知にとどまらない相関的な視点を模索しつつ、武谷は反原発の立場に転向していったと言える。

だが、3・11以前、武谷ら反原発の科学者たちは、同時代の人文社会系知識人が原発問題で沈黙していることをどう思っていたのだろうか。武谷はその思いを直接には語ってはいないが、物理学者の自分のアイデンティティとそれに基づいた思考の軌跡を対比させつつ、人文社会系知識人を批判することがあった。

武谷は、一九六一年に『物理学は世界をどう変えたか』という著書の中で、当代きっての知識人（羽仁五郎（歴史学者）、久野収（哲学者）、荒正人（文芸評論家）ほか）と個別に対談し、物理学者が化学、生物学、哲学ほか多様な専門知、政治課題との関わりを深めてきたことを強調し、その一方で対談相手に、人文社会科学は何を果たしてきたかを問うている。

例えば武谷は、一九五五年のラッセル＝アインシュタイン宣言を受けて、核兵器と戦争の廃絶のために創設されたパグウォッシュ会議について、メンバーがすべて物理学者ら理科系科学者であるのは、文系などの分野に適した人材がいないため、そうならざるをえなかったと述べている（武谷 1961［1970］: 215）。同時に、専門知の細分化のため、「一つの専門家は他のことを全然分からぬという現象」（武谷 1961［1970］: 305）が現代の問題だと述べる。その上で、未知の領域に挑戦する「物理学者精神」を「いかに社会科学者がバトンタッチするかということが、重大な問題」（武谷 1961［1970］: 220）だと、「戦後民主主義」の代表者の一人だった対談相手の久野収に問いかけた。

後日、武谷はこの著書の執筆動機について以下のように述べている。武谷の言葉は、哲学者を名指しているが、人文社会系知識人一般として読み取ることも出来る。

> 現在物理学は、私がいいましたように、どんどん発展して切り開いてきているという面を、哲学はよく注目してほしい。（中略）私が多少とも、挑戦的なことばであの本（前掲「物理学はいかに世界を変えたか」）を書いたのは、みんながそういうことを注目しないから、この点に注目しないと時代おくれになるぞということをもっとはっきりいいたいためだったのです。哲学者はいまそういう意味では、こんにちの重要問題を扱うのができなくなっているのではないかと思います。
>
> 一方において、技術革新それ自身がいろいろな混乱をよんでいるその時に、それがほったらかされてあって、哲学ではなにか自分の信念を表白するような、古い信念を表明するようなことばかりいわれているのではないですか。
>
> （武谷 1963［1969］: 259）

このように武谷は、哲学者を批判し、科学・技術の問題を「哲学の中心問題」として捉えてみてはどうかと哲学者に提案しつつ、自身の知のあり方を以下のように述べる。

宗教も道徳も芸術もすべて、こんにちそういう意味で、新しく考えなおす時期にきているのではないか。それを怠っていると混乱が起こってくると私は考えるのです。

私が技術論をああいう形で展開したのは、実は人間の実践の構造というものを、もっと深く、新しい形でほりさげてみたいという考え方が基本にあったのです。（武谷 1963[1969]: 260）

六〇年近く前のこうした言葉から、武谷がいかに強い危機感を持って科学と技術の問題に向き合い、いかに自覚的に異分野、異位相の知を進んで探索・渉猟していたかが読み取れよう。同時にそれは、人文社会系知識人、ジャーナリストへの意識変革を迫るものであり、本書が述べるような「対話型専門知」へのアプローチ、「多元的な知の展観と接続」などの試みが現実性のある実践であり、その意義が小さくはないことを気づかせてくれる。

可能性への模索──3・11とコロナ禍以降の時代のために

人文社会系知識人、またジャーナリストが実践しうる、また求められる「多元的な知の展観と接続」、等価性の連鎖のための重要なテーマは少なくない。前述したように、「原子力の平和利用」と「軍事利用」という、今も容易に揺るがない二分法の背後には、「戦後」の虚構性をめぐる問題がある。それに関する議論は、江藤淳に限らず、近年でも、前首相の安倍晋三の「戦後レジームからの脱却」

(安倍 2009)から白井聡の「永続敗戦論」(白井 2013)まで、内容の振幅は大きいものの左右問わずみられる。江藤が「ごっこ」を指摘したのは約半世紀前のことだが、これらのことは二一世紀の現在も特段、事情は変わっていないことを示している。

成田龍一は、3・11は決定的な歴史的地点だとして、そうした「戦後」を終わらせる契機とすべしと提唱した(成田 2016)。とりわけ成田が問題化するのは、歴史教科書に代表される支配的な言説の戦後史像が、政府と民衆、政治と社会運動、成長と社会問題、高度経済成長と公害問題などの二項対立の単純な図式でしか描写してこなかったことである。二項対立の図式が問題なのは、しばしばそれが「戦後」の丸ごとの肯定か否定に終始し、「戦後」を十分に検討せずに性急に「戦後」を概念化してきたのではないかと問う。

そのため、身体化され、自明化されていた「戦後」を終わらせ、「戦後」を歴史化することを成田は主張する。そして、「戦後」および「戦後」を語る際のこれまでの「戦後の文法」を多方面から検証し、歴史化する意識的な試みが求められていると主張する。

ここで重要なことは、成田が、そうした「戦後の文法」を探る過程で、二項対立の図式に収れんしない第三項を持ち込むなどで「戦後」についての多様な認識の在り方を模索する必要が今後あるとし、「複数の要素・座標と指標、評価軸と価値意識の組み合わせにより、初めて『戦後』の歴史化」がなされると述べることである(成田 2016: 50)。

このように第三項を持ち込むこと、そのために「複数の要素・座標と指標、評価軸と価値意識」を組み合わせることは、等価性の連鎖のプロセスと関係が深いとともに、「多元的な知の展観と接続」

とも親和性が認められる。そして、「戦後の文法」を微細に分節化する作業は、政治社会的な知、時に科学・技術的な領域の専門知にも分け入ることとなり、必要に応じて「対話型専門知」にアクセスすることが有効なこともあろう。

3・11後の人文社会系知識人にみられた、いくぶん非政治的な性格の言説も、異知、異「界」、異位相のテーマとの節合による等価性の連鎖によって政治化する可能性、より現実化する可能性が開かれうる。ジャーナリストの場合は、多方面での取材活動を行うため、予期せぬ偶発的な等価性の連鎖につながることもありえよう。

そうした可能性の契機は、じつは、私たちが本書でみてきたメディア作品の中にも見出すことが出来る。例えば、第1章で論じた、二〇一八年二月にNHK・Eテレで放送されたドキュメンタリー番組『長すぎた入院』を思い出してみよう。

この番組は、福島原発事故をきっかけにしたメディア取材が思いがけず、知られざる戦後の矛盾を暴露することに成功した作品であった。自力で生活する能力や精神的安定があるのに統合失調症と診断され、本人の意思に反して四〇年間、精神科病院に入院してきた六〇代のある男性が、3・11の後、退院することとなった。この番組はその出来事を契機に取材を続け、日本が世界の精神科病床の約二割が集中する「精神科病院大国」で、国連やWHOから「深刻な人権侵害」との勧告を受けてきたという知られざる実態を明らかにした。

この番組の功績は、福島原発事故後の原発周辺の取材を進める過程で、原発をめぐる問題系から、精神障害者の隔離政策という別の問題系に遭遇し、それを公共放送で提示したことにあるが、ここではメディア報道を媒介にして、偶発的ながらも希少な等価性の連鎖の可能性を見いだすことが出来よう。

ここで関連する変数、知として、原発問題、福島の事故後の放射線被ばく、避難指示区域、精神医療、医療行政、地方の問題、高齢者問題ほか少なからぬものが挙げられる。また、ハンセン病患者の強制隔離、旧優生保護法のもとで戦後半世紀にわたって行われた障害者の強制不妊手術などと相同的な問題として、日本の人権問題の根深さを議題化することもむろん出来よう。あるいは人によっては、原発と精神科病院に共通する立地の地域性などの議題化の可能性も開かれていよう。その一つ一つの問題解決もさることながら、それらに分け入っていく作業、それらを相関的に捉える想像力、そしてその結果としての等価性の発見や連鎖は、私たちに開かれた課題である。

そうした多元的な変数と知は、まさしく現在進行中の新型コロナ禍において、より明白に確認できるものである。感染病、医療、経済、産業、社会保障、政治、行政、グローバル化、セキュリティ、外交、経済格差、地域格差、世代間格差、高齢者問題、学校教育、デジタル化、観光、インフラその他じつに数多くの変数が存在する。

福島原発事故の被災者支援三団体の調査によると、新型コロナ感染拡大後、家賃支払いが「苦しくなった」と回答した原発事故の避難者は二九%にのぼるなど(『河北新報』二〇二〇年九月一九日)、コロナ禍が3・11の被災者の窮状に追い打ちをかけている実態もある。

3・11とコロナ禍。それらはむろん互いに相当に位相の異なるものだが、カタストロフィは、相互に連関しあい、絡み合った、多様で複雑な問題系の存在を際立たせることになる。それゆえ、一つのカタストロフィで閉じたものでなく、その破局的な経験を経ての多元的なレジリエンスへの模索は、その過程で多様な変数、知、指標、評価軸、価値などを交錯させる重要な契機となりうる。3・11から一〇年、コロナ禍が起きて一年の今、それらへの相関の眼差しが掘り起こしてくれるものは小さくない。それは3・11の風化に抗いながら、「戦後」の歴史化への努力を継続するための重要な架橋的契機にもなりうるだろう。

（1）東西ドイツ統一以前の時代のものなので、厳密に言えば西ドイツの原子力施設立地手続きである。また、本章での他の記述も統一以前については西ドイツについてである。
（2）ここでの再生可能エネルギーは、太陽光、風力、地熱、小水力、バイオマスの五つで、当時のデータは、『EDMCエネルギー・経済統計要覧二〇一一』による。
（3）一斉休校について、野党推薦の上昌広・医療ガバナンス研究所理事長は「医学的には根拠はない。ただ根拠がないことを判断するのが政治の仕事。一定の合理性はあった」、与党推薦の尾身茂・地域医療機能推進機構理事長も「シンガポールなどでやっていることを考えると効果がないとは言えない」と述べている（『朝日新聞』二〇二〇年三月一一日）。
（4）『産経新聞』二〇二〇年六月七日、『朝日新聞』二〇二〇年六月一一日、『毎日新聞』二〇二〇年六月二四日の記事ほか。
（5）ただし、時期によって五人のメンバーの顔ぶれは異なる。
（6）『朝日新聞』（二〇一七年一一月三日）の記事の中で、野村修也はこれに関する問題を他にも論じている。

あとがき

3・11についてメディアで溢れた言説の量は、それまでの戦後史のあらゆる出来事についての言説の中で、最大のものであろう。メディア、ジャーナリズム研究を生業とする者として、何をすべきかを考えた時、それらの歴史的記録を行うことをまず考えた。そして福島の事故、原発関連に絞り、メディア作品、記事や言説をかき集めては詳細なメモを取る日々が続いた。そうしたメモの集積は、三年ぐらいで相当な量に達した。それらを素直に編集すれば、物理的にはもっと早くに書物として刊行できたかもしれない。

ただ、そうならなかったのは、否、あえてそうしなかったのは、原発・エネルギー議題をめぐる言説や表象に真摯に対峙するには、出来うる限り俯瞰的、相関的な視座からの丁寧な整理が必要なのではないかと考えたからである。

本書でも述べたように、福島の事故後、ドイツ、イタリア、スイスなどの欧州主要国が、脱原発への道を選ぶこととなった。ドイツの場合、メルケル首相が助言を求めた原発問題倫理委員会が、原発に依存しないエネルギーに転換する必要があるとし、二〇二一年までに原発を全廃すべきとの提言を行ったことが大きい。この倫理委員会の一七人の委員の中には、リスク社会論で知られる、ドイツを代表する社会学者ウルリッヒ・ベックがいた。

ベックは政府の公聴会で、「チェルノブイリ原発事故の後も原発の運転を続けた。そのことを君たちは自分の子どもたちにどう説明するのか」と、電力業界の代表たちに厳しく詰め寄ったという(脇阪紀行『欧州のエネルギーシフト』岩波書店、2012: 74)。ベックの研究から多くを学んできた私は、そうした姿勢に共感する。

一方で、同じ欧州でも国によって事情はかなり異なる。欧州ではフランスに次ぐ一五基の原発が稼働するイギリスでは、少々驚かされることだが、福島の事故後の二〇一一年八月の世論調査で、原発への支持率が事故前より上がっている。英新聞『ガーディアン』はこの理由について、あくまでも推測としながらも、福島の事故が直接的な死者を一人も出さなかったことを挙げている(*The Guardian* 2011.9.9)。3・11後の翌年の二〇一二年四月、来日したキャメロン英首相(当時)は原子力セミナーに出席し、東日本大震災や福島原発事故の被災者に見舞いの言葉を述べた後、「わが国が(福島の事故後に)ヒステリックな対応をしなかったことを誇りに思う」と切り出し、自国の原子力政策について熱弁を振るった(脇阪前掲書: 55)。

イギリスを代表する社会学者アンソニー・ギデンズは近年、地球温暖化対策の研究に傾注し、二〇〇九年に著書 *The Politics of Climate Change*(『気候変動の政治学』)を出版し、ビル・クリントン元米大統領が帯文で「地球温暖化対策の記念碑的著作。(中略)すべての人々に読んでもらいたい」との推薦文を寄せたこともあって欧米で反響を呼んだ。ギデンズはこの著作の中で、リスク要因としての原発・エネルギーを比較参照しつつ、その上で気候変動、地球温暖化の解決を優先するために、原発容認のスタンスを掲げている。

このギデンズの著作の二〇一一年の改訂版では、福島原発事故について加筆された。しかしながら、福島第一原発は四〇年以上前に建てられた時代遅れの老朽化した原発であることが問題であったうえ、長期的な影響はまだ不明だとしながらも、放出された放射線量はチェルノブイリの一〇分の一以下だとして、福島の事故によって原発擁護の姿勢を変更する必要は無いと述べる(Giddens, A. (2011) *The Politics of Climate Change*, 2nd Edition, London: Polity, pp. 133–134)。むしろ、ドイツのように福島の事故後に脱原発を決めた国を批判し、「炭素排出削減の観点から見るならば、これらの動向は不幸なことだ」(ibid., p. 133)とさえ述べている。

ギデンズの大半の著作は邦訳されているが、クリントン元米大統領が帯文まで記したこの著作が邦訳されずにいるのは、福島の事故の当事国である日本では受け入れられにくいのか、あるいは翻訳を買って出る人(主に社会学者など)がいないからなのかもしれない。

イギリスは、私が大学院で学ぶとともに、何度か暮らしたことのある国である。3・11後も、二〇一四年九月から一年間、学外研究のためイギリスで研究生活をする機会に恵まれた。その在外研究中の二〇一四年一〇月、ロンドンでギデンズが地球温暖化についての講演を行うと聞きつけ、会場に足を運んだ。だがこの時も、やはり福島の事故に触れつつも前述したのと同様の自説をギデンズはエネルギッシュに力説していた。

ギデンズがイギリス人で、一方のベックがドイツ人。共に「再帰的近代化論」を唱え、共著も著し、「盟友」と言っても良い親しい間柄である二人の原発・エネルギー観が真逆で、しかもそれぞれの国のエネルギー政策と足並みを揃えているのは、私には興味深く思われた。

　このギデンズの講演の約三カ月後の二〇一五年二月に、ドイツに住むベックがロンドンで講演をするとの情報を耳にした。現地で在外研究生活を続けていた私は、これは是非行かねばならない、そして講演の後にでも、出来ればベック本人に、ギデンズの考えをどう思うか直接聞いてみたいと思った。講演を心待ちにしていたのだが、ベックはロンドンに来ることはなかった。二〇一五年の元日に、心筋梗塞で帰らぬ人となったのである。

　ベックは実際のところ、どう考えていたのだろうか。今となっては分からない。だが、ベックもギデンズも、考え至る結論は異なれども、二人ともに、リスクについて相関的な視座に貫かれていたことは間違いない。ギデンズは前述の書物で、「確率原則(the percentage principle)」という概念を補助線にしている。多様なリスクが世界には存在するが、それらリスクすべてを完全に除去することは出来ないため、異なるリスクを互いに考慮に入れるためには、相対評価をしつつリスクのバランスを最適化するしかないと考える。その上で、数々の数字やデータが示す気候変動、地球温暖化の問題はあらゆるリスクの中でも最も重要かつ緊要性の高いものであるとして、他のリスク要因をある程度覚悟しても、まず率先してこの問題に世界は取り組むべきだとギデンズは結論する。

　ギデンズの同書での立論は説得的ではある。だが、この「確率原則」は相対評価であるがゆえに、同様の視点に立ったとしても、ギデンズと異なる結論が導かれる可能性もあろう。あるいはベックがそうだったのかもしれない。

　イギリスでの在外研究中、ラディカル・デモクラシー論などで広く知られ、本書でも何度か引用した政治学者シャンタル・ムフと話す機会があった。ムフとそのパートナーであったエルネスト・ラクラウの思想に影響を受けてきた私は、その機会に、ムフに原発政策について尋ねてみたいと思った。福島の事故後、世論が逆転し、反原発が過半数を占めるようになった日本の事情などを私はムフに伝え、その上で、今後のエネルギー政策の在り方をどう考えるべきか、ムフに問うてみた。ムフは、「コンテクストで考え抜くことです。絶対的な正解などありません。日本のコンテクストは何ですか。それはあなたなら分かるのではないですか。すべてはコンテクストなのです。徹して考え続けるのです。それしかありません……」と、ムフらしい答えが返ってきた。

ギデンズの「確率原則」とムフの「コンテクスト」、そしてベックの「リスク社会論」。それらの根底には合理主義があり、強固な相関思考がある。彼らの言葉や思想を導きの糸として、その後も資料を集めつつ、再文脈化を重ねながら整理したのが本書である。刊行までに時間を要したのは、私の能力の至らなさに加えて、こうした事情もあった。

本書を執筆する過程では、各種の学会、ワークショップ等で発表する機会がたびたびあった。特に日本マス・コミュニケーション学会、日本コミュニケーション学会、震災問題研究交流会、欧州日本研究学会(European Association for Japanese Studies)、ロンドン大学東洋アフリカ研究学院映像メディア研究センター、名古屋大学大学院メディア・プロフェッショナル講座などでの発表の場で貴重な御助言を頂いた方々に、この場を借りて御礼を申し上げたい。

また、本書は、調査の過程でJSPS科学研究費「『災害文化学』の構想〜東日本大震災後の文化実践を事例に～」（課題番号JP17K18467）の助成を受けているが、私が代表者の別の科研費「メディア文化史における『1970年代』の戦後史位置の再考」、および私が研究分担者として参加している科研費「転換期としての『昭和50年代』と大衆メディア文化の変容」のメンバーの方々にも、いろいろ貴重な意見を頂いた。感謝を申し上げたい。なお、私の職場の同僚の福間良明さんには、出版にあたっての貴重な助言を頂いて感謝している。そして、大学院時代の恩師、イゾルデ・スタンディッシュ先生による、いつも変わらぬ温かい激励に感謝している。

岩波書店編集部の馬場裕子さんには、注意深く、丁寧な編集をして頂き、とても感謝している。馬場さんは、これまで同社の雑誌『環境と公害』（本書でもたびたび引用した『公害研究』の後継誌）を長年担当してこられ、原発や環境問題に精通しておられる。そうした慧眼の持ち主からの鋭い指摘に何度も助けられた。また、同社編集部の吉田浩一さんには、最初に本書の企画に関心を持って頂いたとともに、その後も長い間、私の不器用な筆運びを、刊行に至るまで温かく見守って頂いたことにとても感謝している。お二人に厚く御礼申し上げたい。

なお、前著『昭和ノスタルジアとは何か――記憶とラディカル・デモクラシーのメディア学』（世界思想社）から本書の刊行の間に、（その間、英語による単著書籍の刊行はあったものの）六年半の歳月が流れた。この間に、祖母・しげりと義母・小夜子の二人が逝去した。

私は子供の頃、祖母・しげりと暮らしたことがある。商社マンだった父の赴任地イラン・テヘランで家族と暮らしていた小学六年生の時、中学受験を目指して一人で帰国し、大阪の祖父母の家で暮らしたのであった。思春期に入りかけたデリケートな年頃に加えて、久しぶりの日本での生活に適応できず、ずいぶん迷惑をかけたが、いつも温かく見守ってくれた。義母・小夜子は、前著が刊行された時、とても喜んでくれ、岐阜の自宅近所の友人、知人に、宝物のように見せて廻っていたといろんな人から耳にした。二人がこの世にいないのは寂しい限りだが、今もどこかでこの新著の刊行を喜んでくれていると信じたい。

最後になったが、コロナ禍も重なり本務校の仕事が一層忙しい中、本書の完成にこぎつけることが出来たのは、家庭を顧みない昭和の亭主さながらの立ち居振る舞いを許容してくれた妻の理解あってこそである。お詫びとともに心から感謝したい。

二〇二〇年一二月

日高勝之

主要参考文献

（日本語文献は五十音順，欧文文献はアルファベット順．
邦訳は，原著の欧文文献の後ろに表示）

浅野健一（2012）「報道界は反原発33年の南海日日新聞に学べ――京大助教・小出裕章さんが支援」，『マスコミ市民』1月号，pp. 30–38.
朝日新聞「原発とメディア」取材班（2013）『原発とメディア2――3・11責任のありか』朝日新聞出版.
朝日新聞特別報道部（2014）『原発利権を追う――電力をめぐるカネと権力の構造』朝日新聞出版.
明日香壽川・河宮未知生・高橋潔・吉村純・江守正多・伊勢武史・増田耕一・野沢徹・川村賢二・山本政一郎（2009）『地球温暖化懐疑論批判』東京大学IR3S/TIGS叢書No.1.
足立眞理子（2019）「排除と過剰包摂のポリティクス」，『世界』12月号，pp. 232–240.
安倍晋三（2009）「美しい国へ――戦後レジームからの脱却」，『祖国と青年』367号，pp22–29.
有馬哲夫（2012）『原発と原爆――「日・米・英」核武装の暗闇』文藝春秋.
有賀健高（2016）『原発事故と風評被害――食品の放射能汚染に対する消費者意識』昭和堂.
安藤丈将（2019）『脱原発の運動史――チェルノブイリ，福島，そしてこれから』岩波書店.
生田長江（1936）『生田長江全集』第4巻，大東出版社.
生田長江（1990）『超近代派宣言（近代文芸評論叢書2）』日本図書センター．初出は，生田長江（1925）『超近代派宣言――生田長江第四評論集』至上社.
池内了（2014）「3・11から未来を創造する――文明の転換期にある日本と世界」，『アジア太平洋研究』39号，pp. 89–100.
池上彰（2015）『池上彰に聞く　どうなってるの？　ニッポンの新聞』東京堂出版.
池田清彦（2006）『環境問題のウソ』筑摩書房.
石田雄（1989）『日本の政治と言葉（上）「自由」と「福祉」』東京大学出版会.
伊藤宏（2005）「原子力開発・利用をめぐるメディア議題――朝日新聞社説の分析（中）」，『プール学院大学院研究紀要』45号，pp. 111–126.
伊藤昌亮（2012）『デモのメディア論――社会運動社会のゆくえ』筑摩書房.
伊藤守（2012）『ドキュメント　テレビは原発事故をどう伝えたのか』平凡社.
今井一（2011）「現代の肖像　京都大学原子炉実験所助教　小出裕章　40年前に刻まれた反原発の理想」，『AERA』12月26日号，pp. 50–54.
岩井俊二（2012）『番犬は庭を守る』幻冬舎.

主要参考文献

岩井紀子・宍戸邦章(2013)「東日本大震災と福島第一原子力発電所の事故が災害リスクの認知および原子力政策への態度に与えた影響」,『社会学評論』第64巻3号, pp. 420–438.
岩上安身(2013)「講演　独立系ジャーナリズムの可能性」,『社会情報』第22巻2号, pp. 15–25.
岩崎眞美子(2011)「原発いらない. 自分で作る——日本初　エネルギー自給自足めざす島」,『週刊朝日』3月4日号, pp. 122–124.
植村和秀(2007)『「日本」への問いをめぐる闘争——京都学派と原理日本社』柏書房.
浦野正樹・野坂真・吉川忠寛・大矢根淳・秋吉恵著(2013)『津波被災地の500日——大槌・石巻・釜石にみる暮らし復興への困難な歩み』早稲田大学出版部.
江藤淳(1970)「『ごっこ』の世界が終ったとき——70年代にわれわれが体験すること」,『諸君!』1月号, pp. 240–251. 江藤淳(2015)『一九四六年憲法——その拘束』(文藝春秋)所収.
NHK ETV特集取材班(2012)『ホットスポット——ネットワークでつくる放射能汚染地図』講談社.
遠藤薫(2012)『メディアは大震災・原発事故をどう語ったか——報道・ネット・ドキュメンタリーを検証する』東京電機大学出版局.
大熊由紀子(1977)『核燃料——探査から廃棄物処理まで』朝日新聞社.
大熊由紀子・鎌田慧(2012)「1977→2012　35年ぶりの『原発』対論」,『朝日ジャーナル』3月20日臨時増刊号, pp. 100–106.
大澤真幸(2012)『夢よりも深い覚醒へ——3・11後の哲学』岩波書店.
大島堅一(2011)『原発のコスト——エネルギー転換への視点』岩波書店.
大山七穂(1999)「原子力報道にみるメディア・フレームの変遷」,『東海大学文学部紀要』72号, pp. 41–60.
小熊英二(2002)『〈民主〉と〈愛国〉——戦後日本のナショナリズムと公共性』新曜社.
小熊英二(2009)『1968(上・下)』新曜社.
小熊英二(2012)「ロングインタビュー——小熊英二　社会学者　反原発デモは, 新しい民主主義へと社会が変わる兆候なのかもしれない」『クーリエ・ジャポン』11月号, pp. 20–25.
小熊英二(2013)『原発を止める人々——3・11から官邸前まで』文藝春秋.
小熊英二(2017)『首相官邸の前で』集英社インターナショナル.
尾原宏之(2012)『大正大震災——忘却された断層』白水社.
開沼博(2011)『「フクシマ」論——原子力ムラはなぜ生まれたのか』青土社.
笠井潔(1979)『バイバイ, エンジェル』角川書店.
笠井潔(2012)『8・15と3・11——戦後史の死角』NHK出版.
笠井潔(2016)『テロルとゴジラ』作品社.
片山夏子(2020)『ふくしま原発作業員日誌——イチエフの真実, 9年間の記録』朝日新聞出版.

加藤哲郎(2013)『日本の社会主義――原爆反対・原発推進の論理』岩波書店.
加藤典洋(1995)「敗戦後論」,『群像』1月号, pp. 252-294.
加藤典洋(2007)「特別評論　グッバイ・ゴジラ,ハロー・キティ」,『群像』4月号, pp. 176-189.
加藤典洋(2010)『さようなら,ゴジラたち――戦後から遠く離れて』岩波書店.
加藤典洋(2011)『3.11――死に神に突き飛ばされる』岩波書店.
加藤典洋(2015)『戦後入門』筑摩書房.
加藤典洋(2016)「シン・ゴジラ論(ネタバレ注意)」,『新潮』10月号, pp. 163-173.
加藤久晴(2012)『原発テレビの荒野――政府・電力会社のテレビコントロール』大月書店.
金子勝(2011)『「脱原発」成長論――新しい産業革命へ』筑摩書房.
鎌田慧(1976)『工場への逆攻――原発・開発と闘う住民』柘植書房.
鎌田慧(1977)『ガラスの檻の中で――原発・コンピューターの見えざる支配』国際商業出版.
鎌田慧(1979)『日本の兵器工場』潮出版社,文庫版(1983)『日本の兵器工場』講談社.
鎌田慧(1982)『日本の原発地帯』潮出版社.
鎌田慧(1991)『六ヶ所村の記録(上・下)』岩波書店. 2011年に岩波現代文庫版が刊行された.
鎌田慧(2001)『原発列島を行く』集英社.
鎌田慧(2011a)「市民の大きな力で押し返そう」,鎌田慧編『さようなら原発』岩波書店.
鎌田慧(2011b)「原発　その歴史と廃炉への道」,鎌田慧編『さようなら原発』岩波書店.
鎌田慧(2012)『さようなら原発の決意』創森社.
鎌田慧(2013)『石をうがつ』講談社.
鎌田慧(2016)「核支配社会からの離脱を」,鎌田慧・広瀬隆・木幡ますみ・黒田節子・たんぽぽ舎・再稼働阻止全国ネットワーク編『原発をとめる・戦争をとめる』梨の木舎.
鎌仲ひとみ(2005)「被ばくは私たちに何をもたらすか」,肥田舜太郎・鎌仲ひとみ『内部被曝の脅威――原爆から劣化ウラン弾まで』筑摩書房.
鎌仲ひとみ(2012)『原発の,その先へ――ミツバチ革命が始まる』集英社.
柄谷行人(2011)「原発震災と日本」,内橋克人編『大震災のなかで――私たちは何をすべきか』岩波書店.
河上徹太郎(1979)「『近代の超克』結語」,河上徹太郎ほか『近代の超克』冨山房.
川名英之(2013)『なぜドイツは脱原発を選んだのか――巨大事故・市民運動・国家』合同出版.
川村湊(2011)『原発と原爆――「核」の戦後精神史』河出書房新社.
川本三郎(2000)『今ひとたびの戦後日本映画』中央公論新社.

主要参考文献

関西学院大学災害復興制度研究所・東日本大震災支援全国ネットワーク・福島の子どもたちを守る法律家ネットワーク編(2015)『原発避難白書』人文書院.
岸信介(1967)『最近の国際情勢』国際善隣倶楽部.
木野龍逸(2013)『検証　福島原発事故・記者会見 2――「収束」の虚妄』岩波書店.
木野龍逸(2014)『検証　福島原発事故・記者会見 3――欺瞞の連鎖』岩波書店.
木村朗・高橋博子編著(2015)『核時代の神話と虚像――原子力の平和利用と軍事利用をめぐる戦後史』明石書店.
クライン，N.(2015)「"今そこにある明白な" 危機――気候変動の脅威から目をそむけてはならない」，幾島幸子・荒井雅子訳，『世界』12 月号，pp. 64-73.
小泉修吉(2009)「ドキュメンタリー制作と上映の実際」，佐藤忠男編著『シリーズ日本のドキュメンタリー 1　ドキュメンタリーの魅力』岩波書店.
小出裕章(1977)「原子力発電のもつ危険性」，『公害研究』第 6 巻 4 号，pp. 3-14.
小出裕章(1990)「原子力開発と地球環境問題」，『公害研究』第 19 巻 3 号，pp. 20-25.
小出裕章(1992)『放射能汚染の現実を超えて』北斗出版，2011 年に同名書が河出書房新社から再刊された.
小出裕章(2007)「非情な世界における核と原子力」，『軍縮地球市民』春号，pp. 12-21.
小出裕章(2011a)『原発のウソ』扶桑社.
小出裕章(2011b)『原発はいらない』幻冬舎ルネッサンス.
小出裕章(2012)「原子力ムラに立ち向かうためジャーナリストはゲリラたれ」，『創』8 月号，pp. 94-101.
小出裕章(2014)『原発ゼロ』幻冬舎ルネッサンス.
小出裕章(2015)「孤高の反原発学者が最終講義 小出裕章 最後に私が伝えたかったこと」，『週刊現代』3 月 21 日号，pp. 176-179.
小出裕章・今西憲之(2013)「原発事故報道を語る」，『放送レポート』5 月号，pp. 2-6.
後藤宣代・森岡孝二・池田清・中谷武雄・広原盛明・藤岡惇(2014)『カタストロフィーの経済思想――震災・原発・フクシマ』昭和堂.
五野井郁夫(2012)『「デモ」とは何か――変貌する直接民主主義』NHK 出版.
齋藤純一(2000)『シリーズ　思考のフロンティア　公共性』岩波書店.
齊藤誠(2011)『原発危機の経済学――社会科学者として考えたこと』日本評論社.
桜井淳(1988)「広瀬隆著『危険な話』の危険部分」，『諸君！』5 月号，pp. 98-109.
佐藤卓己(2005)『八月十五日の神話――終戦記念日のメディア学』筑摩書房.
佐藤忠男(2009)「ドキュメンタリーは何をどう撮ってきたか」，佐藤忠男編著『シリーズ　日本のドキュメンタリー 1　ドキュメンタリーの魅力』岩波書店.
佐藤忠男(2012)「災害を記録する映画とテレビ」，森達也・綿井健陽・松林要樹・安岡卓治『311 を撮る』岩波書店.
佐藤博昭(2009)「ドキュメンタリーを学ぶ」，佐藤忠男編著『シリーズ　日本のド

キュメンタリー1　ドキュメンタリーの魅力』岩波書店.
佐藤嘉幸・田口卓臣(2016)『脱原発の哲学』人文書院.
佐高信・中里英章編(2012)『高木仁三郎セレクション』岩波書店.
上丸洋一(2012)『原発とメディア——新聞ジャーナリズム2度目の敗北』朝日新聞出版.
白井聡(2013)『永続敗戦論——戦後日本の核心』太田出版.
白石草(2011)『メディアをつくる——「小さな声」を伝えるために』岩波書店.
白石草(2014)『ルポ　チェルノブイリ28年目の子どもたち——ウクライナの取り組みに学ぶ』岩波書店.
絓秀実(2012)『反原発の思想史』筑摩書房.
鈴木達治郎・猿田佐世編(2016)『アメリカは日本の原子力政策をどうみているか』岩波書店.
瀬尾華子(2013)「コラム　風化する原発震災——テレビ報道のアーカイブ分析」，丹羽美之・藤田真文編『メディアが震えた——テレビ・ラジオと東日本大震災』東京大学出版会.
瀬川至朗(2017)『科学報道の真相——ジャーナリズムとマスメディア共同体』筑摩書房.
想田和弘(2013)『日本人は民主主義を捨てたがっているのか？』岩波書店.
想田和弘(2015)「体験的『反知性主義』論」，内田樹編(2015)『日本の反知性主義』晶文社.
高木仁三郎(1976)『プルートーンの火——地獄の火を盗む核文明』社会思想社.
高木仁三郎(1989)「エコロジーの考え方」，宇沢弘文ほか編『岩波講座　転換期における人間2　自然とは』岩波書店.
高木仁三郎(1990)「核エネルギーの解放と制御」，宇沢弘文ほか編『岩波講座　転換期における人間7　技術とは』岩波書店.
高木仁三郎(1991)『核の世紀末——来るべき世界への構想力』農山漁村文化協会.
高木仁三郎(1995)「核施設と非常事態——地震対策の検証を中心に」，『日本物理学会誌』第50巻10号，pp. 818–821.
高木仁三郎(1996)「核の社会学」，井上俊ほか編(1996)『岩波講座　現代社会学25　環境と生態系の社会学』岩波書店.
高木仁三郎(1998)「プルトニウム軽水炉利用の中止を提言する——プルサーマルに関する評価報告」，『科学』1月号，pp. 79–87.
高木仁三郎(1999)『市民科学者として生きる』岩波書店.
高木仁三郎(2000)『原発事故はなぜくりかえすのか』岩波書店.
高橋哲哉(1999)『戦後責任論』講談社.
武谷三男(1961)『物理学は世界をどう変えたか』毎日新聞社.
武谷三男(1963)「科学・技術および人間」，『人間の科学』7月創刊号.
武谷三男(1968a)「日本の原子力政策　空さわぎでなく，基礎的な準備を」，『武谷三男著作集2　原子力と科学者』(勁草書房)所収，初出は『中央公論』1955年2

月号.
武谷三男(1968b)「『死の灰』は何を教えたか――このままでは世界の終わりが来る」『武谷三男著作集2　原子力と科学者』(勁草書房)所収，初出は『改造』1954年5月号.
武谷三男(1968c)「日本の原子力研究の方向」，『武谷三男著作集3　戦争と科学』(勁草書房)所収，初出は『改造』1952年11月号.
武谷三男(1969)「科学・技術および人間」，『武谷三男著作集4　科学と技術』(勁草書房)所収，初出は『人間の科学』1963年7月創刊号.
武谷三男(1970)「物理学は世界をどう変えたか」，『武谷三男著作集5　自然科学と社会科学』(勁草書房)所収，初出は(1961)『物理学は世界をどう変えたか』毎日新聞社.
武谷三男編(1976)『原子力発電』岩波書店.
武谷三男・星野芳郎(1968)「原子力と科学者」，『武谷三男著作集2　原子力と科学者』(勁草書房)所収，初出は(1958)『原子力と科学者(第二部)』朝日新聞社.
田原総一朗(1976)『原子力戦争』筑摩書房．2011年にちくま文庫版が刊行された.
田原総一朗(1981)『生存への契約――誰がエネルギーを制するか』文藝春秋．後に改題して『ドキュメント　東京電力企画室』(文藝春秋，1986年)として刊行された.
田原総一朗(2005)「わがジャーナリズムの総決算　権力の正体　第9回　NHK，原発取材と報道圧力」，『プレジデント』5月30日号，pp. 122-126.
田原総一朗(2011)『日本人は原発とどうつきあうべきか――新・原子力戦争』PHP研究所.
田原総一朗(2012)『塀の上を走れ　田原総一朗自伝』講談社.
田原総一朗(2014)『文藝別冊　田原総一朗　元祖テレビディレクター，炎上の歴史』河出書房新社.
田原総一朗・佐高信(2012)『激突！　朝まで生対談』毎日新聞社.
中日新聞社会部編(2013)『日米同盟と原発――隠された核の戦後史』東京新聞出版局.
坪郷實(2013)『脱原発とエネルギー政策の転換――ドイツの事例から』明石書店.
鶴見俊輔(2011)「日本人は何を学ぶべきか――いま心に浮かぶこと」，河出書房新社編集部編『思想としての3・11』河出書房新社.
鶴見俊輔(2012)「すわりこみまで――反戦の非暴力直接行動」，黒川創編『身ぶりとしての抵抗　鶴見俊輔コレクション2』河出書房新社.
中尾ハジメ(2011)『原子力の腹の中で』編集グループSURE.
中沢新一(2002)『緑の資本論』集英社.
中沢新一(2011)『日本の大転換』集英社.
七沢潔(2008)「原子力50年・テレビは何を伝えてきたか――アーカイブスを利用した内容分析」，『NHK放送文化研究所　年報2008』pp. 251-331.
七沢潔(2012)「『あとがき』に代えて」，NHK ETV特集取材班『ホットスポット

――ネットワークでつくる放射能汚染地図』講談社.
七沢潔・田原総一朗・小出五郎(2008)「原子力報道に何が求められるか――テレビ制作者たちとの対話」,『放送研究と調査』10月号, pp. 88-103.
成田龍一(2016)『「戦後」はいかに語られるか』河出書房新社.
西田慎(2012)「反原発運動から緑の党へ――ハンブルクを例に」, 若尾祐司・本田宏編『反核から脱原発へ ――ドイツとヨーロッパ諸国の選択』昭和堂, pp. 116-154.
丹羽美之(2020)『日本のテレビ・ドキュメンタリー』東京大学出版会.
野口邦和(1988a)「広瀬隆『危険な話』の危険なウソ」,『文化評論』第7号, pp. 114-147.
野口邦和(1988b)「デタラメだらけの広瀬隆『危険な話』」,『文藝春秋』8月号, pp. 262-283.
橋川文三(1960)『日本浪漫派批判序説』未来社.
長谷川公一(2011)『脱原子力社会へ――電力をグリーン化する』岩波書店.
林香里・鄭佳月(2013)「事故報道としての『福島』, 政治報道としての『Fukushima』――独, 韓, 米, 中の福島原発事故テレビニュースの特徴」, 丹羽美之・藤田真文編『メディアが震えた――テレビ・ラジオと東日本大震災』東京大学出版会.
日隅一雄・木野龍逸(2012)『検証福島原発事故・記者会見――東電・政府は何を隠したのか』岩波書店.
日高勝之(2007)「拉致と核――ニュース報道の議題転換と後期モダニティの『信頼』概念」,『神戸親和女子大学研究論叢』40号, pp. 219-235.
日高勝之(2013)「ラディカル・デモクラシー理論のメディア学への応用――ラクラウとムフの言説理論とメディア・言説空間の競合的複数性」,『立命館産業社会論集』第49巻3号, pp. 13-32.
日高勝之(2014)『昭和ノスタルジアとは何か――記憶とラディカル・デモクラシーのメディア学』世界思想社.
日高勝之(2016)「『メタ政治的正義』としての原発・エネルギー議題――フクシマ後の『原発議題』言説の検証必要性」,『立命館産業社会論集』第52巻3号, pp. 35-53.
日高勝之(2018)「カタストロフィとソーシャル・メディア――福島原発事故自主避難者ブログの研究」,『立命館大学人文科学研究所紀要』115号, pp. 249-276.
日野行介(2013)『福島原発事故 県民健康管理調査の闇』岩波書店.
廣木隆一(2015)『彼女の人生は間違いじゃない』河出書房新社.
広瀬隆(1981)『東京に原発を!――新宿一号炉建設計画 欲望の行きつく果てに…』JICC出版局.
広瀬隆(1987)『危険な話 チェルノブイリと日本の運命』八月書館.
広瀬隆(1988)『下北半島の悪魔――核燃料サイクルと原子力マフィアの陰謀』JICC出版局.

広瀬隆(2010a)『原子炉時限爆弾——大地震におびえる日本列島』ダイヤモンド社.
広瀬隆(2010b)「浜岡原発は止めるべきだ　作家・広瀬隆が改めて警告する東海地震の危機」,『週刊朝日』11 月 26 日号, pp. 36-39.
広瀬隆(2010c)『二酸化炭素温暖化説の崩壊』集英社.
広瀬隆(2011)『福島原発メルトダウン』朝日新聞出版.
広瀬隆(2012)『原発ゼロ社会へ！　新エネルギー論』集英社.
広瀬隆(2014)『原発処分　先進国ドイツの現実　地底 1000 メートルの核ゴミ地獄』五月書房.
広瀬隆・明石昇二郎(2011)『原発の闇を暴く』集英社.
藤垣裕子(2003)『専門知と公共性——科学技術社会論の構築へ向けて』東京大学出版会.
藤田直也(2016)『シン・ゴジラ論』作品社.
舩橋淳(2012)『フタバから遠く離れて——避難所からみた原発と日本社会』岩波書店.
星野芳郎(1969)「解説」,『武谷三男著作集 4　科学と技術』(勁草書房)所収.
細見周(2013)『熊取六人組　反原発を貫く研究者たち』岩波書店.
堀江邦夫(1979)『原発ジプシー』現代書館.
本田宏(2012)「ドイツの原子力政策の展開と隘路」, 若尾祐司・本田宏編『反核から脱原発へ——ドイツとヨーロッパ諸国の選択』昭和堂, pp. 56-104.
本間慎・畑明郎編(2012)『福島原発事故の放射能汚染』世界思想社.
本間龍(2016a)『原発プロパガンダ』岩波書店.
本間龍(2016b)「原発広告は今どうなっているのか　原発広告復活で再燃する『原発プロパガンダ』」,『創』11 月号, pp. 52-60.
松林要樹(2012)「撮ってしまった『後ろめたさ』」, 森達也・綿井健陽・松林要樹・安岡卓治『311 を撮る』岩波書店.
三谷文栄(2013)「地球温暖化対策としての原発　京都議定書をめぐるマスメディア報道の分析」, 新聞通信調査会『2011 年度公募委託調査研究報告書　大震災・原発とメディアの役割　報道・論調の検証と展望』pp. 51-52.
宮台真司・飯田哲也(2011)『原発社会からの離脱　自然エネルギーと共同体自治に向けて』講談社.
森達也(2005)『ドキュメンタリーは嘘をつく』草思社.
森達也(2011)「極私的メディア論(第 62 回)震災で表出した後ろめたさ」,『創』8 月号, pp. 88-91.
森達也(2012)「3・11 以後」, 森達也・綿井健陽・松林要樹・安岡卓治『311 を撮る』岩波書店.
森達也(2013)「松林の吐息, 怒りの歯軋りが聞こえる」,『キネマ旬報』12 月下旬号, pp. 71-73.
安岡卓治(2012)「はじめに」, 森達也・綿井健陽・松林要樹・安岡卓治『311 を撮る』岩波書店.

安冨歩(2012)『原発危機と「東大話法」——傍観者の論理・欺瞞の言語』明石書店.
山岡淳一郎(2011)『原発と権力　戦後から辿る支配者の系譜』筑摩書房.
山下俊一(2014)「低線量被ばくと福島県民健康調査事業」,『日本農村医学会雑誌』第62巻6号, pp. 869-878.
山田哲夫(2014)「ジャーナリズムの転換点としての3.11」,『メディアと社会』第6号, pp. 131-138.
山本昭宏(2012)『核エネルギー言説の戦後史　1945-1960——「被爆の記憶」と「原子力の夢」』人文書院.
山本薫子・高木竜輔・佐藤彰彦・山下祐介(2015)『原発避難者の声を聞く——復興政策の何が問題か』岩波書店.
除本理史・渡辺淑彦編著(2015)『原発災害はなぜ不均等な復興をもたらすのか——福島事故から「人間の復興」,地域再生へ』ミネルヴァ書房.
吉岡斉(2011)『新版　原子力の社会史——その日本的展開』朝日新聞出版.
吉岡斉(2012)『脱原子力国家への道』岩波書店.
吉見俊哉(2012)『夢の原子力——Atoms for Dream』筑摩書房.
綿井健陽(2012)「『見えないもの』を追って」,森達也・綿井健陽・松林要樹・安岡卓治『311を撮る』岩波書店.

Amin, S.(1976)*L'impérialisme et le développement inégal*(Minuit)(*translation: Imperialism and unequal development*(1978)(Branch Line)). サミール・アミン(1981)『帝国主義と不均等発展』北沢正雄訳, 第三書館.
Beck, U.(1986)*Risikogesellschaft. Auf dem Weg in eine andere Moderne*, Frankfurt: Suhrkamp. ウーリッヒ・ベック(1988)『危険社会』東廉監訳, 二期出版.
Bordwell, D. and Thompson, K.(1990)*Film Art: An Introduction*, third edition, New York: McGraw-Hill.
Boulding, K. E.(1968)*Beyond Economics: Essays on Society, Religion, and Ethics*, Ann Arbor: The University of Michigan Press.
Bourdieu, P.(1979)*La Distinction: Critique sociale du jugement*, Paris: Les Editions de Minuit. ピエール・ブルデュー(1990)『ディスタンクシオン　社会的判断力批判』石井洋二郎訳, 藤原書店.
Bourdieu, P.(1996)*Sur la télévision: suivi de L'emprise du journalisme*, Paris: Liber. ピエール・ブルデュー(2000)『メディア批判　〈シリーズ社会批判〉』櫻本陽一訳, 藤原書店.
Brown, A.(2018)*Anti-nuclear Protest in Post Fukushima Tokyo: Power Struggles*, London: Routledge.
Brown, W.(2015)*Undoing the Demos: Neoliberalism's Stealth Revolution*, New York: Zone Books. ウェンディ・ブラウン(2017)『いかにして民主主義は失われていくのか——新自由主義の見えざる攻撃』中井亜佐子訳, みすず書房.
Carpentier, N. and Spinoy, E.(eds.)(2007)*Discourse Theory and Cultural Analysis*,

Cresskill: Hampton Press.
Carvalho, A.(2007)Ideological cultures and media discourses on scientific knowledge, *Public Understanding of Science*, Volume: 16 issue: 2, pp. 223–243.
Carvalho, A. and Peterson, T. R.(2012)Reinventing the Political, in Anabela Carvalho and Tarla Rai Peterson(eds.)*Climate Change Politics: Communication and Public Engagement*, Amherst: Cambria Press.
Chilton, P.(1987)Metaphor, euphemism and the militarization of language. *Current Research on Peace and Violence*, Vol. 10, No. 1, pp. 7–19.
Ciofalo, A. and Traverso, K.(1994)'Does the Op-Ed Page Have a Chance to Become a Public Forum?', *Newspaper and Research Journal*, 15(4), pp. 51–63.
Collins, H. and Evans, R.(2007)*Rethinking Expertise*, Chicago: The University of Chicago Press. ハリー・コリンズ&ロバート・エヴァンズ(2020)『専門知を再考する』奥田太郎監訳，和田慈・清水右郷訳，名古屋大学出版会.
Day, A. G. and Golan, G.(2005)'Source and Content Diversity in Op-ed Pages: Assessing Editorial Strategies in *the New York Times* and *the Washington Post*', *Journalism Studies*, vol. 6 no. 1, pp. 61–71.
Dinitto, R.(2019)*Fukushima Fiction: The Literary Landscape of Japan's Triple Disaster*, Honolulu: University of Hawai'i Press.
Dower, J. W.(1999)*Embracing Defeat: Japan in the Wake of World War II*, New York: W. W. Norton and Company. ジョン・ダワー(2001)『敗北を抱きしめて——第二次大戦後の日本人(上・下)』三浦陽一・高杉忠明・田代泰子(下巻のみ)訳，岩波書店.
Erikson, K.(1994)*A New Species of Trouble: Explorations in Disaster, Trauma, and Community*, New York: W. W. Norton & Co.
Fairclough, N.(1995)*Media Discourse*. London: Edward Arnold.
Fairclough, N.(2003)*Analysing Discourse: Textual Analysis for Social Research*, London and New York: Routledge.
Fiske, J.(1987) *Television Culture*, London: Routledge.
Fowler, R.(1991)*Language in the News*, London: Routledge.
Frank, A. G.(1969)*Latin America, Underdevelopment or Revolution: Essays on the Development of Underdevelopment and the Immediate Enemy*,(Monthly Review Press). アンドレ・グンダー・フランク(1976)『世界資本主義と低開発——収奪の《中枢 - 衛星》構造』大崎正治・前田幸一・中尾久訳，柘植書房／同(1979)大村書店.
Fraser, N.(2008), *Scales of Justice: Reimagining Political Space in a Globalizing World*, Polity Press; Cambridge, ナンシー・フレイザー(2013)『正義の秤(スケール)——グローバル化する世界で政治空間を再想像すること』向山恭一訳，法政大学出版局.
Gamson, W.(1992). *Talking politics*. Cambridge: Cambridge University Press.

Geilhorn, B. and Iwata-Weickgenannt, K.(2016)*Fukushima and the Arts*, London: Routledge.

Giddens, A.(1994)*Beyond Left and Right: The Future of Radical Politics*, Cambridge: Polity Press.

Giddens, A.(2011) *The Politics of Climate Change*, Second Edition, Cambridge: Polity Press.

Gluck, C.(1993)'The Past in the Present', Gordon, A.(ed.)*Postwar Japan as History*, Oakland: University of California Press. キャロル・グラック(2002)「現在のなかの過去」, アンドルー・ゴードン編『歴史としての戦後日本(上)』中村政則監訳, みすず書房.

Hall, S.(1988) *The Hard Road to Renewal: Thatcherism and the Crisis of the Left*, London: Verso.

Hall, S., Critcher, C., Jefferson, T., Clarke, J., and Roberts, B.(1978)*Policing the Crisis: Mugging, the State and Law and Order*, London: Macmillan.

Hammond, P.(2018)*Climate Change and Post-political Communication: Media, Emotion and Environmental Advocacy*, London: Routledge.

Harootunian, H.(2000)*Overcome by Modernity: History, Culture, and Community in Interwar Japan*, Princeton: Princeton University Press. ハリー・ハルトゥーニアン(2007)『近代による超克——戦間期日本の歴史・文化・共同体(上・下)』梅森直之訳, 岩波書店.

Harootunian, H.(2006)Japan's Long Postwar: The Trick of Memory and the Ruse of History, Tomiko Yoda and Harry Harootunian(eds.)*Japan after Japan: Social and Cultural Life from the Recessionary 1990s to the Present*, Durham: Duke University Press.

Harootunian, H. and Yoda, T.(2006)'Introduction', Tomiko Yoda and Harry Harootunian(eds.)*Japan after Japan: Social and Cultural Life from the Recessionary 1990s to the Present*, Durham: Duke University Press.

Hay, Colin.(2007) *Why We Hate Politics*, Cambridge: Polity Press. コリン・ヘイ(2012)『政治はなぜ嫌われるのか——民主主義の取り戻し方』吉田徹訳, 岩波書店.

Hidaka, K.(2017)*Japanese Media at the Beginning of the Twenty-first Century: Consuming the Past*, London: Routledge.

Hidaka, K.(2019)In the Wake of Catastrophe: Japanese Media after the Fukushima Nuclear Disaster, *Research Outreach*, Vol. 109, pp. 54–60.

Hind, D.(2010) *The Return of the Public*, London: Verso.

Howarth, D.(2000)*Discourse*, Maidenhead: Open University Press.

Ivy, M.(1995)*Discourses of the Vanishing: Modernity, Phantasm, Japan*, Chicago: The University of Chicago Press.

Kepplinger, H. M. and Lemke, R.(2016)Instrumentalizing Fukushima: Comparing

Media Coverage of Fukushima in Germany, France, the United Kingdom, and Switzerland, *Political Communication*, Vol. 33, No. 3, pp. 351–373.

Klein. N.(2017)*No Is Not Enough: Resisting Trump's Shock Politics and Winning the World We Need*, Chicago: Haymarket Books. ナオミ・クライン(2018)『NO では足りない――トランプ・ショックに対処する方法』幾島幸子・荒井雅子訳, 岩波書店.

Kress, G. and van Leeuwen, T.(2001)*Multimodal Discourse: The Modes and Media of Contemporary Communication*, London: Arnold.

Laclau, E.(1990)*New Reflections on the Revolution of Our Time*, London: Verso.

Laclau, E. and Mouffe, C.(1985)*Hegemony and Socialist Strategy: Towards a Radical Democratic Politics*, London:Verso. エルネスト・ラクラウ＆シャンタル・ムフ(1992)『ポスト・マルクス主義と政治――根源的民主主義のために』山崎カヲル・石澤武訳, 大村書店.

Maeseele, P.(2015)Beyond the Post-Political Zeitgeist, in Andrers Hansen and Robert Cox(eds.) *The Routledge Handbook of Environment and Communication*, Abingdon: Routledge.

McGee, M. C.(1980) The "ideograph": A link between rhetoric and ideology, *Quarterly Journal of Speech*, 66, pp. 1–16.

McNair, B.(1995)*An Introduction to Political Communication*, London: Routledge.

McNair, B.(2000)*Journalism and Democracy: An Evaluation of the Political Public Sphere*, London: Routledge.

Melucci, A.(1988)*Nomads of the Present: Social Movements and Individual Needs in Contemporary Society*, New York: The Random House Century Group.

Merton, R. K.(1973) *The Sociology of Science: Theoretical and Empirical Investigations*, Storer, N. W.(ed.), Chicago: The University of Chicago Press.

Mouffe, C.(2000) *The Democratic Paradox*, London & New York: Verso. シャンタル・ムフ(2006)『民主主義の逆説』葛西弘隆訳, 以文社.

Mouffe, C.(2005) *On the Political*, Abingdon & New York:Routledge. シャンタル・ムフ(2008)『政治的なものについて　闘技的民主主義と多元主義的グローバル秩序の構築』酒井隆史監訳, 篠原雅武訳, 明石書店.

Nichols, B.(1991)*Representing Reality: Issues and Concepts in Documentary*, Bloomington and Indianapolis: Indiana University Press.

Schmitt, C.(1919)*Politische Romantik*, Berlin: Duncker & Humblot. カール・シュミット(1982)『政治的ロマン主義』橋川文三訳, 未来社.

Shoemaker, P. and Reese, S.(1996)*Mediating the Message: theories of influences on mass media content*, New York: Longman.

Snow, D. A. and Benford, R. D.(1988)'Ideology, Frame Resonance, and Participant Mobilization', *International Social Movement Research*, Vol. 1, pp. 197–217.

Torfing, J(1999)*New Theories of Discourse: Laclau, Mouffe and Zizek*, Oxford:

Blackwell.
Touraine, A,(1978)*La Voix et le Regard*, Paris: Seuil. アラン・トゥレーヌ(1983)『声とまなざし――社会運動の社会学』梶田孝道訳，新泉社.
Tuchman, G.(1978)*Making News: A Study in the Construction of Reality*, New York: Free Press.
Valaskivi, K., Rantasila, A., Tanaka, M., and Kunelius, R.(2019)*Traces of Fukushima: Global Events, Networked Media and Circulating Emotions*, London: Palgrave.
van Dijk, T.(1991)*Racism and the Press*. London: Routledge.
Wahl-Jorgensen, K.(2004)'Playground of the Pundits or Voice of the People? Comparing British and Danish Opinion Pages', *Journalism Studies*, Vol. 5 No. 1, pp. 59–70.
Wahl-Jorgensen, K.(2008)'Op-ed pages', Franklin, Bob(ed). *Pulling Newspapers Apart: Analysing Print Journalism*, Oxford: Routledge.
Weber, M.(1919)*Wissenschaft als Beruf*. In: *Geistige Arbeit als Beruf*. Vier Vorträge vor dem Freistudentischen Bund, München: Erster Vortrag. マックス・ウェーバー(1936)『職業としての学問』尾高邦雄訳，岩波書店.
White, H.(1987)*The Content of the Form: Narrative Discourse and Historical Representation*, Baltimore: Johns Hopkins University Press.

日高勝之

1965年大阪生まれ．早稲田大学政治経済学部卒業後，NHK報道局ディレクターを経て，英ロンドン大学東洋アフリカ研究学院大学院メディア学研究科博士課程修了．ロンドン大学Ph.D.〔博士(メディア学)〕．英オックスフォード大学客員研究員，立命館大学産業社会学部准教授などを経て，現在，立命館大学産業社会学部教授．
専門はメディア・ジャーナリズム研究，政治コミュニケーション．主な著書に『昭和ノスタルジアとは何か　記憶とラディカル・デモクラシーのメディア学』(世界思想社，2014年．2015年度日本コミュニケーション学会・学会賞受賞)，*Japanese Media at the Beginning of the Twenty-first Century: Consuming the Past*(Routledge 2017年)，*Persistently Postwar: Media and the Politics of Memory in Japan*(共著，Berghahn Books 2019年)ほか．

「反原発」のメディア・言説史──3.11以後の変容

2021年2月5日　第1刷発行

著　者　日高勝之《ひだかかつゆき》

発行者　岡本　厚

発行所　株式会社　岩波書店
〒101-8002 東京都千代田区一ツ橋2-5-5
電話案内 03-5210-4000
https://www.iwanami.co.jp/

印刷・理想社　カバー・半七印刷　製本・牧製本

ISBN 978-4-00-061451-1　　Printed in Japan